Téléchargez les premières pages de *La Magie du matin*
via notre application Marque-Page ou sur la page :

http://blog.editionsleduc.com/magiedumatin.html

Isalou Regen
PRÉFACE DE CHARLES PÉPIN

LA MAGIE DU SOMMEIL

VIVRE et **DORMIR** ENFIN !

En bonus !
Découvrez aussi
La Magie du matin !
Voir page
ci-contre.

LEDUC.S
PRATIQUE

De la même auteure, aux éditions Leduc.s

La Magie du matin, 2016.

REJOIGNEZ NOTRE COMMUNAUTÉ DE LECTEURS !

Inscrivez-vous à notre newsletter et recevez chaque mois :
- des conseils inédits pour vous sentir bien ;
- des interviews et des vidéos exclusives ;
- des avant-premières, des bonus et des jeux !

Rendez-vous sur la page :
https://tinyurl.com/newsletterleduc

Découvrez aussi notre catalogue complet en ligne sur notre site : **www.editionsleduc.com**

Enfin, retrouvez toute notre actualité sur notre blog et sur les réseaux sociaux.

Conseil éditorial : Pascale Senk
Édition : Caroline Faït
Maquette : Sébastienne Ocampo
Images : Fotolia

29 boulevard Raspail
75007 Paris – France
ISBN : 979-10-285-0996-5

SOMMAIRE

PRÉFACE DE CHARLES PÉPIN

Vous souvenez-vous de ce que le renard objecte au Petit Prince* ?

« Il eût mieux valu revenir à la même heure, dit le renard. Si tu viens, par exemple, à quatre heures de l'après-midi, dès trois heures je commencerai d'être heureux. Plus l'heure avancera, plus je me sentirai heureux. À quatre heures, déjà, je m'agiterai et m'inquiéterai ; je découvrirai le prix du bonheur ! Mais si tu viens n'importe quand, je ne saurai jamais à quelle heure m'habiller le cœur... Il faut des rites.
— Qu'est-ce qu'un rite ? dit le petit prince.
— C'est aussi quelque chose de trop oublié, dit le renard. C'est ce qui fait qu'un jour est différent des autres jours, une heure, des autres heures. »

* *Le Petit Prince*, Antoine de Saint-Exupéry, Gallimard, 1945.

Voilà un renard particulièrement sage… Grâce aux rites, aux rituels, grâce à ce qui se répète, nous pouvons en effet mieux mesurer ce qui ne se répète pas : notre avancée sur le chemin de notre vie. Si nous ne nous arrêtons jamais, comment savoir où nous en sommes ?

Ne nous laissons pas happer par nos existences déstructurées : reprendre le pouvoir sur sa vie, c'est d'abord choisir les bons rituels. Une manière de se lever ou de se coucher. Une façon de rythmer ses journées. Sans rythme, sans respirations choisies dans nos vies hâtives, nous risquons d'être coupés de notre énergie vitale, de notre sentiment de plénitude existentielle. Méfions-nous du trop plein : c'est lui qui risque de nous couper de la plénitude. Trop plein de choses à faire, de sollicitations, de notifications… Tout est peut-être urgent, mais tout n'est pas important. La pire des journées est celle qui, d'urgence en urgence, nous conduit droit au lit. Nous tombons alors dans le sommeil comme on fuit un cauchemar, nous sombrons dans la nuit comme on prend la fuite.

Les nuits les plus belles récompensent au contraire ceux qui ont su faire de la place, au cœur de leurs journées, à l'important : elles récompensent les êtres les plus *éveillés*. Ceux qui ont été présents à eux-mêmes et attentifs aux autres, conscients de ce qu'ils font – marchant, même lentement, sur un chemin de progression. Trouvons notre manière d'être véritablement éveillés, et nous œuvrerons à la qualité de nos nuits. Nous dormirons « du sommeil du juste » : le plus ajusté possible à notre quête, à notre désir, à nous-mêmes et aux autres.

Derrière le ton léger d'Isalou, par-delà tous ses judicieux conseils pratiques, se dessine en filigrane cet humanisme de la cohérence, du souci de soi et des autres. La vie n'est pas une abstraction mais une énergie qui nous traverse, qui est à la fois en nous et plus grande que nous. *« Être, c'est persévérer dans son être »*, écrit Spinoza. Le cheval qui galope persévère dans son être. L'homme ou la femme qui développe son talent persévère dans son être. La vie est créativité, « élan vital », dit aussi Bergson. Prenons-en soin. Prenons en nous et hors de nous. Soyons aussi créatifs que cohérents et nos journées seront belles. Et nos nuits aussi belles que nos jours.

CHARLES PÉPIN

INTRODUCTION

Réveil, reconnexion, conscience. Premier réflexe : je jette un coup d'œil vers la fenêtre pour voir le ciel, puis me tourne vers mon ancien ennemi devenu mon ami, mon réveil, qui ne va pas tarder à sonner. Il est 6 h 22 et, comme de nombreux matins, maintenant je le devance !

Ce moment où j'ouvre les yeux est peut-être le plus déterminant de ma journée. En fonction de la nuit que je viens de passer, à cet instant, je suis « dedans » – « dans le *game* », comme disent les ados – avec le sentiment profond d'être en accord avec ma vie, ou pas. Cet instant-là, délicat et fondateur, m'oblige à me remettre en route, à réapprivoiser et réaccepter ma vie en quelques secondes. Depuis un certain temps, j'ai pris l'habitude de ne pas réfléchir et de me mettre en route immédiatement. Je m'étire comme un bon gros chat, les bras levés au ciel, me dis « Bonjour ! », adresse un large sourire à la vie, m'adosse contre le mur, puis je médite quelques minutes et termine ma session par un petit moment de concentration sur mes intentions du jour. Après ce premier rendez-vous avec moi-même, je pose énergiquement le pied (droit !) par terre, relève le menton (comme Nicole Kidman dans *Moulin rouge*) et accueille positivement ces prochaines vingt-quatre heures de ma vie.

Ce matin-là, quelques mois après la sortie de *La Magie du matin*, en allumant mon ordinateur, j'ai trouvé un message de Cassandra, fidèle et magnifique lectrice de la première heure, sur ma messagerie Facebook : « Bravo, Isalou, pour la justesse de vos conseils, ne changez rien ! À quand la suite de votre opus sur un autre moment de la journée, comme la magie du soir par exemple ? Ça serait super utile ! Nous sommes toutes et tous concernés par des journées sans fin. Et c'est compliqué de trouver un sommeil réparateur après toute cette activité. Comment se détendre naturellement et entrer dans les bras de Morphée plus aisément ? Écrivez vite ! Nous sommes nombreux à vous attendre !... »

Clin d'œil du destin. Je fus troublée par ces mots si enthousiastes qui arrivaient au moment où, après l'écriture de *La Magie du matin*, je commençais à m'intéresser à la nuit. Aujourd'hui, je me dis que ce n'est pas un hasard si Cassandra » au si joli prénom m'a embarquée dans ce nouveau voyage dans le monde circadien...

Quand j'étais petite, l'histoire de la célèbre Cassandre retrouvée endormie dans un temple avec son frère jumeau, et entourée de deux serpents qui lui léchaient les oreilles et la bouche me donnait des sueurs froides. Lorsque la nuit tombait et que je devais aller me coucher, j'avais une peur bleue de découvrir des serpents cachés sous mon oreiller, les draps ou le sommier de mon lit. Pour conjurer ma peur, chaque soir j'effectuais immanquablement les mêmes rituels réconfortants : regarder sous le lit ; soulever les oreillers puis ouvrir les draps en grand pour voir s'il n'y avait pas un serpent caché ; installer mes peluches tout autour de moi, en ordre, comme un bouclier protecteur ;

puis venait la bise magique de mes parents, pour que je fasse de beaux rêves ; et là, seulement là, avec la lumière dans le couloir, je pouvais m'endormir, pour tenir à distance ma peur du noir...

La nuit est un rendez-vous mystérieux pour les petits comme pour les grands. Elle « présente un double aspect : celui des ténèbres où fermente le devenir, celui de la préparation du jour où jaillira la lumière de la vie. »*

À la fois décor de nos plus terrifiantes angoisses et amphithéâtre de nos rêves les plus romantiques, la nuit est duale. Nous pouvons tout autant la souhaiter pour le repos du corps et de l'esprit qu'elle nous offre, que la redouter et la fuir pour la vulnérabilité dans laquelle elle nous plonge. Ainsi, dans son obscurité, s'abandonner paisiblement au sommeil devient un challenge ! Un véritable acte de confiance. Et la confiance, je ne sais pas pour vous, mais pour moi, ce n'était pas gagné tous les jours !

Au moment où je lisais le message de Cassandra, je me suis rendue compte que sans vraiment m'en apercevoir, le sommeil était devenu une véritable « affaire » pour moi aussi. Non seulement j'avais du mal à aller me coucher, mais je me réveillais si régulièrement pendant la nuit que je la passais en grande partie à écouter des podcasts d'histoire. Merci au passage à Franck Ferrand** pour m'avoir si intelligemment accompagnée avec ses beaux récits d'histoire pendant ces nuits troublées ! Le hic, c'est que, sans la voix de mon ami nocturne des ondes radio, je ne savais plus comment trouver la voie du sommeil.

* *Dictionnaire des symboles.*
** « Au cœur de l'histoire », Europe 1.

PREMIER CONSTAT :
JE NE SAVAIS PLUS DORMIR « NORMALEMENT » ET LES ÉLÉMENTS EXTÉRIEURS DE MA VIE Y ÉTAIENT SANS DOUTE POUR QUELQUE CHOSE

Pendant et juste après l'écriture de *La Magie du matin*, j'ai eu une période difficile. J'ai été fragilisée par les décès rapprochés de mes parents, tous deux partis d'un cancer. Puis le fantôme de mon petit crabe à moi s'est réactivé de telle sorte que mon cancérologue m'a fait repasser en alerte orange. Ce n'était sans doute pas un hasard, puisque, depuis un certain moment, je devais gérer pas mal de stress lié au travail, et que j'accusais parallèlement un changement majeur dans mon corps avec ce nouveau feu typiquement féminin du *middle age* qui me réveillait régulièrement la nuit, chaud, froid, chaud, froid... S'est rajoutée à cela une nouvelle angoisse provoquée par les attentats et les atrocités qui se sont produits en France, que j'ai dû apprivoiser comme tout le monde... Et peu à peu, sans que je ne m'en rende vraiment compte, une insomnie, s'est insidieusement installée.

Deuils, peur, insécurité, comme si ce n'était pas assez, quelques mois après, est survenue la brusque et douloureuse séparation avec mon mari, mon fameux James Bond de *La Magie du matin*. Ça faisait beaucoup ! Durant cette période, c'est grâce à la pratique quotidienne de mes rituels matinaux que j'ai tenu bon. Le plus difficile alors n'était pas de continuer à me lever tôt malgré des nuits chaotiques, mais d'arriver à me coucher à une heure raisonnable comme « avant », sans tirer sur la corde. La peur de l'endormissement donnait à mes soirées des allures d'élastiques hyper-tendus, comme si je voulais poursuivre encore la journée et résister au rendez-vous avec la nuit. Aller dormir prenait des allures de défi. Je cumulais les activités pour ne pas trop penser. Un œil sur l'ordinateur, l'autre sur l'écran télé pour un épisode, puis deux, puis trois de la série *House of Cards,* je me faisais en même temps des séances d'avancement ou de rattrapage de travail, répondais aux mails, aux WhatsApp, aux SMS, Facebook, surfais sur Instagram... Puis, épuisée, je finissais par fermer l'ordinateur, afin de mieux me concentrer sur les agissements politiques pourris de Frank Underwood*, et je me retrouvais, malgré moi, endormie sur le canapé. Quand, dans un état somnolent, je me réveillais pour aller me coucher, je n'arrivais plus à m'endormir, incapable de me glisser à nouveau dans un nouveau train de sommeil, tout juste bonne à le regarder filer sous mon nez, et à écouter une nouvelle page d'histoire de Franck Ferrand sous ma couette !

Comme 40 % des Français, j'avais doucement glissé dans ce monde infernal des personnes qui dorment mal.

Bien sûr, je connaissais plein de bonnes pratiques grâce aux interviews de médecins et psychologues du sommeil que j'avais réalisées pour *La Magie du matin.* Mais dormir dans une chambre fraîche, manger plus léger le soir, éviter les excitants et baisser l'intensité lumineuse ne suffisait évidemment pas ! Alors, trop agacée par ce rendez-vous manqué, je prenais des quarts de médicaments « magiques » et pernicieux qui me conduisaient à coup sûr dans un sommeil artificiel. Certes, cette assurance de résultat me réconfortait et me facilitait la tâche, mais je savais aussi que ce fonctionnement devenait néfaste : je n'accédais pas au vrai sommeil réparateur qui nous restaure

* Personnage principal de *House Of Cards.*

la nuit et nous remet d'attaque au petit matin. Ma petite voix intérieure n'était pas très fière de cette situation guère vertueuse, d'autant que le lendemain, même si je restais fidèle à la bonne exécution de mes rituels matinaux, ce n'était pas toujours le super-niveau de forme pendant le reste de la journée. Des petits coups de fatigue se faisaient sentir par-ci par-là...

DEUXIÈME CONSTAT :
MÊME SI JE ME BATTAIS PLUTÔT BIEN, J'ÉTAIS QUAND MÊME EN MODE « SURVIE »

Un jour est composé d'une journée ET d'une nuit. Dans notre calendrier civil, le jour commence à 0 h 00, c'est à dire minuit, et s'achève vingt-quatre heures plus tard, quand la planète a fait un tour complet sur elle-même. Ainsi la journée et la nuit constituent, à parts égales, un jour de notre vie. Alors pourquoi cette part de la nuit est-elle un rendez-vous que nous redoutons tellement parfois ? Que se passe-t-il dans nos têtes ou dans notre corps quand elle nous enveloppe ? Que nous fait-elle ? Quelle est sa nature ? Que nous dit cette obscurité ?

En me rebellant contre la nuit pour fuir la confrontation avec mon chagrin et mes tristes pensées et faire tout ce que je n'avais pas pu faire (ou tout ce que je souhaitais avoir déjà fait), en bonne perfectionniste qui se soigne, je crois que j'avais oublié une réalité toute simple : **notre sommeil représente un tiers de notre vie ! Et ce temps-là n'est pas vraiment anodin. Il est même vital, parce qu'il permet à nos 75 000 milliards de cellules fatiguées par la journée de se restaurer**, délivrant du coup tout le potentiel d'énergie nécessaire pour être en forme, avancer correctement dans nos projets de vie, développer une vraie joie de vivre, sourire... être un peu plus heureux(se) en somme !

Nous sommes fréquemment notre pire ennemi et, même si cela n'est pas forcément agréable à entendre, il faut accepter l'idée que les troubles du sommeil sont le plus souvent le reflet de la façon que nous avons de gérer ce qui se passe dans notre vie. Miroir de nos prises de têtes en somme... C'est « l'arbre qui cache la forêt ». Expression simple et imagée qui exprime bien le principe du symptôme : l'attention focalisée sur un seul élément, alors que tout un écosystème plus complexe se cache derrière, que nous peinons à voir dans sa globalité.

Il y a une vérité universelle et immuable : **dormir est un acte de confiance.** Quand nous nous sentons suffisamment en sécurité, sans serpents sous le lit, ni angoisses ou tensions particulières, nous dormons du sommeil du juste. À l'inverse, lorsque nous nous sentons en danger – réel, ressenti ou imaginaire –, nous ne fermons pas l'œil de la nuit. Nous rentrons dans un mode « survie ». Normal ! Face à un danger, dormir n'est vraiment pas l'urgence.

Pas de danger, en mode « sécurité » avec un esprit tranquille = BON SOMMEIL

En danger, en mode « survie » avec tensions et anxiété = INSOMNIE

TROISIÈME ET DERNIER CONSTAT : C'EST EN TRAVAILLANT MON ÉNERGIE VITALE ET EN CULTIVANT TOUT CE QUI EST BON, BEAU ET FAIT DU BIEN QUE J'AI RETROUVÉ MON ÉQUILIBRE ET LE « SOMMEIL DU JUSTE »

Si *La Magie du matin* était un livre de métamorphose d'une couche-tard en lève-tôt, mon nouveau livre témoigne d'une nouvelle grande transformation : **comment passer du mode « survie », constitué d'anxiété, de stress et d'insomnie, au mode « sécurité » nettement plus sympathique.** La clef du succès, c'est la reconquête d'une belle énergie vitale. Non seulement elle m'a permis de dormir à nouveau correctement, mais d'abattre également de nouvelles montagnes dans ma vie ! De VIVRE ENFIN !

Pour ce faire, j'ai commencé par braver le dieu Apollon et écouter l'appel de ma prophétique Cassandra, en me mettant à nouveau en quête de nouvelles clefs saines et naturelles. J'ai cherché, lu, étudié, rencontré, interviewé... Caméra et micro en mains, je suis allée à la rencontre de nouveaux experts. *Vivre et dormir enfin !* est à la fois le fruit d'une démarche personnelle et intuitive, nourrie de techniques millénaires, de fondements scientifiques et de mises en pratique qui « marchent » !

Et j'y suis arrivée ! Je suis officiellement sortie de ce cercle infernal du mauvais sommeil !

Si vous avez mon livre entre les mains, c'est que vous êtes vous aussi à la recherche de remèdes et de solutions pratiques, efficaces et concrètes pour retrouver confiance dans votre capacité à bien dormir et vous réapproprier votre temps de sommeil. C'est avec une immense joie que je partage avec vous ce que j'ai appris durant cette traversée.

Pour vous accompagner, j'ai le plaisir de vous donner **5 rendez-vous qui vont remettre la nuit réparatrice à la place qu'elle mérite, c'est-à-dire au cœur même de vos jours !**

1. Rendez-vous avec **la nuit**
2. Rendez-vous avec **le sommeil**
3. Rendez-vous avec **la sécurité et l'énergie vitale**
4. Rendez-vous avec **vos nouveaux rituels**
5. Rendez-vous avec **vous-même !**

Je fais le souhait, du fond du cœur, que *La Magie du sommeil* vous aide à remplir vos jours et vos nuits avec de belles, joyeuses, et vigoureuses pulsations de vie.

La santé n'est pas seulement
l'absence de maladie.
C'est une joie intérieure
que nous devrions ressentir
tout le temps, un état
de bien-être positif.

DEEPAK CHOPRA

PREMIER RENDEZ-VOUS : LA NUIT

LA NUIT, C'EST QUOI EXACTEMENT ? **MYTHES ET RÉALITÉ**

Le ciel d'étain au ciel de cuivre
Succède. La nuit fait un pas.
Les choses de l'ombre vont vivre.
Les arbres se parlent tout bas.

VICTOR HUGO, *La Nuit.*

Aimez-vous le bleu nuit ? Du plus loin que mes souvenirs me reviennent, j'ai toujours aimé la couleur de la nuit, ce fameux bleu foncé proche du noir. Porter du bleu nuit me rassure. Son côté sombre rempli de promesses mystérieuses peut-être… Grâce à lui, je me sens à la fois protégée d'une trop forte exposition et reliée à un monde sans limites. Avec le bleu nuit, je me sens en sécurité, chez moi, dans ma maison. Les couleurs trop vives, trop visibles, me font l'effet inverse. La nuit a des couleurs, des sonorités et des parfums bien à elle. Avec son silence et sa vision en noir et blanc, le monde devient silhouettes et nuances ombrées. La notion du temps devient plus incertaine, et une étrange fenêtre s'ouvre sur notre monde intérieur pour notre plus grande détente, nos plus grands questionnements ou nos plus grandes angoisses.

Si le jour et sa lumière accompagnent la construction de notre vie, la nuit et son obscurité abritent nos rêves et notre précieux sommeil. **Le rapport que nous entretenons avec la nuit conditionne complètement la qualité de notre sommeil. Elle en est une actrice et composante essentielle.**

Alors qui est cette hôtesse qui nous berce et nous enchante autant qu'elle nous effraie et nous fait grincer des dents ? Qu'est ce qui se joue la nuit exactement ?

Rencontre avec une face cachée de notre vie...

L'EXPLICATION DES ASTRONOMES

Tandis que le jour se lève en un instant précis – quand le soleil apparaît –, la nuit, quant à elle, nous enveloppe progressivement et laisse place à des sensations plus mystérieuses. Le vocabulaire qui décrit son arrivée est d'ailleurs parlant : elle « tombe », alors que le soleil « se lève ». Pourquoi ces verbes ? Il y aurait d'un côté l'histoire d'une chute et de l'autre celle d'une ascension ? Si l'un peut rassurer, l'autre peut inquiéter. Quand le jour est lumière, renaissance, activité, agitation, bruit, la nuit est ténèbres, silence, repos, voire Grande Faucheuse, et fin. D'ailleurs, quand le merveilleux coucher de soleil disparaît graduellement à l'horizon, entraînant derrière lui noir et obscurité, cela ne vous fait-il pas penser aux dernières lignes d'un générique sur un écran de cinéma ? Après lui, rideau, écran noir, plus rien à voir. On bascule dans un autre monde. **À vue d'œil, la nuit, c'est la disparition du Soleil et l'assombrissement du ciel qui laisse place à la Lune, aux étoiles et à la Voie lactée…**

Sur le plan astronomique, la nuit, c'est tout simplement la face cachée de notre planète face au Soleil tandis qu'elle tourne autour de son axe, m'a expliqué Hubert Reeves, que j'ai eu la chance d'interviewer pour mes recherches. Face au Soleil, elle présente ses faces les unes après les autres… Ainsi la face cachée au Soleil est une zone d'ombre, donc de nuit. « C'est le phénomène initial, fondamental et mécanique des planètes qui tournent. »

À l'heure où je m'active sur mon clavier d'ordinateur pour écrire ces mots, l'autre partie de la planète est encore dans le noir, tout endormie. Et dans quelques heures, ce sera l'inverse. L'inlassable rotation de la Terre forme ainsi nos nuits et nos jours, de douze heures chacun (moyenne sur une année), qui, additionnés, constituent des journées de vingt-quatre heures. Un jour, c'est cet intervalle de temps qui sépare le lever du coucher du soleil.

IL ÉTAIT UNE FOIS, LA NUIT… LORSQUE LES MYTHES RACONTENT LA NUIT

Nombreux sont les mythes* qui cherchent une explication à l'alternance du jour et de la nuit. Avant la révolution copernicienne au XVIIe siècle (la Terre n'est pas fixe au centre de l'univers, mais tourne sur elle-même et autour du Soleil), tout cela était plus mystérieux qu'aujourd'hui… Tous ont personnifié la lumière diurne et l'obscurité nocturne.

Dans la mythologie grecque, Nyx, déesse de la Nuit, est une mère ténébreuse qui répand un voile noir sur la Terre.

Nyx n'est pas franchement des plus attrayantes – elle est même plutôt *dark*. Née du Chaos, elle est tellement puissante qu'elle est crainte par Zeus lui-même. Avec son frère Erèbe, le dieu des Ténèbres, elle vit dans la pénombre des enfers et a engendré cinq enfants, dont une fille appelée Héméra, la lumineuse déesse du Jour. À la nuit tombante et au petit matin, mère et fille se croisent. L'une passe son temps à voiler la surface de la Terre, l'autre à retirer ce même voile sombre de la nuit afin de rendre la lumière aux hommes. Ainsi, mère et fille façonnent-elles cette alternance de nuit et de jour : avec le voile, sans le voile, avec le voile, sans le voile…

Mais Nyx ne s'arrête pas là. Elle est aussi la mère des jumeaux Hypnos, le Sommeil, et Thanatos, la Mort. Si l'un apporte aux hommes un repos paisible, l'autre les terrorise en les amenant de l'autre côté du miroir. Le sommeil et la mort sont donc jumeaux.

* À lire sur le sujet les passionnants « Cinq grands mythes de la nuit » d'Émilie Gillet, *Science & Vie Junior*, hors-série, février 2014.

Avant, on disait d'ailleurs que le sommeil était une « petite mort »... Pour finir la petite histoire, maman Nyx et fiston Hypnos ont eu un célèbre descendant : Morphée, le dieu des Songes, dans les bras duquel il est si doux de se blottir pour faire de jolis rêves ...

Dans la mythologie égyptienne, Nout, la déesse du Ciel et de la Nuit, mange le Soleil tous les jours.

Nout représente le ciel. Son corps longiligne est revêtu d'étoiles symbolisant la voûte céleste. Il se courbe au-dessus de Geb, son époux, le dieu Terre, le surplombant entièrement pour le protéger. Sa tête est à l'Ouest, ses pieds à l'Est. Cette position est très étudiée. Chaque soir quand Rê, le dieu Soleil, se couche à l'horizon après sa course orbitale, Nout l'avale tout entier, ce qui le fait ainsi rentrer dans le royaume des Morts. La nuit durant, Rê continue son voyage dans le corps de Nout à bord d'une barque tirée par des étoiles. Et chaque matin, Nout le met à nouveau au monde comme son propre enfant. Le dieu Soleil meurt tous les soirs avalé par la déesse du ciel et de la nuit, puis est enfanté le matin, régénéré avec le jour, afin de pouvoir remplir sa mission d'éclairer le monde des hommes...

Dans la mythologie nordique, la nuit est le résultat d'une cavalcade entre une mère et son fils : Nótt et Dag.

Nótt est une femme noire et sombre qui galope sur de beaux chevaux noirs. Mariée à plusieurs reprises, elle a plusieurs enfants, dont Dag, son fils issu de son dernier mariage avec Delling, le dieu de l'Aube. Beau et brillant comme son père, Dag est le dieu du Jour.

Odin, le dieu tout-puissant, dieu de l'éternité, décide de placer Nótt et Dag tout en haut dans le ciel. Il leur donne deux chevaux et deux chars, et leur demande de chevaucher chaque jour autour de la Terre, créant ainsi la succession du jour et de la nuit. Nótt part la première avec son cheval, Hrímfaxi, « crinière des frimas ». Chaque matin, son beau cheval couvre la Terre de rosée avec l'écume sortant de sa bouche. Dag, quant à lui, galope sur le dos de Skínfaxi, « crinière de lumière », qui éclaire le ciel et la Terre de celle-ci. Ainsi, mère et fils se poursuivent sans cesse...

À noter que l'ordre de passage de Nótt est important : la nuit précède bien le jour. Cette légende explique probablement la façon qu'avaient les Scandinaves de compter le temps en nombre de nuits en non en nombre de jours, et ce encore au Moyen Âge.

Enfin, dans l'Ancien Testament, la nuit, associée aux ténèbres et au mal, naît avec la création du monde.

« Au commencement, Dieu créa les cieux et la terre. La terre était informe et vide ; il y avait des ténèbres à la surface de l'abîme, et l'Esprit de Dieu se mouvait au-dessus des eaux. Dieu dit : “Que la lumière soit !” Et la lumière fut. Dieu vit que la lumière était bonne ; et Dieu sépara la lumière d'avec les ténèbres. Dieu appela la lumière jour et il appela les ténèbres nuit. Ainsi, il y eut un soir, et il y eut un matin : ce fut le premier jour. » (Genèse, I, 1-5).

Une mère ténébreuse et sa fille, une femme qui engloutit et qui enfante son mari, une mère qui effectue une course équestre sans fin avec son fils... La nuit, ombreuse, énigmatique et incertaine, a été à travers les civilisations le sujet d'histoires et de représentations aussi contrastées qu'ambivalentes.

Mais, au-delà des représentions, quels rapports les hommes ont-ils eus avec la nuit à travers le temps ?

LA NUIT DANS LE MONDE

Pour les hommes du monde entier, la nuit est synonyme de repos.

Elle est aussi, aux quatre coins de la planète, le temps de rites et de cérémonies. Dans les sociétés traditionnelles amérindiennes, africaines ou polynésiennes (chez les Maoris)*, c'est la nuit qu'ont lieu les rites d'initiation. En Europe, le 24 juin, on fête la nuit de la Saint-Jean. On allume des feux la nuit tombée pour prolonger le jour le plus long de l'hémisphère nord (solstice d'été) et célébrer le Soleil et la jeunesse. C'est une nuit d'épreuves par le feu, symbole de passage à l'âge adulte et de purification.

Mais elle diffère aussi d'un point à l'autre du globe.

Notons par exemple qu'en Europe, comme en Amérique, le Sud latin fait tout plus tard que le Nord anglo-saxon : réveil, repas et coucher sont décalés, à tel point parfois que les Espagnols dînent quand les Anglais se couchent…

À l'inverse de nos métropoles, dans les mégapoles asiatiques, de Shanghai à Singapour, en passant par Hong-Kong, la nuit semble active comme le jour. Dans ces villes qui ne dorment pas, certains commerces sont ouverts vingt-quatre heures

→

* Voir Jean-Luc Nahel, « Les nuits d'ailleurs », pp. 34-37, in *La nuit en question(s), op. cit.*

sur vingt-quatre. Enfin, dans le grand Nord, il y a les nuits qui ne finissent jamais, comme à Tromsø, ville de Norvège située au-dessus du cercle polaire*. Pendant deux mois, entre novembre et janvier, c'est la nuit !

JE T'AIME, MOI NON PLUS !
LE RAPPORT À LA NUIT AU FIL DE L'HISTOIRE

Nous avons déjà vu comment les contes fondateurs de notre culture se sont tous attachés à « raconter » la nuit. Voyons maintenant quelle relation complexe les hommes entretiennent avec elle depuis leurs origines jusqu'à aujourd'hui. Amie ou ennemie ? Voilà une histoire d'amour ambivalente et bien compliquée.

Les premiers hommes

N'y voyant pas plus clair que nous dans l'obscurité, les premiers hommes se réfugient dans les arbres à la nuit tombée pour ne pas servir de dîner à d'autres prédateurs. De ces temps anciens, nous garderions d'ailleurs aujourd'hui encore ce sentiment de grande vulnérabilité quand vient le soir.

* Voir l'article de télérama.fr, « La nuit dans le grand Nord », Emmanuelle Anizon, 22 décembre 2007.

AVEZ-VOUS PEUR DU NOIR ?

La crainte du noir pourrait être une des causes de votre insomnie. Selon une étude présentée lors de la conférence SLEEP en 2012, les personnes ayant un sommeil léger se révélaient être généralement plus anxieuses et plus facilement effrayées par des bruits lorsqu'elles se trouvaient dans l'obscurité.*

La découverte et la maîtrise du feu marquent une première grande révolution dans la relation des hommes à la nuit. Grâce à lui, tout a changé : on est protégé et on y voit mieux. Du coup, tout un pan de notre sociabilisation et notre civilisation a pu se développer. On se relaye pour surveiller les braises, on se répartit les tâches, on prend les repas en commun autour du feu, on fabrique les premiers outils… Le premier pas vers la technologie est fait ! L'homme commence à s'affranchir de l'état de nature.

Puis avec l'*Homo sapiens* (Homme savant ou moderne, c'est-à-dire nous), la nuit change de statut devenant « magique », avec, entre autres, les premiers rites funéraires d'inhumation. Pour la première fois, les hommes rencontrent le sacré. Autour du feu, ils échangent et communiquent, et, pour répondre au besoin de comprendre le monde qui les entourent, grâce au langage et aux symboles, ils développent nos premières explications à travers les mythes.

* http://www.huffingtonpost.fr/2013/08/20/explications-insomnie-inattendues_n_3783341.html

À l'Antiquité

Que cela soit dans la mythologie grecque, celtique, égyptienne, on comprend que la nuit engendre le jour et que le rêve est un moyen d'accéder au passé et à l'avenir. Rencontre avec le sacré, valorisation du rêve, la nuit désormais « porte conseil » et devient prémonitoire. Avec les orgies romaines, les fêtes en tout genre ouvrant les portes à la désinhibition et à la transgression, l'Antiquité comporte déjà tous les ingrédients de la vie moderne : sommeil malmené et insécurité urbaine.

Au Moyen Âge

Virage toute ! Au Moyen Âge – « une nuit de mille ans » –, finis la fête et le rêve, bonjour l'austérité et la peur. La religion dicte ses propres règles et contrôle la vie quotidienne de chacun. À la peur de la nuit et des loups s'ajoute la crainte des péchés et de Satan, des loups-garous, des revenants, des diablesses, etc. Pour se protéger, l'homme fortifie son habitat. Des murailles entourent les villes et les gargouilles sont censées lutter contre les éléments démoniaques.

À la Renaissance

Même si la nuit s'ouvre – pour les plus riches seulement – aux loisirs du soir, au plaisir de se retrouver, aux fêtes nocturnes, aux extravagances et à la transgression, deux nuits s'opposent : la nuit qui fait peur avec ses démons et la nuit mystique des potions magiques, des filtres et des magiciens. Pour les plus aisés, les premières chambres à coucher apparaissent dissociées des autres pièces à vivre.

Au siècle des Lumières

Puis, au fil du temps, au siècle des Lumières, le monde de la nuit opposera non plus riches et pauvres mais travailleurs et oiseaux de nuit plus ou moins légaux, comme les voyous, les hors-la-loi, les prostituées et les voleurs*.

Au xxe siècle

Comme le feu, cette première révolution préhistorique, l'électricité s'installe dans notre quotidien et bouleverse elle aussi nos rythmes de vie, à tel point que, lors d'un colloque organisé sur le thème de la nuit, Édith Heurgon évoqua la lumière artificielle comme un outil qui « programme la destitution de la nuit » : « La lumière qui, autrefois était liée au jour, s'en sépare désormais avec son prolongement technique qu'est la lumière artificielle. Le problème serait alors cette nouvelle lumière intrusive dont le rayonnement programme la destitution de la nuit... En effet, à l'inverse de la nuit qui ne diffuse pas, la lumière est à la fois fluide et flux, matériau manipulable doté de rythmes propres. »**

Non seulement plus personne n'est désormais tributaire de la lumière du soleil pour veiller, mais on peut aussi s'amuser le soir, très tard, chez soi, devant la télévision, ou dehors, au café ou au ciné, ou même encore travailler, les appareils de production pouvant fonctionner vingt-quatre heures sur vingt-quatre ! Et c'est bien dans cette direction que nos sociétés contemporaines

* Dans son « Histoire de l'homme à travers la nuit », Jean-Noël Berguit nous raconte dans le détail le chemin parcouru par l'homme dans sa relation à la nuit, *VST - Vie sociale et traitements*, vol. n° 82, no. 2, 2004, pp. 23-28.
** Catherine Espinasse, Luc Gwiazdzinski, Édith Heurgon, *La nuit en question(s)*, colloque de Cerisy (France), éditions de l'Aube, 2005.

avancent : la nuit, on dort un peu, on s'amuse et/ou on travaille aussi. Au final, technologies + apparition d'une nouvelle génération désireuse « d'en profiter » se réfugiant dans les loisirs et la consommation, cela nous amène tout doucement sur le terrain de nos comportements de vie actuelle, faisant de la nuit un nouvel eldorado de temps à utiliser sans modération et sans limites.

Aujourd'hui

Notre XXIe siècle, a vu naître la troisième grande innovation révolutionnant nos nuits : les smartphones ! Puis, par effet de contagion, plus généralement, les écrans bleus. Ainsi, sous l'effet de cette révolution numérique additionnée à celle de la globalisation, notre monde est devenu « plat », sans réelles frontières, pour reprendre Thomas Friedman*, sans limites de temps ni d'espace, avec une connexion non-stop et illimitée aux quatre coins de la planète. Mais, même si nous sommes en mesure de fabriquer la lumière et que la guerre du feu est terminée depuis longtemps, la nuit et le noir continuent malgré tout, de nous turlupiner et de nous angoisser, nous faisant encore passer de belles nuits blanches. Alors ?

* *La Terre est plate : Une brève histoire du XXIe* siècle [« The World Is Flat: A Brief History Of The Twenty-first Century »], Éditions Saint-Simon, 2006.

OUR SOULS AT NIGHT – NOS ÂMES LA NUIT

(Film de Ritesh Batra, 2017. D'après le roman du même nom, de Kent Haruf)

Louis est âgé et veuf. Seul dans sa maison, il dîne tranquillement lorsque, toc, toc, Addie, sa voisine, veuve et âgée comme lui, frappe à sa porte. Elle s'installe poliment sur le canapé du salon et lui fait une proposition directe :

– J'ai une suggestion pour vous… Ce n'est pas une demande en mariage. Quoique… C'est lié. Voudriez-vous venir chez moi et passer la nuit avec moi ? On est tous les deux seuls. Depuis des années. Je me sens seule et j'imagine que vous aussi... Ce n'est pas une question de sexe, c'est histoire de passer la nuit ensemble. Je voudrais juste qu'on s'allonge ensemble et que nous parlions jusqu'à ce que l'on s'endorme… Les nuits sont dures, n'est-ce pas ? Mais je crois que je pourrais redormir avec quelqu'un à mes côtés. Avec quelqu'un de gentil.

– Je ne sais pas, répond, troublé et légèrement gêné, Louis, le somptueux Robert Redford. Puis-je y réfléchir ?

Finalement, il viendra la rejoindre par la porte de derrière pour ne pas faire jaser le quartier. De nuit en nuit, de sommeil partagé en sommeil partagé, ils vont faire connaissance et finiront par s'aimer en plein jour…

La nuit et son voile noir est le théâtre de notre solitude existentielle, mais peut aussi être un espace de rencontres et de possibles par la « porte » de derrière…

LA NUIT ET NOUS

La nuit pour nos sens

La nuit astronomique, obscure, contraste avec le jour de lumière, éclairé de soleil. Or, tout primates que nous sommes, nos capacités et performances visuelles sont essentiellement diurnes. Nous ne voyons pas dans la nuit. C'est dans notre nature, notre ADN. Pourquoi est-ce important de le souligner ? Parce que notre vision étant mal adaptée à l'obscurité, celle-ci augmente de fait notre sentiment de vulnérabilité. Dès lors que nous ne sommes plus en mesure de percevoir notre environnement, le réel laisse place aux fantasmes, à l'imaginaire, à nos émotions toutes subjectives et personnelles. La nuit est même un moment propice pour une expérience nouvelle de nos sens, explique le philosophe Michaël Foessel dans son ouvrage *La nuit, vivre sans témoin**. La vue étant limitée, l'ouïe, le toucher, même le goût et l'odorat se trouvent non seulement renforcés, mais perçus différemment puisqu'on ne voit pas ce qu'on entend, ce qu'on touche, etc. – ce qui peut être terrifiant, en tout cas mystérieux. L'imaginaire est bien davantage en action alors, les émotions aussi. On est plus dans le ressenti, moins dans le rationnel. On bascule dans un autre monde en quelque sorte… C'est pourquoi à la nuit sont associées non seulement de la vulnérabilité, mais aussi de la peur. C'est pour cela aussi qu'elle est le temps de l'occulte et de la mort, des cauchemars ou des insomnies, des craintes irrationnelles, des métamorphoses, des transgressions… Mais, attention, c'est aussi le temps des rêves ! Des étoiles, de la lune, du silence, de la contemplation, de la prière, du repos et d'un lâcher-prise libérateur…

* Éditions Autrement, 2017.

Partout, en tout temps, la nuit est duale. En s'y référant, on oscille entre peur (du noir, du danger, de la mort), voire angoisse (du vide, des démons…) et insécurité, mais aussi beauté, grandeur, élévation, espoir tourné vers l'immensité de la voûte céleste, spiritualité.

La nuit, espace de projection de peurs ancestrales et personnelles

C'est clair, notre rapport à la nuit est objectivement plus complexe que notre rapport au jour, C'est pourquoi il m'est apparu essentiel de commencer ce livre avec celle qui abrite notre sommeil, qui, en plus, comme nous avons pu le voir, varie en fonction des époques et des croyances qui les accompagnent. Nuit domaine des bêtes féroces ou des rites sacrés, nuit infernale ou prophétique, nuit des riches, transgressive et douillette, nuit des pauvres, besogneuse et dangereuse… cette nuit aux multiples visages laisse forcément une empreinte dans notre inconscient qui agit malgré nous lorsque son voile d'obscurité nous enveloppe.

Au-delà de nos représentations collectives et malgré nos récentes lumières fabriquées, nous continuons de projeter sur son écran noir nos propres monstres intérieurs (peurs, pulsions, frustrations, désirs contrariés ou interdits…). Le noir fait immanquablement et universellement écho à la part obscure qui est en nous. Nous sommes bourrés de peurs programmées : non seulement de la préhistoire mais également de notre enfance, et ce, d'autant plus que, plus que de nombreuses histoires pour enfants censées bercer nos nuits, racontées au moment du coucher, ne sont pas franchement rassurantes non plus ! Le Petit Chaperon rouge qui rencontre le grand méchant loup avant la tombée de la nuit ; le Petit Poucet qui apprend pendant la nuit que ses parents veulent l'abandonner avec ses frères dans les bois et qui ne peut plus fermer l'œil de la nuit ; Hansel et Gretel qui se réveillent seuls dans la nuit noire le soir de la première tentative d'abandon de leurs parents ; Baba Yaga, la méchante sorcière slave avec sa maison à pattes de poulets, poursuivant la nuit la petite fille en fuite dans les bois sombres ; Blanche Neige abandonnée dans les bois pourchassée par les bêtes sauvages avant de trouver la petite maisonnette éclairée des sept nains... Tout cet univers nocturne, transmis de génération en génération, nous en rajoute une couche !

Notre rapport à la nuit est forcément empreint de toute cette construction et remonte à la surface subrepticement, dès qu'un déséquilibre s'invite dans notre vie. Notre sommeil est modelé de ces références et de ce rapport.

Dans l'idée de réapprendre à mieux dormir, il est important de mettre en lumière ce qui se joue intrinsèquement avec la nuit : face-à-face solitaire chargé de nos peurs ancestrales et sociétales, bouton d'activation de nos inconscients et de nos pulsions personnelles, frayeurs d'enfant, peur de ne plus se réveiller, d'être enlevé, oublié, abandonné... Notre sommeil est l'assemblage subtil et sourd de tous ces éléments qui, en fonction de la façon dont nous gérons les aléas de notre vie, peut devenir soit un cocktail molotov, soit un tremplin vers une plus grande dimension de nous-mêmes.

LA NUIT DES ARTISTES

En chansons

Souvent la nuit évoque l'amour et le mystère. *La nuit je mens,* de Bashung, mêle le mensonge, la relation amoureuse, la mort et « des montagnes de questions » dans un texte énigmatique empreint d'ombres. Dans *La Chanson de la nuit,* Trenet se remémore ses amours passées qu'il retrouve avec nostalgie en rêve. Et quand Johnny Hallyday chante *Retiens la nuit*, là encore, le moment est propice à l'amour, comme en suspens, privilégié, à l'écart du monde…

Les comptines pour enfants, nombreuses à évoquer la nuit, jouent un rôle fort au moment du coucher pour rassurer les enfants devant l'obscurité, la solitude et le lâcher-prise que représente cet instant. Qui ne connaît pas *Dodo, l'enfant do, Au clair de la lune, Doucement s'en va le jour* ? Personne ! Ces premières chansons restent des rites souvent incontournables pour accompagner en douceur les enfants dans le sommeil.

En peinture

La nuit a nourri les pensées et l'imaginaire de Van Gogh et inspiré certaines de ses œuvres majeures. « Il considérait la nuit comme un moment propice à la contemplation et à la création, comme un espace permettant de revenir sur les événements de la journée et d'exprimer ses pensées à travers des lettres adressées à ses amis les plus proches et à sa famille. Quand Van Gogh décida en 1880 de devenir un artiste, son sentiment à l'égard de la nuit fut déterminant : ses représentations du monde de la nuit sont nourries d'une symbolique toute particulière, comme connectée aux cycles de la vie, aux effets de la modernité et à une vision romantique

→

de la nature. L'une des réalisations majeures de Van Gogh fut de poursuivre les effets de la lumière de la nuit à travers la couleur. »* Dans sa fameuse *Nuit étoilée*, sa *Nuit étoilée sur le Rhône* ou à la *Terrasse du café le soir*, elle est un feu d'artifice de lumières et de reflets qui lui sont propres. « Souvent, il me semble que la nuit est plus richement colorée que le jour », dit-il à sa sœur au moment de peindre ces tableaux.

C'est l'inverse chez Edward Hopper qui a lui aussi souvent représenté des ambiances nocturnes. Dans ses tableaux réalistes, l'électricité qui éclaire les hommes la nuit ne fait que souligner leur solitude et leur silence, au bar de son célèbre *Nighthawks (Oiseaux de nuit*, en français) ou à l'intérieur d'espaces intimes *(Fenêtres la nuit, Bureau de nuit)*.

En poésie

De silence, il est également question dans la poésie de Victor Hugo quand arrive la *Nuit*. Avec inquiétude, le monde avance vers l'obscurité, vers le mystère de la vie et une montagne de questions, là encore ! « C'est l'heure où toute créature / Sent distinctement dans les cieux / Dans la grande étendue obscure / Le grand Être mystérieux ! [...] Oh ! la nuit muette et livide / Fait vibrer quelque chose en nous ! Pourquoi cherche-t-on dans le vide ? Pourquoi tombe-t-on à genoux ? »

« Je crois aux nuits », conclut Rilke dans un poème du *Livre de la vie monastique*, lui qui voit dans la nuit un espace d'intimité profonde et essentielle pour se sentir être véritablement au monde.

* Collectif, *Van Gogh, Les couleurs de la nuit*, Actes sud.

Au cinéma

Le côté obscur de la nuit est surreprésenté dans le cinéma, qui s'en est largement inspiré pour planter le décor de ses polars ou films d'horreur *(La Nuit du chasseur, La nuit nous appartient, Une nuit en enfer, Les Griffes de la nuit…)*, même si certains préfèrent célébrer sa face festive *(Ouvert la nuit)*.

En littérature

Et si, dans son *Voyage au bout de la nuit*, Louis-Ferdinand Céline associe la nuit au désespoir de la condition humaine (youpi !), d'autres lui donnent un éclat différent. « Chantez, compagnons, dans la nuit, la liberté nous écoute… » : dans le *Chant des partisans*, l'hymne de la Résistance écrit en 1943, la nuit peut évoquer le régime nazi autant qu'un espace d'obscurité propice à la résistance. « Ce n'est que quand il fait nuit que les étoiles brillent », disait Churchill…

LA NUIT EN MUTATION : UNE NUIT DE PLUS EN PLUS ACTIVE

Un temps actif gagné sur la journée

Il y a cent ans les Français dormaient une heure de plus qu'aujourd'hui ! Nos nuits ont été raccourcies notamment par les écrans télé (elle est regardée par une majorité de Français après une journée de travail), les smartphones et les tablettes (pour les plus jeunes qui les consultent massivement le soir).

UN TEMPS POUR TRAVAILLER

Il y a des journées de travail qui débordent largement sur le temps de repos. D'après une étude réalisée en 2015*, les patrons des TPE tirent particulièrement sur la corde, avec des journées actives de près de 10 heures. Les trois quarts rapportent du boulot à la maison et 14 % d'entre eux restent au bureau après 21 h. Près de la moitié travaillent 6 jours sur 7 (7 jours sur 7 pour 1 dirigeant sur 5) et dorment 6 heures ou moins chaque jour.

Dans une étude publiée en 2014, la Dares** estime à 15,4 % la proportion des salariés qui travaillent de nuit en France***, soit 3,5 millions de personnes. C'est 1 million de plus qu'en 1991. Et si les travailleurs dits « occasionnels » ont tendance à être moins nombreux, le nombre de salariés travaillant « habituellement » de nuit a plus que doublé en vingt ans (ils sont 7,4 % en 2012). Parmi les salariés, 21,5 % des hommes et 9,3 % des femmes travaillent de nuit. Les femmes sont moins nombreuses mais, là aussi, leur nombre a doublé depuis 1991, passant de 500 000 à 1 million en 2012. Les transports, la police, l'armée, les pompiers, la santé, les industries de process, l'entretien, la

* Selon un sondage Opinionway pour American Express en 2015.
** La direction de l'animation de la recherche, des études et des statistiques (Dares) est rattachée au ministère chargé du travail, de l'emploi, de la formation professionnelle et du dialogue social. Son étude « Le travail de nuit en 2012 » a été publiée en août 2014.
*** Si le code du travail comptabilise le travail de nuit entre 21 heures et 6 heures, pour son étude, la Dares a réduit cette plage horaire pour considérer le travail « de nuit » entre minuit et 5 heures du matin.

maintenance et la sécurité sont les principaux secteurs concernés par le travail de nuit*.

Les travailleurs de nuit sont de plus en plus nombreux... La loi a beau fixer le principe du recours exceptionnel au travail de nuit, dans les faits, celui-ci tend à se développer. Un rapport du Conseil économique, social et environnemental** publié en 2010 avance plusieurs explications : la levée en 2001 de l'interdiction faite aux femmes de travailler de nuit dans l'industrie ; le flou juridique censé encadrer le travail de nuit (plus vraiment exceptionnel donc...) ; la tendance aux « rythmes de travail atypiques », liés à la mondialisation, aux échanges internationaux permanents, aux technologies de la communication, aux exigences plus fortes de rentabilité, aux modes de vie qui évoluent et à une nouvelle génération de travailleurs « moins attachés à une organisation classique du travail ».

Le travail de nuit est perçu comme plus pénible et usant que celui exercé de jour : 43 % des salariés de nuit n'imaginent pas pouvoir tenir jusqu'à leur retraite (contre 27 % des salariés travaillant de jour)***.

* D'après certaines études épidémiologiques de l'OMS, le travail en horaires décalés serait cancérogène « probable » : cancer du sein pour les femmes, et du colon et de la prostate pour les hommes. *Le Point,* Claire Lefebvre.
** « Le travail de nuit : impact sur les conditions de travail et de vie des salariés », 2010.
*** Dares, *op. cit.*

ILS TRAVAILLENT LA NUIT

Christophe, aide-soignant de nuit depuis 15 ans

Quand j'ai commencé à travailler de nuit, j'étais dans un service de suppléants, un peu « bouche-trou » des plannings, sans rythme fixe. Épuisant. Après une hernie discale liée à mon travail, j'ai été reclassé dans un service moins « physique », sans manutention. Aujourd'hui, j'aime bien mon temps de travail. Après ma nuit de boulot, je dors quatre à cinq heures et je profite de l'après-midi. Pour l'instant je ne me vois pas passer « de jour ». Mais travailler à ce rythme jusqu'à la fin de ma carrière professionnelle, non plus ! Physiquement, tu morfles plus, tu ne récupères pas de la même façon. Après trois nuits consécutives, je sens clairement le décalage et la fatigue.

Carole, infirmière de nuit aux urgences depuis 6 ans

Travailler de nuit, c'est être toujours décalé et sur la brèche. C'est avoir un sommeil ni suffisant ni réparateur. Parce que tu ne dors pas de jour comme de nuit. En journée, on dort par petits bouts, rarement plus de quatre heures d'affilée, toujours interrompu par un coup de téléphone, un texto, le bruit des autres. En termes de fatigue, je ne me vois pas continuer à ce rythme jusqu'à la fin de ma vie professionnelle. Mais pratiquement, j'aimerais pouvoir le faire, parce que je veux être là le jour pour ma fille. Mais je pense que ce sera dur…

Cyril, personnel au sol d'une grande compagnie aérienne depuis 12 ans

Je peux commencer ma journée à 4 h 30 du matin ou parfois à 22 h, c'est variable. Quand tu es jeune, ça va. Mais plus tu avances en âge, plus ton corps a du mal à encaisser. Après cinq jours de travail, tu es rincé ! J'y trouve mon compte aujourd'hui. C'est un choix. Je peux m'occuper des enfants, gérer ma vie perso en journée. Cela dit, je ne pense pas poursuivre jusqu'à soixante balais. Physiologiquement, ton corps est détraqué : tu manges bizarrement, tu te reposes mal et, socialement parlant, tu es aussi décalé.

Laurent, concierge dans un grand hôtel, quelques années de nuit

C'est pénible de travailler la nuit ! Ça n'est pas pour rien qu'on fait tourner le personnel dans les hôtels. Personnellement, je ne me projette pas dans ce rythme. Physiologiquement, on le ressent clairement. Tout est perturbé : le sommeil, les repas, le corps réagit, le transit, les yeux gonflés, la tête dans le gaz… C'est très impactant. Sans compter que socialement vous êtes complètement « *out* ». Pour moi, le travail de nuit ne devrait pas exister. Le principe est contre-nature. D'autant qu'on pourrait – on va ! – s'en passer, avec la technologie.

Juliette, pâtissière pendant 3 ans la nuit

Quand on embauche entre minuit et midi, on dort moins, forcément, et moins bien. Socialement, c'est contraignant et, physiquement, on a la sensation d'avoir une gueule de bois constante. On sent bien que ça n'est pas naturel de se lever à 22 h. Et on a des coups de barre récurrents. On n'est pas fait pour vivre la nuit. Le corps a besoin de lumière ! Même à vingt-cinq ans, on sent la fatigue. On a l'impression de vieillir plus vite : mes premiers cheveux blancs sont apparus à cette époque… Alors, non, je ne me sentais pas de continuer à travailler la nuit… Et j'ai arrêté !

LES HORAIRES DÉCALÉS ET LEURS EFFETS SUR NOTRE HORLOGE BIOLOGIQUE

D'après une étude américaine publiée dans la revue spécialisée *Sleep Health,* les travailleurs décalés, et notamment de nuit, souffrent davantage de troubles du sommeil tels que l'insomnie (23,6 % contre 16,3 %), le manque de sommeil (53 % contre 42,9 %) ou encore les réveils nocturnes (31,8 % contre 24,4 %). De plus, ils sont plus susceptibles d'être en situation de surpoids, d'obésité et de diabète (47,9 % contre 34,7 %) que ceux qui ont des horaires de travail classiques (8 h-18 h). La raison ? Le dérèglement de leur horloge biologique…*

UN TEMPS POUR SORTIR, SE RETROUVER, CONSOMMER, APPRENDRE…

Le soir, jusqu'à tard, quand on ne travaille pas, que fait-on ? On prolonge la journée ! Oui, une autre journée commence : celle du soir ! On se forme après le boulot pour progresser dans sa carrière professionnelle, parfois décrocher un diplôme (à Paris, les cours du soir de la mairie sont pris d'assaut**). On court les boutiques, parce qu'on n'a pas eu le temps de remplir le frigo avant, ou parce que l'activité économique ne fait plus de pause et que les magasins ouvrent tard à des horaires dits « nocturnes ». On sort, on socialise. On va dîner chez les uns, on se retrouve

* https://www.topsante.com/medecine/fatigue/antifatigue/horloge-biologique-les-effets-du-travail-en-horaires-decales-sur-la-sante-249461
** Voir le reportage de France 3, « Les cours du soir font salle pleine », janvier 2017.

dans un bar, au restaurant, au cinéma, dans un concert ou au théâtre. Si bien que certains voient dans nos sociétés capitalistes une injonction à ne jamais s'arrêter, à ne plus distinguer le jour de la nuit, à laisser les lumières allumées en permanence, pour faire tourner la machine, quitte à nous déshumaniser*...

Avez-vous remarqué comme les nuits dédiées à un sujet se sont multipliées ? Il y a bien sûr les « Nuits des étoiles » en août, un peu partout en France, qui encouragent le grand public à observer le ciel nocturne, mais aussi la « Nuit blanche », la « Nuit des musées », la « course des Lumières » de l'institut Curie, la « Nuit debout », la « Nuit des débats », la « Nuit des chercheurs », la « Nuit des étudiants du monde », et même la « Nuit des publivores »... Pourquoi la nuit pour faire tout ça ? Peut-être parce qu'elle nous incite à regarder, à nous exprimer et à vivre différemment. Parce quelle est tout entière devant nous aussi, moins contraignante et plus libre que le jour...

UN TEMPS POUR DORMIR

Quantité de sommeil

La nuit, on dort en moyenne 7 heures en semaine et 8 heures le week-end, soit au total un tiers de notre vie (25 à 27 ans) !
36 % des actifs dorment moins de 6 heures en semaine.
Ce n'est pas assez pour 54 % des Français qui estiment leur sommeil insuffisant. Résultat : 28 % somnolent en journée.

* Voir le passionnant ouvrage de Jonathan Crary, *24/7, Le Capitalisme à l'assaut du sommeil*, La Découverte, 2014.

Qualité du sommeil

16 % des Français se déclarent insomniaques.
20 millions de Français souffrent d'un sommeil de mauvaise qualité.
40 % des Français déclarent s'être endormis de « manière non intentionnelle » en journée pendant les quinze derniers jours.
Les trois quarts des Français se réveillent au moins une fois la nuit.
Aux États-Unis, une étude de 2011 estime que, chaque année, les conséquences de l'insomnie (en termes de baisse de la productivité) coûtent plus de 63 milliards de dollars aux entreprises américaines*.

« Autour » du sommeil

38 % se jugent « du soir », contre 31 % « du matin ».
2 personnes sur 3 consomment des stimulants (tabac, alcool, café, thé) avant de dormir.
13 % ont recours à des produits pour dormir : 54 % avalent des psychotropes, 18 % des tisanes, 17 % de l'homéopathie.
Près de 9 personnes sur 10 ayant la télévision l'allument après le dîner. Parmi elles, plus de 1 personne sur 4 la regarde dans son lit.
35 % des Français sont devant un écran d'ordinateur, de tablette ou de smartphone pendant l'heure qui précède le coucher.
52 % des Français ont leur mobile en fonctionnement ou en veille dans leur chambre.

* Étude de la Harvard Medical School (2011), reprise dans *S'épanouir,* de Arianna Huffington, Fayard, 2015.

10 % peuvent être réveillés la nuit par des messages et 4 Français sur 10 utilisent un écran bleu (tablette, ordinateur, smartphone) le soir dans leur lit*.
La moitié des 25-45 ans lisent régulièrement avant d'éteindre la lumière.
La moitié des Français préfèrent faire l'amour une fois la nuit tombée**.
Et l'arrivée d'un nouveau-né priverait en moyenne chacun des heureux parents de 550 heures de sommeil par an !

Dis-moi comment tu dors

47 % des Français dorment dans un lit de 140 cm, 44 % dans un lit de 160 cm et plus.
4 Français sur 10 dorment seuls.
23 h : c'est l'heure moyenne à laquelle les Français se couchent.
20 minutes : c'est le temps qu'il nous faut en moyenne pour nous endormir.
3 personnes sur 4 quatre dorment dans le silence. 2 personnes sur 3 dorment dans le noir complet (c'est bien !).
D'après une étude américaine***, 1 homme sur 3 dort nu. C'est deux fois plus que les femmes qui, elles, sont trois fois plus nombreuses à dormir avec… des chaussettes.
64 % des Français**** appuient sur la touche « snooze » de leur réveil (qui décale la sonnerie de 5 minutes) chaque matin.

---

* *Le Point,* Claire Lefebvre.
** D'après un sondage BVA pour *Psychologies magazine* en 2000.
*** Étude de Jawbone (une start-up américaine qui analyse nos comportements d'après les données de bracelets connectés), 2013.
**** Étude Opinion Matters réalisée pour Withings, août 2014.

LA NUIT DES ANIMAUX

Si la norme des humains (dormir la nuit, pendant sept à huit heures) est proche de celle des primates, elle n'est pas du tout celle de nombreuses autres espèces animales. Le rat et la chauve-souris dorment plutôt le jour, pour mieux chasser la nuit : une douzaine d'heures pour le rat, autour de vingt heures pour sa cousine volante !

Parmi ceux qui dorment la nuit, le cheval, la girafe, l'éléphant (qui peuvent même somnoler debout) ou la vache ne s'assoupissent que quatre heures, voire moins. Le flamant rose dort sur une patte. Le dauphin quant à lui ne dort qu'à moitié : quand une partie de son cerveau se repose, l'autre veille pour continuer à diriger sa navigation. Les oiseaux migrateurs eux aussi poursuivent leur voyage en dormant.

Plus généralement, les prédateurs ont un sommeil plus large que les espèces vulnérables qui doivent s'organiser pour dormir – sans être dévorées – en groupes parfois : les mangoustes, comme les canards, se relaient pour se reposer, pendant que les lions ou les tigres, eux, roupillent tranquilles entre treize et seize heures par jour.

Il y a bien sûr ceux qui hibernent pendant plusieurs mois, comme les ours, ou ceux qui dorment carrément trois ans comme l'escargot du désert*. Trois ans de dodo, et du coup jusqu'à quinze ans de vie (contre trois malheureuses années pour les escargots de Bourgogne).

Le meilleur pour la fin : après avoir observé des pieuvres dans leur sommeil, des chercheurs britanniques ont constaté… qu'elles rêvaient.

* Voir le blog de Bruno Matelas sur le sujet, très instructif : http://www.brunomatelas.fr/blog/2016/04/18/15-animaux-avec-des-habitudes-de-sommeil-particulieres/

LA NUIT : VERS UNE PLUS GRANDE DIMENSION DE NOUS-MÊMES

Les hommes dans leur sommeil
travaillent fraternellement
au devenir du monde.

HÉRACLITE D'ÉPHÈSE

Parfois, je suis émerveillée par la générosité de la vie qui nous offre ce dont nous avons besoin au bon moment. Alors que j'étais en train d'effectuer des recherches sur la nuit et le sommeil, au cours d'une petite balade du soir sur les quais de Seine, j'ai été intriguée par l'initiative joyeuse de deux astronomes munis d'un énorme télescope qui interpellaient les passants d'une phrase-choc pour les inviter à regarder la Lune : « Un petit coup de lune ? » et à échanger avec eux sur notre univers stellaire. Belle synchronicité à laquelle j'ai bien évidemment répondu par un grand « OUI ! ».

> « Tu sais, pour nous les astronomes, la nuit, c'est un moment important, parce que c'est le seul moment où on peut voir des choses qu'on ne voit pas le jour. De jour, on ne voit que le Soleil, et, de nuit, d'un coup, on voit des millions de choses apparaître. On peut voir un tout autre monde, et c'est notre univers, c'est là où nous habitons ! Lorsqu'on regarde les cratères de la Lune, on peut apprendre plein de choses. Sur Terre, bien évidemment, la géologie est intéressante, mais

avec la tectonique des plaques, l'érosion, etc., il y des choses qui ont disparu depuis 4 milliards d'années. Sur Terre, il n'y a quasiment pas de roches qui ont 3 ou 4 milliards d'années. Alors que, quand on observe la Lune, on peut voir des terrains et des roches qui sont plus anciens que sur Terre. La Lune, elle, elle a 4 milliards d'histoires… Voilà pourquoi c'est important d'observer notre ciel la nuit. »*

La nuit est donc essentielle pour notre connaissance de nous-même et de notre destinée… En observant la composition chimique de 165 000 étoiles de notre galaxie, des astronomes sont arrivés à démontrer que « notre propre corps est constitué à 97 % de substances provenant de ces corps célestes »**. Joli, non ? Nous sommes tous des poussières d'étoiles !

Puisque la nuit peut nous faire accéder à plus de connaissance de nous-mêmes, j'ai repris mon bâton de pèlerin et me suis tournée vers les grands « sages » philosophe, astrophysicien, chaman – la réflexion, les sciences et la spiritualité –, afin de mieux comprendre ce qu'elle a à nous apprendre et la nature de notre rendez-vous avec elle.

Vous vous souvenez de mon précédent livre sur les rituels matinaux, *La Magie du matin*, et de cette question que j'ai longtemps posée à travers de nombreuses interviews : « Pourquoi on se

* Sylvain Bouley, enseignant-chercheur au laboratoire Géosciences Paris Sud de l'Université Paris-Saclay.
** … de carbone, d'hydrogène, d'azote, d'oxygène, de soufre et de phosphore… Voir http://www.sdss.org/press-releases/the-elements-of-life-mapped-across-the-milky-way-by-sdssapogee/

lève ? » Comme je l'ai déjà exposé, le matin, quand on se réveille, c'est le « pourquoi » qui s'élève avec, avec en toile de fond, l'enjeu du sens. Avec la nuit, je me pose maintenant la même question : quel est son enjeu existentiel ? Quelle est la grande question rattachée à la nuit ?

NOUS RELIER AU PLUS GRAND – ENTRETIEN AVEC LE PHILOSOPHE **CHARLES PÉPIN**

« La nuit pose la plus grande question métaphysique qui soit : quel est le SENS du monde ? »

Suivant régulièrement les conférences de Charles Pépin, j'ai sollicité son interview. Charles est un philosophe, conférencier et enseignant nouvelle génération, brillant, drôle et sexy, auteur notamment de *La Joie* et *Les Vertus de l'échec**.

> « La nuit, c'est justement là où on ne devrait plus se poser de questions ! La nuit, pour moi, c'est la liberté, le relâchement, le moment où l'on a le droit de vivre sans questions et sans réponses. La nuit, c'est la danse, la sexualité, l'alcool. C'est le repos aussi. La solitude. Pour être plus juste, ce n'est pas qu'il n'y a plus de questions, bien évidemment, des questions se posent, mais elles sont mises en suspens. Pour moi, la nuit, c'est ça : la cessation de la question.

* Allary Éditions.

Le soir, c'est différent. À l'inverse, le soir est un moment de questions. Comme dit Hegel : « La chouette de Minerve ne prend son envol qu'à la tombée de la nuit. » Le soir, c'est ce qui vient après la journée. Avec le recul de « l'après-coup », on peut donc questionner ce qui s'est passé. En d'autres termes, on ne peut saisir le réel et le reconstruire par la pensée qu'une fois les évènements passés.
En fait, s'il devait y avoir une question liée à la nuit, elle serait plus métaphysique ou mystique, comme : quel est le sens du monde ? C'est l'heure de regarder les étoiles et de se dire : est-ce que tout cela a un sens ?
La nuit est l'ouverture du champ du possible. Il n'y a plus aucune limite. On est relié à l'infini du cosmos ou alors à l'infini de son inconscient. Quand je m'endors et que je rêve, il n'y a plus de censure de la conscience, tout se met à s'associer librement dans un chatoiement incroyable et insensé. D'ailleurs, c'est souvent très difficile de retrouver le sens d'un rêve, tout danse dans une sorte d'illimitation totale.
Donc, la nuit, il n'y a pas vraiment de question, si ce n'est LA question, à savoir : « Mais pourquoi le monde ? ». La plus grande question métaphysique qui soit !
Évidemment, à cette question, il n'y aura pas vraiment de réponse, mais, même si on ne va pas y répondre, la nuit est le moment d'« entendre » la question.
Le matin, la question est donc : « Quel est le sens de ma vie ? » et la nuit, c'est : « Quel est le sens du monde ? » et c'est précisément le matin que l'on aura envie d'y répondre… »

En résumé, la nuit nous relie à l'infiniment grand et nous invite à nous poser la plus vertigineuse des questions métaphysiques,

la question du « Pourquoi ? » Pourquoi le monde, qui sommes-nous, d'où venons-nous, où allons-nous...

★

NOUS COMPRENDRE, NOUS ÉMERVEILLER ET NOUS REPÉRER – ENTRETIEN AVEC L'ASTROPHYSICIEN HUBERT REEVES

« Le ciel nocturne est à la fois source de REPÈRES et d'ÉQUILIBRE, de connaissance et d'émerveillement. »

Ce questionnement enivrant m'a donné envie d'aller plus haut et plus profondément dans la nuit – au sens propre. Pour ce faire, j'ai rencontré le « guetteur de l'univers », Hubert Reeves, ce grand astrophysicien, humaniste, écologiste, aux allures de magicien Gandalf du *Seigneur des anneaux*. Racontez-nous les étoiles, monsieur le savant rêveur...

> « On ne voit pas les étoiles le jour. Le jour, on vit sous un beau dôme bleu, et, la nuit, c'est comme si une fenêtre opaque s'ouvrait et nous laissait voir les étoiles.
> Des hommes primitifs jusqu'à l'Antiquité, une question a perduré : qu'est-ce qu'une étoile exactement ? Est-ce proche, loin, grand ? Le ciel étoilé inspirait à la fois de la vénération et de la terreur. La nuit était associée à l'angoisse, au danger. Les hommes pensaient alors que les étoiles leur envoyaient des messages. Les comètes, par exemple, étaient signes de malheur, de défaite militaire, de catastrophe. Il y avait toute

une mythologie sur les constellations, qui étaient associées à des personnages, comme Orion, par exemple, ce chasseur géant de la mythologie grecque réputé pour sa beauté et sa violence, transformé en amas d'étoiles. En anglais, il y a ce très beau mot : « *awe* », que l'on traduit souvent par « admiration » ou une sorte de « crainte ». C'est ce sentiment d'être dépassé, un peu terrorisé, par quelque chose qui vous « déborde », un mélange de vénération et d'inquiétude parce que ça vous dépasse.

Au-delà de notre interprétation du ciel, les étoiles avaient alors une fonction essentielle : celle de nous situer et de nous orienter. À l'origine, l'étoile polaire qui indique le Nord était un guide pour les navigateurs. Le ciel nocturne est à la fois source de repères et d'équilibre.

Il y a deux fonctions importantes pour un être humain : la connaissance et l'émerveillement. D'un côté, il veut comprendre ce qui se passe, dans quoi il est, comment ça marche, d'où il vient, où il va – ce qui relève du domaine du rationnel et de la science –, et, de l'autre, il veut s'émerveiller – ce qui relève du domaine des arts, de la littérature, etc. Monde de rêves, d'imagination, d'émerveillement et monde de rationalité, de physique et de science. Les deux contribuent à l'équilibre de l'être humain. Si l'on est seulement dans la rationalité, dans un rapport de domination, on s'assèche, il nous manque cette dimension d'« être au monde ». Si l'on n'est que dans l'émerveillement, on peut devenir fou. L'observation des étoiles rencontre et équilibre ces deux dimensions…

Il faut redonner le ciel aux gens… L'enjeu est de pouvoir sentir notre présence dans cet univers immense, de comprendre notre origine, de trouver ce que nous faisons là et le sens de

notre existence. Les étoiles nous aident à faire ce chemin de compréhension.
Or, avec nos multiples écrans bleus, l'éclairage urbain et les nombreuses lumières de nos grandes cités, on ne voit même plus la lune ! On sait que toutes ces lumières allumées la nuit sont nocives. La pollution lumineuse est un problème réel. Déjà, nous avons besoin de cette alternance pour notre équilibre. Toute la biodiversité et l'écosystème de la planète en dépendent. Les plantes, par exemple, ont besoin de cette alternance du jour et de la nuit pour leur respiration. La nuit a un rôle et une action. Chacun connaît ce phénomène naturel, certaines plantes à fleurs ouvrent leurs corolles de jour et les ferment, comme pour dormir, la nuit. De plus en plus d'observatoires astronomiques (à Toulouse, au Canada) parviennent à négocier avec les villes pour baisser l'éclairage au niveau de ce qui leur est essentiel, et pas plus. Pour les observatoires astronomiques, c'est essentiel, car, du fait d'éclairages trop importants, certains n'ont plus du tout la capacité d'observation qu'ils avaient il y a quelques années, quand ils pouvaient voir des « sources très faibles » (des étoiles de faible masse). Si on ne peut plus voir les « sources faibles », on ne peut plus les observer, et cela nous coupe d'une grande partie des renseignements que peut nous donner l'astronomie. C'est essentiel. Même chose pour la radioastronomie* avec les téléphones portables : leur bruit parasite est un problème majeur. Du coup, on prépare des observatoires… sur la Lune ! Pour avoir des nuits vraiment noires, on va installer des télescopes à l'abri des ondes radios qui viennent de la Terre, sur la face cachée de la Lune. Plus la nuit est noire, plus vous voyez « d'objets »

* Branche de l'astronomie qui traite l'observation du ciel avec des ondes radio.

faibles, donc forcément lointains, et plus vous pouvez remonter loin dans l'espace et notre compréhension de qui nous sommes… Même si les lumières des villes et des écrans bleus nous donnent par ailleurs beaucoup de confort et de sécurité, nous nous coupons trop du ciel. C'est une grande dégradation de notre monde moderne, car nous perdons quelque chose au passage : le contact aux éléments. Ce contact n'est pas forcément analytique mais existentiel avec l'univers. Il ne passe pas par le mental, mais par tout le corps. C'est comme pour la musique : vous ne l'analysez pas, vous la recevez, vous vous sentez bien, vous l'aimez… Cela permet de sortir de nos problèmes du quotidien et de nous placer dans notre position d'êtres humains. Je défends ardemment l'idée d'installer des observatoires astronomiques amateurs un peu partout afin que les gens puissent venir voir le ciel et renouer avec cette dimension : observer, admirer, s'émerveiller…

Pour finir, les étoiles sont des lieux de rêves et de rationalité qui nous apportent cet unique et incroyable sentiment de dépassement, devant quelque chose qui est au-delà de nous-mêmes… »

« Serait-ce une dimension spirituelle que vous évoquez, monsieur Reeves ? » lui demandais-je à la fin de notre entretien.

« On peut le dire comme ça, oui… Je ne suis pas croyant dans une foi particulière, mais je crois en quelque chose qui nous dépasse et auquel le ciel peut nous donner accès. Les étoiles ont leur langage. Je me souviens d'un jour, j'étais à l'hôpital, très mal, on me disait que j'avais peu de chances de m'en sortir. Je me sentais glisser comme si j'avais envie de mourir. Puis, une nuit, j'ai regardé par la fenêtre, j'ai vu la Grande Ourse et j'ai eu l'impression que les étoiles me disaient : "Non ! Tiens

> bon ! Tu as encore de belles choses à faire, à vivre, il ne faut pas te laisser aller, il faut résister." Ça a été un événement important pour moi, ce message… »

La spiritualité, la bonté et la poésie contenues dans sa réponse m'ont beaucoup émue. Hubert Reeves est décidément à la fois un grand scientifique et un poète, mais, au fond, y a-t-il une si grande frontière ?

★

NOUS RELIER À NOTRE ÂME, RÊVER – ENTRETIEN AVEC L'AUTEUR CHAMAN ARNAUD RIOU

La nuit est empreinte révélée de la journée et dialogue avec notre ÂME et notre INCONSCIENT.

Pour aborder la dimension spirituelle, j'ai choisi d'interviewer Arnaud Riou, auteur du célèbre livre *Réveillez le chaman en vous*. Au-delà du fait que je le considère comme un précieux compagnon de route spirituelle, c'est son profond respect envers le vivant et la nature qui m'ont donné envie de l'interroger sur cette dimension. Arnaud parle aux arbres, aux éléments et aux animaux et utilise toute son énergie à guider et explorer les différentes dimensions de l'être humain : physique, émotionnelle, relationnelle, créatrice et spirituelle.

« La nuit n'est pas l'opposé de la journée, elle en est l'exacte complémentaire. Le jour et la nuit, c'est le masculin et le féminin, la parole et le silence, l'inspiration et l'expiration.
Tout ce qui se passe dans la journée est rendu possible grâce à ce qui se passe dans la nuit. Si j'ai une possibilité de silence intérieur, je vais avoir une qualité de parole. Si j'ai une qualité de méditation, je vais avoir une qualité d'action. Une personne qui ne serait que dans la parole et jamais dans le silence, il lui manquerait quelque chose… Nous vivons dans un monde bipolaire masculin/féminin, sombre/lumineux, etc. Les chamans parlent du tonal et du nagual. Le tonal est la dimension du jour, de ce qui se voit, de ce qui se pèse, des choses matérielles, du conscient et de la logique. Il est tout ce qui s'explique. Le nagual quant à lui est la dimension de la nuit, l'immatériel, l'invisible, l'obscurité, l'inconscient, l'inexpliqué, le ressenti, l'intuition, le silence, la magie de la vie… Ces deux mondes sont au service l'un et de l'autre et ne pourraient exister l'un sans l'autre. Comme un bol a une partie concave et une partie convexe, notre réalité se compose du tonal et du nagual. La partie convexe, c'est tout ce que l'on va pourvoir voir et la partie concave tout ce qui est invisible. Si je marche dans le sable, je vais laisser une trace : le pied, c'est le jour, la trace, c'est la nuit. La nuit, en quelque sorte, c'est l'empreinte révélée de tout ce qui se passe dans la journée. C'est la partie invisible de l'iceberg, tout ce qui est encore dans le non manifesté…
Dormir, méditer, avoir des rêves conscients, c'est prendre soin de notre être dans sa dimension « nuit », féminine, intuitive, liée à l'âme et à l'inconscient. La nuit a différentes vertus, elle permet, entre autres, de se ressourcer et de communiquer avec l'inconscient. Elle nous connecte à notre âme, à nos rêves, nos

aspirations, à nos valeurs incontournables aussi, et à ce que nous sommes profondément.

Ce qui se passe au moment de la nuit, c'est que la personnalité et une grande partie des relations sociales s'amenuisent. On n'a pas besoin de faire d'efforts particuliers, ce qui n'est pas le cas de la journée durant laquelle on doit se tenir droit, parler fort pour être entendu, articuler, s'adapter aux circonstances sociales, devoir mettre un costume, une cravate, etc. La nuit, nous sommes juste dans une relation avec notre inconscient et avec les dimensions inconscientes des êtres avec lesquels nous sommes en lien. La nuit, l'aura, ce champ vibratoire ou énergétique qui entoure notre corps, se développe et se multiplie par quatre. Ça veut dire que lorsque l'on dort avec une personne, les deux auras se mélangent, à tel point que nous pouvons partager des rêves qui n'ont rien à voir avec notre propre existence…

Pour rencontrer l'inconscient, on a besoin soit de la créativité, soit du silence et de la méditation, soit de la nuit et du sommeil. La nuit, on se met en mode yin – la réceptivité, le féminin, la lune, le silence, l'introspection, la méditation –, à l'inverse du yang – le jour, le soleil, la décision, l'action, l'engagement, le choix, la parole, l'expiration. On retrouve le yin et le yang dans toutes les traditions, dans le Tao bien sûr, mais aussi chez les Tibétains, les Amérindiens… C'est ce qui est magnifique, tout se rejoint. »

En échangeant avec Arnaud, une interrogation s'est élevée : « Le jour serait-il plus relié à l'ego et la nuit à notre âme ? » « Absolument », me répond-il, tout comme Charles, notre philosophe, à qui j'ai soumis cette même interrogation : « Oui, j'aime bien cette idée. Le matin, le « Moi » part à la quête du sens de sa vie et, la nuit, il est mis en veille, la censure est mise en sommeil, l'« Ego » a fortiori est mis de côté. D'ailleurs, beaucoup de noctambules racontent qu'ils sont libérés de leur ego la nuit. Ils se déguisent, ils dansent. C'est une lapalissade de noctambule de dire qu'on n'a pas d'ego la nuit, qu'on n'est pas en train de faire le beau, mais de vivre vraiment enfin ! Du coup, dans la nuit, on pourrait penser que l'ego laisse la place à l'âme… Et peut-être même l'âme laisse-t-elle la place au monde. Elle veut juste contempler le monde, même si elle ne le comprend pas. »

★

FAIRE LA FÊTE, NOUS LÂCHER, NOUS LIBÉRER – ENTRETIEN AVEC LE « ROI DE LA NUIT » **TONY GOMEZ**

La nuit est une LIBERTÉ qui nous permet de devenir CE QU'ON EST…

La nuit libératrice de l'ego ? Pour en savoir plus sur cette facette désinhibée de la nuit, j'ai décidé de troquer mon bonnet de nuit contre une tenue plus sexy afin d'aller à la rencontre du monde des noctambules, sortant la nuit pour la passer à faire la fête. Ce monde est relativement inconnu pour moi. À part quelques virées en boite de nuit lorsque j'étais adolescente, ma connaissance s'arrête là ! Comme le dit un vieux diction, il vaut mieux s'adresser à Dieu plutôt qu'à ses saints, j'ai donc pris rendez-vous avec le « roi de la nuit » : Tony Gomez. Dans ses nombreux restaurants et boîtes de nuit sélect – L'Étoile, le Queen, Castel, etc. –, les people et le Tout-Paris accourent. La nuit, c'est non seulement son royaume mais également toute sa vie. Il la vit comme un espace de liberté.

> « C'est la partie de la journée que je préfère. La nuit, tout est fermé, il n'y a plus de soucis. Jamais nous n'aurons un rendez-vous avec un comptable, un avocat, les impôts ou notre banquier – ou alors ce sera dans des circonstances plus ludiques ! Certes, on ne peut pas zapper la réalité de la vie et du quotidien, mais c'est déjà moins agressif quand on loupe la moitié de la journée !
> La nuit, on s'amuse, on fait la fête, on se lâche. Une nuit de fête est plus salutaire que douze heures de sommeil. Il vaut mieux passer une bonne soirée à se détendre, faire la fête et s'endormir tout de suite, plutôt que de s'endormir avec ses problèmes, donc à coup sûr mal dormir, mal se réveiller et passer une journée sans le sel de la vie.
> Quand on vit la nuit, la vie paraît plus longue. On a l'impression de vivre plus intensément avec plus de temps à soi et pour soi. Je n'ai jamais eu l'impression de travailler la nuit alors que, durant la journée, la sensation de travail est beaucoup plus forte. La nuit est ludique. La journée est stricte.
> La nuit, on peut devenir ce qu'on est, c'est très nietzschéen dans l'idée de ne pas être uniquement enfermé dans sa vie et son rôle professionnel. La nuit, on peut « lâcher les fauves » et lâcher prise.
> Les barrières personnelles et sociales tombent. C'est paradoxal. Sans doute l'homme est-il fait pour jouer la comédie… La journée, il joue son rôle social – docteur, banquier, prof… – mais ces rigidités retombent la nuit.

Les rapports de la nuit sont beaucoup plus profonds que ce que l'on dit. Le dicton qui dit « Ce qui se passe la nuit ne voit jamais le jour » est complètement faux. La nuit, on rencontre différemment. La nuit est un ascenseur social : vous pouvez rencontrer un grand patron du CAC 40 et passer un bon moment avec lui. Et il pourra vous donner sa carte, chose qu'il ne fera jamais dans la journée.

Je pense que nous, les noctambules, les résidents de la nuit, nous avons un vrai rôle à jouer. Il faut aimer les autres pour travailler la nuit, parce que, il est vrai que le mal-être nous taraude plus souvent la nuit. On ouvre plus facilement une porte de boîte de nuit quand on est mal qu'une porte d'église… Si une personne a soif, elle ouvre son frigo. Si elle vient en boîte de nuit, ce n'est pas pour boire. Elle vient chercher autre chose : l'amour, le sexe, l'amitié, la fête, la bonne humeur, se faire remonter le moral, chasser la déprime… Il y a plein de raisons pour sortir en boîte de nuit. Une personne angoissée le sera bien évidemment le jour mais, la nuit, elle sera moins seule. Pour moi, les boîtes de nuit sont devenues le nouveau parvis des églises, qui, lorsque l'on sortait de la messe, faisaient que l'on croisait tout le monde. On avait besoin de ces carrefours-là…

Un jour, j'ai rencontré le Père Alain Maillard de La Morandais, célèbre prêtre cofondateur de Radio Notre-Dame, et je lui ai dit que nous avions la même vocation, lui dans les ordres, et moi dans le désordre ! Plus sérieusement, je ne vois pas la nuit comme un espace où se retrouvent tous les paumés. C'est plutôt des gens qui ont envie de profiter ! Seul compte l'instant. Même le présent est trop flou, incertain. Quand les gens réalisent que la vie est courte et qu'ils vont mourir, ils comprennent qu'il faut profiter de la vie ! Il faut simplement savoir maîtriser les excès de la nuit que l'oisiveté a tendance

à générer. On fume et on boit plus quand est en boîte de nuit que lorsque l'on ne fait rien ou que l'on est au bureau !
La nuit a des cycles. Les nouvelles générations rejettent la nuit de leurs aînés et de leurs parents : elles veulent du "différent" du "nouveau" ! Mais tout se répète. On n'y échappe pas.
– La nuit, tu regardes les étoiles parfois ? Tu les connais ?
– Non. Je connais des stars, mais pas les étoiles ! »

La nuit vue par les grands sages et l'oiseau de nuit, récapitulons. Pour le philosophe, la nuit nous relie à l'infiniment grand et à sa grande question métaphysique du « pourquoi » de l'existence du monde et de l'humanité. Pour l'astronome, elle est ce point de rencontre entre connaissance et émerveillement, et une possibilité unique de compréhension et de repères. Pour le chaman, elle est cette passerelle spirituelle vers la dimension supérieure de nous même, notre âme, nos rêves, notre destin. Et pour l'oiseau de nuit, elle est la grande libératrice de nos ego qui nous permet de lâcher nos représentations et de devenir ce que nous sommes vraiment au fond, sans masque ni carcan.

En rapprochant ces quatre regards, la nuit se révèle être LA passerelle privilégiée vers une accession à « quelque chose » d'une certaine noblesse, une plus grande dimension de nous-mêmes, plus sage, plus inspirée, ou plus libérée, ouverte et abandonnée. Au sens figuré et au sens propre, la nuit nous fait rêver. D'ailleurs, c'est bien grâce à ce merveilleux réservoir de rêves que nous avons pu faire de multiples découvertes et de nombreuses conquêtes, comme aller sur notre grande sœur la Lune, et bientôt sur Mars et d'autres planètes encore...

J'ai écrit ces quelques lignes pour partager avec vous un regard sur cette nuit que nous négligeons, nous faire prendre conscience de sa nécessité. C'est elle qui accueille principalement notre espace de repos et notre besoin de ressourcement. Or, constat général partagé par de nombreux observateurs scientifiques, chaque jour, nous la colonisons un peu plus. Nous l'exploitons pour le potentiel de temps à rallonge qu'elle nous offre. Ce que je crois avoir compris des propos de notre poète astrophysicien Hubert Reeves, c'est qu'avec l'éclairage lumineux de nos villes, de nos routes, et l'hyper-consommation de nos divers écrans bleus, ce grignotage s'intensifie, la nuit noire disparaît, et qu'avec sa disparition, c'est aussi, par voie de conséquence, un peu nous qui disparaissons...

★

Maintenant, il est temps de quitter notre grande et belle déesse étoilée pour rendre visite au dieu Hypnos. Qui est-il ? Comment fonctionne-t-il ? Comment reprendre la main ?

DEUXIÈME RENDEZ-VOUS : LE SOMMEIL

Lucy in the Sky with Diamonds... Vous connaissez ce refrain de la célèbre chanson des Beatles ? Quand Lucy*, notre célèbre cousine australopithèque, voyait la nuit tomber, elle et sa bande remontaient vite dans les arbres pour se protéger des prédateurs. Au petit matin, dès que le soleil pointait le bout de son nez, elle redescendait de son arbre pour aller prendre son petit déjeuner super vegan composé de végétaux, de tubercules et de racines. De cette pause nocturne forcée, elle a appris à dormir la nuit et à s'agiter le jour. Ainsi, de milliards d'années en milliards d'années, les habitudes de notre petite Lucy sont devenues les nôtres. Notre organisme a fini par se régler sur cette alternance jour/nuit. Depuis, même si nous avons appris à dormir un tiers de notre vie dans un lit bien douillet, le sommeil n'est pas toujours gagné pour autant...

Pour bien comprendre avec « quoi » nous avons rendez-vous chaque nuit, comprendre le fonctionnement de notre sommeil et connaître les bonnes pratiques pour bien dormir, je suis allée voir le Dr François Marchand, à la fois spécialiste du sommeil responsable du laboratoire du sommeil en psychiatrie à la Pitié-Salpêtrière, consultant à Sainte-Anne dans le service du professeur Gaillard, médecin de campagne et viticulteur. J'ai rencontré le Dr Marchand lors de l'émission de la merveilleuse

* Pour la petite histoire, elle s'appelle Lucy parce que les chercheurs qui ont découvert ses ossements en Éthiopie écoutaient en boucle cette fameuse chanson des Beatles alors qu'ils répertoriaient ses ossements. Heureusement que nos scientifiques étaient des mélomanes, sinon elle se serait appelée AL 288-1, ce qui est nettement moins glamour, n'est-ce pas !

Flavie Flament « On est fait pour s'entendre » sur RTL. J'avais beaucoup aimé sa clarté et sa simplicité, et avais été sensible à son côté proche des gens et amoureux de la nature. On était effectivement fait pour bien s'entendre !

Voici donc le résumé théorique et pratique de l'entretien sur le sommeil et les bonnes choses à savoir du Dr Marchand, agrémenté de mes lectures et recherches personnelles.

LES **CARACTÉRISTIQUES GÉNÉRALES** DU SOMMEIL

QU'EST-CE QUE LE SOMMEIL ?

Ce que nous appelons sommeil est la période répartie entre l'endormissement et le réveil durant laquelle, yeux fermés, nous mettons les 75 000 milliards de cellules de notre corps et notre esprit en repos. Pendant cette période, nous perdons partiellement conscience, ce qui a longtemps été qualifié de « petite mort » à cause de la proximité avec Thanatos, le dieu grec de la mort. Mais, aujourd'hui, nous savons que, lorsque nous dormons, il y a toute une vie. Il se passe plein de choses...

Le sommeil fait partie d'un cycle naturel veille-sommeil, lui-même basé sur l'alternance Soleil-lumière et Lune-obscurité qui dure 24 heures. Nous appelons ce cycle « jour-nuit » ou « rythme circadien » : de *circa* et *dies*, qui signifie en latin « environ un jour ». Cette alternance jour-nuit et veille-sommeil est capitale pour notre équilibre, voire même absolument vitale, car c'est précisément celle-ci qui régule toutes les fonctions biologiques permettant de recharger nos batteries d'énergie, de bonne santé et de vitalité.

LE FONCTIONNEMENT DU SOMMEIL

Le sommeil léger, le sommeil profond et le sommeil paradoxal

Les méthodes d'exploration de l'activité électrique produite par le cortex ont permis de distinguer trois sommeils :

- le sommeil léger,
- le sommeil profond,
- et le sommeil paradoxal.

Prenons une image simple : le petit train électrique avec lequel nous jouions étant petits et comparons le sommeil à ce petit train composé d'une locomotive et de trois wagons. Pendant la nuit, notre petit train effectue des tours de circuit. Chaque tour est appelé un cycle de sommeil. Normalement, le train effectue harmonieusement 4 ou 5 tours pendant la nuit. Pour les insomniaques chroniques, à la fin de chaque tour, le train fait une pause un certain temps avant de repartir pour un nouveau tour.

- **La locomotive, c'est la période d'endormissement.** Pour la favoriser, il existe toute une série de bonnes pratiques que j'exposerai en détail plus loin. Déjà, avant d'atteindre l'endormissement, il faut qu'une certaine quantité d'éveil ait été accumulée pour induire le sommeil. En fin de journée, dès que l'obscurité arrive, la mélatonine (l'hormone du sommeil, voir p. 93) commence son office et nous propulse dans le sommeil.
- **Le premier wagon est le sommeil lent**. Il représente 50 % de la nuit. Il est une sorte de phase de lancement de chaque nouveau cycle, entremêlée d'une phase de préparation au sommeil profond. Cette phase démarre quand notre niveau de mélatonine est à son comble. À ce moment, nous avons

plein de réserves de cette hormone magique qui, cumulée avec la fatigue accumulée dans la journée, nous fait entrer facilement et tranquillement dans le sommeil. Mais, attention, lorsque cela nous arrive dans le canapé, lumières et télévision allumées, et que nous nous réveillons plus tard par une petite secousse nerveuse, nous avons grillé tout notre stock de mélatonine et n'en n'avons plus assez pour nous rendormir. Pourquoi ? Tout simplement parce que la lumière bleue empêche la fabrication de l'hormone magique du sommeil, la mélatonine.

- **Le deuxième wagon est le sommeil profond. LE graal !** Il représente 25 % de la nuit. Le cerveau est au ralenti mais le corps reste actif. Le sommeil profond est celui que nous devons viser à tout prix car il est le seul vraiment réparateur. Il ressource notre cerveau et restaure tout notre organisme en profondeur. C'est dans cette phase de sommeil que nous reprenons toute l'énergie dont nous avons besoin pour la journée suivante. **IMPORTANT ! La cause principale de notre fatigue est le manque de sommeil profond.** Et ce, bien plus que le manque de nombre d'heures de sommeil. C'est l'accès au sommeil profond que nous devons à tout prix privilégier. C'est la CLEF de notre énergie ! C'est pendant cette phase de sommeil que nos insomnies, nos terreurs nocturnes ou nos comportements de somnambulisme peuvent se manifester. Et pour les seniors, plus on vieillit, plus le sommeil profond diminue, et plus le sommeil lent et léger et les heures d'éveil augmentent.

L'ASTUCE DES NAVIGATEURS SOLITAIRES POUR ATTEINDRE LE SOMMEIL PROFOND

Le sommeil profond de qualité et le sommeil paradoxal sont les deux sommeils les plus importants. Il est possible d'arriver à avoir des cycles de sommeil plus courts pour n'avoir que du sommeil profond et du sommeil paradoxal. Comment ? Prenons l'exemple du navigateur solitaire. Il a un sommeil fractionné parce qu'il est obligé de faire des quarts. Il ne peut pas dormir 1 h 30, à cause des possibilités de tempête ou d'avarie. L'astuce, c'est de dormir peu de temps et d'effectuer des cycles d'une demi-heure seulement. Ainsi il supprime le sommeil lent qui n'est pas indispensable. Il se prive de sommeil, met un réveil, se contraint à se réveiller toutes les 30 minutes pendant un temps, ce qui fait qu'il va tout de suite entrer dans le sommeil profond.

- **Le troisième wagon est le sommeil paradoxal.** Il représente quant à lui les 25 % restants. Le corps est détendu et immobile, ce qui permet de détendre les muscles et de le restaurer. Les yeux sont mi-clos et font de petits mouvements. Cette autre phase très importante du sommeil est celle des rêves et des cauchemars. Le cerveau travaille presque comme durant l'état d'éveil. Même si nous sommes endormis, il y a quand même une activité électrique du cerveau cortical très importante : il stimule l'apprentissage, fait le tri, consolide les informations de la journée et, comme pour l'activité de suppression de fichiers de notre ordinateur, il libère de l'espace mémoire afin que nous puissions nous réveiller frais et légers. Il joue aussi un rôle très important dans le développement cérébral des bébés. C'est pourquoi leur passage dans le sommeil paradoxal est plus long que celui des adultes.

LES RÊVES

À 70 ans, nous aurons passé plus de 23 ans à dormir et plus de 5 ans à rêver. S'il est dans notre nature de rêver, comme de respirer ou de marcher, au-delà de leur processus biologique, nos rêves semblent être aussi de puissants vaisseaux nous menant vers d'autres dimensions de notre esprit et du réel, vers des mondes invisibles ou vers notre « moi » supérieur, nous offrant ainsi des outils essentiels pour nous guider jusqu'à notre accomplissement et le sens même de notre vie. Nos rêves sont donc indispensables pour notre équilibre physique, psychique et spirituel. Ils nous permettent de mieux connaître toutes ces parties inconnues de nous-mêmes qui, pourtant, nous habitent déjà pleinement.

Les rêves, c'est tout un lien entre le visible et l'invisible. Nous pouvons accéder en rêvant à des informations que notre mental n'entend pas dans la journée. Notre mental est très bruyant, il est courant de dire qu'il génère environ 60 000 pensées par jour. C'est énorme ! Notre mental agit comme une radio allumée en permanence. Dans ce brouhaha, nous n'entendons pas la délicate musique de notre inconscient. De même, dans la journée, nous sommes facilement parasités par le bruit et n'accordons que peu de place pour le silence et sa magie. Il y a du bruit partout. Dans les maisons, dans les parkings, dans les ascenseurs, dans les restaurants, sur les aires d'autoroute.

→

Mais si nous stoppons tout en faisant silence, nous allons entendre d'autres sons que nous n'aurions pas pu entendre autrement. Il en est de même pour notre inconscient. Ce qui se passe sur un plan physique se passe également sur un plan énergétique. Lorsqu'il y a moins de pensées, moins de ruminations, moins de mental, nous laissons davantage de place pour accéder à d'autres vibrations plus subtiles, plus fines et plus nuancées. La nuit, le brouhaha disparaît et ouvre la porte au silence et aux rêves...
Au cours de l'interview d'Arnaud Riou que j'ai pu mener, l'auteur de *Réveillez le chaman* en vous m'a exposé sa conception des rêves : « Dans notre culture moderne, nous associons souvent le réel à l'état de veille et l'imaginaire au rêve. On va considérer que ce qui est rêvé n'existe pas. Pour les lamas tibétains, c'est souvent presque l'inverse. On considère que l'ego est tellement présent et que les cinq sens sont tellement actifs qu'ils brouillent la vision primordiale de toute réalité. Le rêve justement nous permet d'accéder au réel. Toutes les civilisations qui ont exploré les rêves en ont compris les vertus. Il s'agit d'une dimension tout aussi réelle, mais plus sensible. »

Les cycles du sommeil

La succession de ces trois wagons de sommeil constitue un circuit/cycle d'environ 1 h 30, et cela quel que soit notre âge, que nous soyons bébé, enfant, adolescent, adulte, ou senior. **Dans une nuit de sommeil, il y a entre 4 et 5 cycles,** comme nous l'avons déjà vu. Des études en neurobiologie ont montré que les phases les plus réparatrices de notre sommeil se trouvent dans la première partie de la nuit. Vous le savez, c'est pendant la phase du sommeil profond que l'on restaure le mieux notre énergie et notre vitalité, et, comme cette phase est plus importante lors des deux premiers cycles du sommeil, soit la première partie de notre nuit, l'idée reçue que « Le sommeil avant minuit compte double » est assez proche de la vérité ! Donc, plus on avance dans la nuit, moins il y a de sommeil profond et plus il y a de sommeil paradoxal. On rêve davantage en fin de nuit. Souvent, avec cette façon que nous avons de grignoter du temps de travail ou de loisirs sur la nuit, nous ratons cette première partie de notre nuit.

Entre les différents cycles de sommeil, il y a les fameuses « gare d'éveil » évoquées précédemment, plus sérieusement appelées micro-réveils ou phases de sommeil intermédiaires. C'est durant cette phase que vous pouvez vous réveiller et avoir du mal à vous rendormir.

NOS DEUX HORLOGES BIOLOGIQUES

Nos rythmes de sommeil dépendent eux-mêmes de deux horloges, l'une interne, et l'autre externe, stimulée par des signaux du monde extérieur.

L'horloge interne

C'est un mécanisme que l'on peut qualifier de mesure du temps. Notre horloge interne donne à notre organisme l'heure du jour, et cela indépendamment de conditions et de notions du temps extérieur. Cette horloge de mesure du temps est secondée par la température de notre corps, température qui varie physiologiquement tout au long de la journée. D'une manière générale, lorsque nous sommes en bonne santé, elle se maintient autour de 37 °C. Au petit matin, elle est au plus bas, et au plus haut en fin d'après-midi. Parfois, suite à des événements difficiles ou des changements de vie, il arrive que cette horloge interne ne fonctionne plus très bien. C'est particulièrement le cas pour les travailleurs de nuit, les jeunes parents dont le sommeil est perturbé par le réveil de leur bébé ou de leur petit enfant, les personnes en désintoxication, les vrais de vrais oiseaux de nuit...

LES AVEUGLES SANS LUMIÈRE DANS LEURS YEUX

« 83 % des aveugles disent présenter au moins un problème de sommeil, principalement des réveils nocturnes avec difficultés pour se rendormir. »* La cause des troubles du sommeil chez les non-voyants ? Une horloge interne non stimulée. En effet, le fait qu'ils ne perçoivent pas la lumière les empêche de « caler » leur rythme de sommeil sur les cycles jour-nuit. Résultat : désynchronisation de leurs rythmes avec difficultés d'endormissement la nuit, somnolences involontaires le jour. Tout comme l'avait montré le chercheur Michel Siffre il y a quelques années (voir p. 80).

* Selon une étude réalisée avec l'aide de l'association Valentin Haüy,

L'horloge externe

Les donneurs de temps sont les stimulations ou les signaux extérieurs qui rythment notre sommeil (comme la lumière, les saisons...) et les donneurs du temps sociaux (comme les heures de repas, le temps de travail, les horaires de nos émissions préférées...). **Les donneurs de temps sont très importants pour notre cerveau. Ce sont eux qui nous ouvrent la porte vers le sommeil.**

La lumière est le principal donneur de temps. « La lumière du jour agit, par l'intermédiaire de la rétine et des voies optiques, comme un resynchroniseur de l'horloge biologique qui doit, comme toute horloge, être ajustée quotidiennement. »* **L'absence de lumière est capitale pour dormir.** On sait que la lumière perturbe le sommeil, d'ailleurs, lorsque que l'on souhaite dormir en plein jour, on ferme les volets. Une des difficultés des pays de l'hémisphère nord est l'omniprésence et la surconsommation de lumière. Mais le manque de lumière que l'on constate dans les pays de l'extrême Nord (les pays nordiques : Finlande, Islande...), où la nuit peut durer six mois, est aussi un problème. On y constate beaucoup plus de dépressions dites saisonnières. Paradoxalement, la lumière nous fait en effet secréter de la mélatonine, qui est l'hormone du sommeil ! C'est elle qui nous aide à bien dormir. La luminothérapie est donc vraiment nécessaire dans ces pays.

* Pr Damien Léger et Dr Pascale Ogrizek, « Pourquoi le sommeil des non-voyants est-il souvent perturbé ? », voir : http://www.ipidv.org/article69.html

L'EXPÉRIENCE DE L'HORLOGE INTERNE DE MICHEL SIFFRE

En 1962, du 18 juillet au 14 septembre, Michel Siffre, jeune spéléologue de vingt-trois ans (très) courageux, a fait l'expérience suivante : s'isoler pendant deux mois sans le moindre repère temporel et sans aucune source de lumière, dans un gouffre souterrain, afin de retrouver le « rythme originel de l'homme ».

Résultat, l'aventurier s'est trouvé dans l'impossibilité d'évaluer le temps qui s'écoulait. Il estimait à 4 heures une journée de 14 heures ! Au bout de 58 journées passées dans son univers souterrain, à sa remontée – épuisé –, son évaluation du temps avait 25 jours de retard. En bref, il pensait être le 20 août alors que l'on était le 14 septembre ! Il avait en effet compté les jours en fonction de son horloge interne, avec ses heures de sommeil et de faim déterminées par son cycle biologique hormonal. Ses journées avaient ainsi duré une moyenne de 25 heures 18 minutes. Il s'était donc décalé un peu plus chaque jour !

L'UTILITÉ DU SOMMEIL

À créer la femme de vos rêves ! Si, si, selon la Genèse, Dieu fit tomber Adam dans un profond sommeil afin de lui prendre une côte avec laquelle il créa notre si belle et si douce Ève, la première femme dont nous serions toutes descendantes… Plus sérieusement, même si on ne sait pas encore absolument tout sur les fonctions du sommeil, on sait qu'il est une nécessité. **Le sommeil est un besoin vital.** Son observation est devenue scientifique depuis l'exploration de l'activité électrique produite par le cortex – la partie de notre cerveau qui pense, le centre du raisonnement, du langage, de la logique, et de la conscience – enregistrée avec un électroencéphalogramme.

Les principaux bienfaits du sommeil

Le sommeil sert à reconstituer notre organisme, à nettoyer notre cerveau, à mémoriser, à renforcer nos défenses immunitaires, à évacuer les tensions émotionnelles... Les effets du sommeil sont si bénéfiques que nos amis Anglo-Saxons évoquent même le *beauty sleep* (le « sommeil qui rend beau »).

Tandis que nous dormons :

- Notre organisme entier se met en repos.
- Les muscles se détendent.
- Nos 75 000 milliards de cellules se régénèrent.
- Notre organisme récupère de l'énergie.
- La mélatonine, l'hormone du sommeil, stimule nos défenses immunitaires et lutte contre les radicaux libres responsables de l'oxydation des cellules.
- La peau se réhydrate, d'où notre teint frais au réveil.
- Notre cerveau fait le tri dans ses fichiers, les rêves favorisent la mémorisation et l'équilibre psychique.
- Notre cerveau se nettoie et laisse de la place au développement et à la croissance de nouvelles cellules : « Le système de déchets du cerveau (le système glymphatique) devient dix fois plus actif pendant le sommeil. En même temps, les neurones rétrécissent d'environ 60 % pour rendre l'élimination des déchets encore plus efficace. Il semblerait que la difficulté

du cerveau à se débarrasser de ces déchets soit une cause de la maladie d'Alzheimer. »*

- Pour les enfants, les hormones de croissance connaissent un pic maximal de sécrétion dans la première partie de la nuit (environ une demi-heure après le début du sommeil), ce qui leur permet de bien grandir.

Pour finir, « la nuit porte conseil ». Nous avons tous pu le vérifier lorsque nous nous couchons avec une émotion de tristesse par exemple. Le lendemain matin, comme sous l'effet d'une ardoise magique, nous nous réveillons souvent plus apaisés – si nous avons réussi à dormir !

Les principales conséquences d'un manque de sommeil

- Nous multiplions des risques de santé. De nombreuses études réalisées à travers le monde montrent que les conséquences du manque de sommeil sur notre santé sont importantes : déficit immunitaire, risques accrus de diabète, de cancer, d'obésité, d'accident vasculaire cérébral, de dépression, perte de la mémoire et mauvaise concentration, perte du contrôle émotionnel**, baisse de l'attractivité, vieillissement prématuré, baisse de l'espérance de vie... Il favoriserait également les maladies neurodégénératives comme les maladies de Parkinson et Alzheimer.

* Shawn Stevenson, *14 jours pour bien dormir*.
** Une étude réalisée en 2007 par l'Université de Californie et l'École de Médecine de Harvard, citée *in* https://amelioretasante.com/12-consequences-du-manque-de-sommeil/ a ainsi pu établir que : « Lorsque nous ne dormons pas bien, les régions qui gèrent les émotions dans notre cerveau sont jusqu'à 60 % plus actives. Cela provoque des réactions non maîtrisées, et parfois inappropriées. »

- Nous travaillons moins bien et sommes moins efficaces. Une étude parue dans le très sérieux journal scientifique *The Lancet* a indiqué que « des individus en manque de sommeil mettaient 14 % de temps en plus pour réaliser une tâche et 20 % d'erreurs en plus par rapport à ceux qui étaient bien reposés » * En sacrifiant notre sommeil pour travailler plus, nous pensons être plus performants alors que nous sommes en fait moins efficaces…
- Nous devenons plus « bêtes ». « Des recherches montrent qu'au bout de 24 heures de privation de sommeil, c'est 6 % de glucose en moins qui atteint le cerveau, plus exactement le cortex, la région du cerveau rationnel dont nous avons le plus besoin pour apprendre et réfléchir. Comprenez : vous devenez plus bête. Ce qui explique pourquoi nous avons envie de manger des aliments riches en sucre (glucides) lorsque nous sommes fatigués et manquons de sommeil, afin de réapprovisionner notre cerveau en glucose. » ** C'est un système de survie persistant dans nos gènes : à l'époque de nos ancêtres préhistoriques, ce manque de carburant pour le cerveau pouvait signifier une mort immédiate. Nous devions être rapides et en forme lorsqu'un tigre à dents de sabre nous attaquait. Comme il est trop dangereux de rester en baisse de glucose, nous nous remplissons !

* Shawn Stevenson, *op. cit.*
** Idem.

DORMIR : DU TEMPS PERDU, DU TEMPS « POUR RIEN » ?

Nous sommes nombreux à nous dire que nous manquons de temps pour dormir, et, paradoxalement, à avoir l'impression de perdre du temps quand nous dormons. Trop de choses à penser, à gérer, à faire, à organiser : la maison, les enfants, le travail…

Nous sommes sans doute imprégnés de cette conception, née de la révolution industrielle, que « Le sommeil est une absurdité, une mauvaise habitude » (Thomas Edison), que « Nous dormirons bien assez dans la tombe ! » ou bien encore que « Le temps, c'est de l'argent » (Benjamin Franklin).

Tous les indicateurs actuels nous alarment pourtant sur le fait que, pour notre plus grand intérêt personnel – et collectif –, il est temps d'embrasser nos nuits différemment, et de considérer le sommeil comme prioritaire et primordial.

3,2 millions de Français sont exposés à l'épuisement professionnel ou burn-out*. Aux États Unis, 9 millions d'Américains ont besoin de somnifères pour dormir et le pourcentage d'adultes sous antidépresseurs a augmenté de 400 % depuis 1988. En Allemagne, plus de 40 % des travailleurs affirment que leurs emplois sont devenus plus stressants aux cours des dernières années.** Au Japon, même combat : « Un cinquième des Japonais qui travaillent risquent de mourir de

* Rapport de la Commission des Affaires sociales de l'Assemblée nationale, voir : http://www.ladepeche.fr/article/2017/02/16/2518399-burn-out-3-2-millions-francais-exposes-epuisement-professionnel.html

** Arianna Huffington, *S'épanouir*.

surmenage. »* Il y a même un mot pour nommer ce phénomène lié à l'excès de travail et au manque de sommeil : *karoshi.* D'après deux chercheurs américains**, cette conception économique du temps a des conséquences physiologiques directes sur notre organisme. Plus on est conscient de la valeur économique de chaque instant, plus on est stressé, et plus on augmente son taux de cortisol, la fameuse hormone du stress. Il est donc très clair que cette conception nuit gravement à la santé et qu'il est plus que temps de passer à un autre modèle. Arianna Huffington, fondatrice du célèbre groupe de presse *Huffington post* et du tout récent *Third Metric,* a parcouru ce chemin. Après avoir longtemps mené sa vie comme si « Être connecté 24 heures sur 24, se passer de sommeil et être constamment en mode «multitâches» (était) un ascenseur express vers les cimes du monde professionnel » et négligé le sommeil par « peur de rater quelque chose », elle a payé les frais de cette façon de penser et de vivre, burn-out à la clef. Aujourd'hui, elle est devenue « évangéliste du sommeil » et consacre toute son énergie à la défense du sommeil.*** Elle propose dans son ouvrage *S'épanouir : Réussir sans défaillir* une « *Third Metric* »****, une alternative à l'argent et au pouvoir, pivots démodés de la réussite professionnelle qui sont, par ailleurs, dans l'incapacité de nous rendre fondamentalement heureux.

→

* « Japon : 1/5e des actifs risquent la mort par surmenage », AFP sur LeFigaro.fr, le 8 octobre 2016.
** Recherches de Pfeffer, en collaboration avec Dana R. Carney de la Haas School of Business de l'université de Californie à Berkeley.
*** Arianna Huffington, *S'épanouir.*
**** *S'épanouir : Réussir sans défaillir* (« Thrive: The Third Metric to Redefining Success and Creating a Life of Well-Being, Wisdom, and Wonder »).

MON INTERVIEW **ARIANNA HUFFINGTON**

« Avant mon accident, j'étais imprégnée de l'illusion collective que l'épuisement était le prix que nous devions payer pour réussir. La nuit était un espace de travail avant tout. Quand j'ai lancé *The Huffington Post*, les matins, les jours et les nuits consistaient à : travailler, travailler, travailler ! Finalement, après avoir travaillé une semaine *non stop*, nuit et jour, et à ne pas dormir beaucoup, cela m'a rattrapée : burn-out ! Aujourd'hui, la nuit est un moment spécial pour moi. C'est un moment où nous pouvons nous déconnecter et nous recharger. Et, comme le montre la science, c'est aussi un moment où notre cerveau est incroyablement actif. Le sommeil, c'est comme une équipe de nettoyage de nuit qui élimine les protéines des déchets toxiques qui s'accumulent entre les cellules du cerveau tout au long de la journée. Après mon accident, ma plus grande décision a été de réparer ma santé, avec un vrai désir de vivre, de travailler d'une manière différente, d'être plus présente pour ma vie et pour ceux qui comptent pour moi, et de ne plus être fatiguée tout le temps. Je regrette de ne pas avoir réalisé que toutes ces années auraient été encore bien plus réussies si j'avais priorisé mon bien-être. Ma productivité et ma créativité se sont améliorées à partir du moment où j'ai pris le temps de me recharger au lieu de courir sur du vide. »

Le sommeil est pour l'ensemble de l'homme ce que le remontage est à la pendule.

SCHOPENHAUER

La durée totale idéale du sommeil

Selon l'Organisation mondiale de la santé (OMS), une personne devrait dormir en moyenne 7 à 8 heures par 24 heures pour se maintenir dans un bon état physique, émotionnel et mental, mais ceci est variable pour chacun de nous. Il existe différents profils de dormeurs. Certains, les « petits dormeurs » (ils sont très rares et ne représentent que 0,5 % de la population), ont besoin de moins de 5 heures de sommeil par nuit, tandis que d'autres, les « gros dormeurs », ont besoin de plus de 10 heures.

Ce qui compte, c'est la QUALITÉ du sommeil et non pas sa DURÉE : il faut privilégier la qualité de sommeil, plutôt que sa quantité, viser le sommeil profond et non le nombre d'heures dormies !

Maintenant que nous avons dressé les grandes caractéristiques générales du fonctionnement du sommeil, passons aux deux éléments-clefs qui nous ouvrent les portes du paradis du sommeil : les ondes cérébrales et les hormones.

LES ONDES CÉRÉBRALES : CAP SUR LES FRÉQUENCES DELTA !

Dormir, c'est avant tout changer de fréquences ! Pour réussir à dormir, l'activité de notre cerveau doit absolument se ralentir et changer de fréquences, comme passer de « Radio Nova 101.5 » musique à fond à « Radio Delta fréquences 4.dodo ». Silence radio !

Comment ça marche exactement ? Que nous soyons en état d'éveil ou de sommeil, les milliards de cellules de notre cerveau communiquent en permanence entre elles et émettent de légers courants électriques que l'on appelle les ondes cérébrales. Leur fréquence se mesure en hertz (Hz) et varie en fonction de nos activités : parler, courir, penser, faire la sieste, écouter de la musique, dormir, etc. À chaque fréquence ou type d'ondes correspond une lettre de l'alphabet grec : alpha, bêta, thêta, delta.

- Beta (12 à 25 Hz) : état d'activité d'éveil normal (pensée éveillée en plein régime).
- Alpha (7 à 12 Hz) : état de relaxation (détente, conscience en repos, lâcher-prise).
- Thêta (4 à 7 Hz) : état d'installation du sommeil et de rêve, ou demi-sommeil (hypnose).
- Delta (1 à 4 Hz) : état de sommeil profond* (également les états de transes).

* C'est aussi dans cet état que les divisions cellulaires et la production de l'hormone de croissance se fabriquent d'où, encore une fois, l'importance du sommeil chez l'enfant.

Plus la fréquence descend en dessous de 4 Hz, plus nous sombrons dans des états s'approchant de la mort.

Lorsque nous nous glissons sous notre couette, notre cerveau encore rempli de nos préoccupations du jour continue à produire des ondes bêta (celles de l'activité). Pour que nous arrivions à nous endormir, il faudra que celui-ci change de fréquences et accède aux ondes alpha (celles de la détente), premier étage de la fusée sommeil. Le souci, c'est que, tant que notre cerveau est en ébullition, ruminant les contrariétés, revisitant la journée passée, stressant sur le lendemain, l'activité trop forte des pensées va le maintenir dans les fréquences bêta, l'empêchant ainsi d'effectuer la bascule vers les fréquences inférieures, celles qui nous permettent d'accéder au sommeil profond. ZZzzz...

« Des chercheurs ont pu démontrer que dans notre monde moderne et survolté, des "pics bêta"* viennent perturber les ondes delta de notre sommeil profond. C'est comme si on se trouvait dans une pièce noire où la lumière brillante clignoterait sans cesse. » Ces deux facteurs – sommeil retardé et intrusions bêta – suggèrent que chez beaucoup de gens, le problème est plutôt un manque de sommeil profond qu'un manque de sommeil tout court. C'est de là que proviennent leur épuisement et l'impression de ne pas dormir suffisamment. »**

Mais, bonne nouvelle, ces fréquences rapides, alpha, bêta, thêta, sont très sensibles aux traitements comportementaux et cognitifs, et nous pouvons nous entraîner à prendre le contrôle sur

* M. Perlis *et al.*, « Beta/Gamma EEG activity in patients with primary and secondary insomnia and good sleeper controls ».
** Nerina Ramlakhan, *Bien dormir vivre à fond.*

celles-ci ! Comment ? Avec des techniques de relaxation, de yoga, de méditation, de sophrologie ou d'hypnose... Nous pouvons utiliser ce que l'on appelle un « état de conscience modifié ». On se détend, on respire plus lentement, on ferme les yeux et c'est parti...

LES « PORTES DU SOMMEIL »

Pour accéder à la phase delta et ne pas se retrouver à devoir négocier avec le gardien tyrannique des portes du sommeil de la vidéo de Norman*, il est bon de connaître les fameuses portes ou signaux du sommeil. En fin de soirée ou en début de nuit, nous commençons à bâiller, nous sentons nos paupières lourdes, une raideur dans la nuque... Ce sont des signes d'endormissement proche. L'idéal serait de les écouter afin de laisser le sommeil nous emporter dans le pays des songes. Mais voilà, bien souvent, nous regardons notre série ou notre émission préférée, nous résistons, luttons vaillamment pour voir la fin, ratant ainsi le premier tour de piste de l'entrée dans le sommeil et nous obligeant à attendre le prochain train.

* Allez voir cette vidéo très sympa ! https://www.youtube.com/watch?v=nmWMdr_Vwj8&vl=fr

LES HORMONES : CAP SUR LA MÉLATONINE ET LES HORMONES « BIEN-ÊTRE »

Chacun de nous est une usine chimique à part entière fonctionnant 24 h/24 h. À l'intérieur de notre corps, notre organisme secrète en permanence des substances chimiques que l'on appelle des hormones et dont la connaissance reste à parfaire. Il en existe une kyrielle aux nombreuses interactions et aux nombreux effets. Elles constituent un ensemble si complexe, qu'il est souvent difficile de définir LA fonction principale ou unique de telle ou telle hormone, par exemple : celle-ci est l'hormone du plaisir, celle-là est l'hormone du bien-être, etc.

Ce que nous savons, c'est qu'elles ont une importance capitale car elles influencent notre métabolisme entier, nos fonctions sexuelles, notre croissance, notre développement, nos humeurs, notre bien-être général, tant physique qu'émotionnel, etc.

Leur bon fonctionnement est donc absolument essentiel et vital pour le maintien de notre équilibre général et de notre santé. Mais voilà, parfois, ce merveilleux équilibre chimique est fragilisé par des facteurs extérieurs comme le stress, l'alimentation, la lumière, les grands tournants de la vie, comme la puberté et la ménopause, et le sommeil ou le non sommeil !

Nous y voilà ! En ce qui concerne le sommeil, certaines hormones étant sécrétées la nuit à des moments bien précis (c'est le cas de la fameuse mélatonine), dès qu'une perturbation apparaît, telle une exposition trop longue à la lumière bleue de nos écrans par exemple, immédiatement, le déséquilibre peut se répercuter sur tout le système… Et tout déraille !

Roulement de tambours, voici les principales hormones du bien-être, du sommeil et du bonheur*, jouant un rôle-clef sur notre moral et notre santé. Ces substances chimiques produites par notre organisme dans des situations spécifiques sont liées à l'activation d'émotions positives, comme la joie, l'enthousiasme, l'amour, la générosité. Tout ce qui nous permettra de nous orienter « positif », de moins nous prendre la tête, et de dormir à nouveau plus en détente. Souvenez-vous : dormir est un acte de confiance !

Humeur, bien-être et activité physique : la sérotonine aime la satisfaction et la fierté

La sérotonine régule notre humeur. Elle est bien connue pour être impliquée, lorsqu'elle manque, dans les phénomènes de dépression. Elle est produite lorsque nous nous sentons reconnus à notre juste valeur, lorsque notre estime de nous-mêmes est bonne. Elle nous fait sentir sereins et optimistes. Au contraire, lorsque nous en manquons, cela favorise notre irritabilité et notre impulsivité. La sérotonine a un lien direct avec le sommeil, en effet, un niveau suffisant secrété pendant la journée favorisera l'endormissement et la qualité du sommeil. Important : la sérotonine est produite pendant la journée en fonction de notre activité physique. Plus on bouge, plus on pratique une activité physique (marche, running, etc.), plus notre corps en fabriquera, plus la quantité de mélatonine sécrétée sera importante, et, au bout du compte, mieux on dormira.

*http://www.solution-rire.fr/psychologie-positive/les-hormones-du-bonheur/

Sommeil et horloge biologique : la mélatonine, l'hormone de la nuit

Connue comme « l'hormone du sommeil », la mélatonine est synthétisée (fabriquée) à partir de la sérotonine. Chaque jour, elle définit la « nuit biologique », régule le sommeil, les rythmes chronobiologiques et la plupart des hormones. Elle est donc primordiale.

Elle a deux conditions de fabrication :

- **L'obscurité.** Sa fabrication se met en marche quand la lumière naturelle commence à diminuer, c'est-à-dire la nuit. Son pic de sécrétion se situe entre minuit et 4 h du matin. **Le hic, c'est que toute source de lumière, même très faible, comme une petite lampe de poche, bloque sa fabrication.**
- **L'exercice physique.** Comme la mélatonine est synthétisée à partir de la sérotonine, elle en est dépendante. Ce qui veut dire que si on ne bouge pas assez, si on ne fait pas assez d'exercice dans la journée, la fabrication de la sérotonine sera contrariée. Conséquence : la fabrication de la mélatonine sera contrariée également. Sans activité physique, pas de sérotonine ; sans sérotonine, pas de mélatonine ; et sans mélatonine, pas assez de carburant pour pouvoir nous endormir !

Plaisir, action et réussite : la dopamine nous donne des ailes

La sécrétion de dopamine par notre cerveau est provoquée par des situations agréables et génère un sentiment de plaisir. C'est ce que l'on ressent par exemple lorsqu'on mange un morceau de chocolat ou que l'on gagne à un jeu.

La dopamine nous donne envie de faire, d'expérimenter et de relever des défis. Elle est un formidable encouragement à l'action. Elle nous donne des ailes. Si, au contraire, vous avez tendance à procrastiner ou à manquer d'enthousiasme, c'est peut être dû à un faible niveau de dopamine.

Amour, lien social et spiritualité : l'ocytocine nous relie aux autres

Elle est connue comme « l'hormone de l'accouchement » car elle est produite en grande quantité pendant le travail d'accouchement, facilitant ainsi tout le processus de la naissance, ou comme « l'hormone sociale », l'hormone de l'attachement, fabriquée lors de relations affectives sympathiques et positives – lorsque nous faisons un câlin, que nous donnons ou recevons des compliments, un cadeau, etc. Très liée aux relations avec les autres, l'ocytocine est une hormone qui crée en nous un sentiment d'attachement, d'intimité, de confiance et joue un rôle capital sur notre humeur et notre bien-être. De la même manière, elle facilite la générosité, l'empathie, l'altruisme, le collaboratif… et, de fait, réduit le taux de cortisol, l'hormone du stress. Elle est donc capitale dans la régulation du stress. Par ailleurs, elle régule les différents modes d'énergie dans le système nerveux central – dont les deux modes survie et sécurité que je développerai plus loin dans le troisième rendez-vous (voir p. 149). Quand elle est déréglée, des troubles comme la dépression, l'anxiété, la schizophrénie peuvent apparaître.

Sport, rire et chocolat : l'endorphine endort la douleur et nous permet de continuer

L'endorphine est libérée par le cerveau dans les situations de stress, mais aussi, et surtout, pendant et après la pratique du sport. Mais il y a d'autres moyens de sécréter de l'endorphine, comme rire, sourire, manger du chocolat, des piments, des glucides, des pâtes, une petite glace, faire l'amour, sauter en parachute... Si, pour les coureurs, l'endorphine est l'hormone du bonheur, parfois même de l'euphorie, pour les autres, elle aide à évacuer les problèmes quotidiens et est un médicament anti-stress complètement naturel.

Énergie, stress et enthousiasme : le cortisol nous réveille et nous active

Le cortisol est une hormone essentielle en cas de danger. Il nous apporte alors un vrai coup de booster pour aider à notre survie. Mais chaque médaille a son revers, il est également, en contrepartie, l'hormone du stress et du réveil. Comme à l'époque de nos ancêtres préhistoriques, dans les situations de stress, quelles qu'elles soient (chasse au mammouth, licenciement ou énervement dans une file d'attente), notre organisme produit du cortisol de la même manière, car il ne fait pas de différence entre elles. Or le cortisol ne fait pas bon ménage avec le sommeil, puisque cette hormone est celle-là même qui nous permet aussi de nous réveiller ! Avec le cortisol, on met le pied sur l'accélérateur, alors qu'avec la mélatonine, on met le pied sur le frein...

Et information pratique pour nous motiver à rester zen, selon certaines études, pour 1 minute de stress type colère, il faudrait 5 bonnes minutes pour que notre système immunitaire l'évacue et puisse se rééquilibrer. Imaginez l'effet de 5 minutes de colère parce que les enfants ont mis l'appartement en vrac... Cela équivaut à 25 minutes de récupération pour notre organisme !

CALCULEZ VOTRE STRESS : L'ÉCHELLE DU STRESS DE HOLMES ET RAHE

Si vous voulez calculer votre niveau de stress, faites le test de « l'échelle du stress de Holmes et Rahe »*.
Sachez déjà que parmi les évènements les plus stressants d'une vie, viennent, par ordre d'importance :
1. Décès du conjoint
2. Divorce
3. Séparation entre les conjoints
4. Peine de prison
5. Décès d'un proche parent
6. Dommages corporels, accidents ou maladie
7. Mariage
8. Licenciement
9. Réconciliation avec le conjoint
10 Mise à la retraite

* www.passeportsante.net

ET VOUS, QUEL DORMEUR ÊTES-VOUS ?

Dites-moi comment vous dormez et je vous dirai qui vous êtes...

1/ Êtes-vous plutôt un « dormeur sensible » ou un « dormeur tout terrain » ?

Je reprends la distinction du Dr Nerina Ramlakhan* qui est très pratique. Un dormeur « sensible » est une personne qui aura du mal à s'endormir, nécessitera plein de petits (ou grands) protocoles pour pouvoir dormir (comme le côté du lit, la luminosité, les bruits, les odeurs, etc.), sera encore très sensible et actif à tout ce qui aura pu se passer pendant la journée (conversations, tensions, etc.) et se réveillera au moindre bruit. Alors qu'un dormeur « tout terrain » va avoir un endormissement rapide, n'importe où et n'importe quand, voire même n'importe comment ! Comme un simple interrupteur que l'on éteint : *on-off !* Le dormeur « tout terrain » provoque le grand désespoir et la petite jalousie des dormeurs sensibles lorsqu'ils sont en couple avec lui...

2/ Quel est votre chronotype ? Êtes-vous plutôt chouette, alouette, ou colibri ?

Les habitudes horaires sont différentes pour chacun. Nous avons tous notre propre horloge interne, qui fluctue selon des facteurs environnementaux, psychologiques et génétiques. Les docteurs Horne et Östberg ont établi un questionnaire appelé « typologie circadienne de Horne et Östberg ». Afin de déterminer si vous êtes plutôt du soir ou du matin, je vous encourage

* Dr Nerina Ramlakhan, *Bien dormir, vivre à fond.*

à faire ce test car nos croyances et nos idées reçues sur nous-mêmes peuvent être très trompeuses ! Pour ma part, c'est ce test qui m'a permis de basculer dans le monde des lève-tôt, les « alouettes », alors que je me pensais couche-tard, c'est-à-dire « chouette ». J'ai ainsi constaté que, comme 85 % d'entre nous, j'avais un chronotype neutre, appelé aussi « colibri », qui me permet aussi bien de me lever un peu plus tôt que de me coucher un peu plus tard sans que mon énergie ne soit décalée ou altérée. Ce fut un gros déclic. Cela m'a permis d'enclencher de nouvelles habitudes, comme me reprogrammer à me lever un peu plus tôt et pouvoir, enfin, mettre en place tout ce que j'avais envie de réaliser depuis si longtemps, comme faire du sport et écrire mes livres quotidiennement. Ainsi a commencé ma nouvelle vie de petit colibri heureux de se lever chaque matin avec le sourire ! Seul bémol relatif à ce questionnaire, il n'est pas vraiment adapté aux personnes travaillant en horaires décalés.

Questionnaire

de typologie circadienne de Horne et Östberg*

"Êtes-vous du matin ou du soir ?"

1/ Si vous viviez à votre rythme (celui qui vous plaît le plus), à quelle heure vous lèveriez-vous, étant entièrement libre d'organiser votre journée ?

1 ❒ Entre 11 h etmidi
2 ❒ Entre 9 h 45 et 11 h du matin
3 ❒ Entre 7 h 15 et 9 h 45 du matin
4 ❒ Entre 6 h et 7 h 15 du matin
5 ❒ Entre 5 h et 6 h du matin

2/ Si vous viviez à votre rythme (celui qui vous plaît le plus), à quelle heure vous mettriez-vous au lit, étant entièrement libre d'organiser votre journée ?

1 ❒ Entre 2 h et 3 h du matin
2 ❒ Entre 0 h 45 et 2 h du matin
3 ❒ Entre 22 h 45 et 0 h 45
4 ❒ Entre 21 h 30 et 22 h 45
5 ❒ Entre 20 h et 21 h 30

3/ Si vous devez vous lever tôt, l'utilisation d'un réveil vous est-elle indispensable ?

1 ❒ Beaucoup
2 ❒ Assez
3 ❒ Peu
4 ❒ Pas du tout

4/ Dans des conditions adéquates (environnement favorable, sans contraintes particulières...), à quel point cela vous est-il facile de vous lever le matin ?

1 ❒ Pas facile du tout
2 ❒ Pas très facile
3 ❒ Assez facile
4 ❒ Très facile

5/ Comment vous sentez-vous durant la demi-heure qui suit votre réveil du matin ?

1 ❒ Endormi(e)
2 ❒ Peu éveillé(e)
3 ❒ Assez éveillé(e)
4 ❒ Tout à fait éveillé(e)

6/ Quel est votre appétit durant la demi-heure qui suit votre réveil du matin ?

1 ❒ Pas bon du tout
2 ❒ Pas bon
3 ❒ Assez bon
4 ❒ Très bon

* *Morningness-Eveningness Questionnaire*, publié dans : J. A. Horne, O. Östberg, « A self-assessment questionnaire to determine morningness-eveningness in human circadian rhythms », *International Journal of Chronobiology*, 1976. Traduction française dans : Haute Autorité de santé, *Surveillance médico-professionnelle des travailleurs postés et/ou de nuit. Recommandation de Bonne Pratique*, 2012.

7/ Comment vous sentez-vous durant la demi-heure qui suit votre réveil du matin ?

1 ❒ Très fatigué(e)
2 ❒ Relativement fatigué(e)
3 ❒ Relativement en forme
4 ❒ Très en forme

8/ Quand vous n'avez pas d'obligations le lendemain, à quelle heure vous couchez-vous par rapport à votre heure habituelle de coucher ?

1 ❒ Plus de 2 heures plus tard
2 ❒ 1 à 2 heures plus tard
3 ❒ Moins d'1 heure plus tard
4 ❒ Rarement ou jamais plus tard

9/ Vous avez décidé de faire du sport. Un(e) ami(e) vous propose une séance d'entraînement 2 fois par semaine, de 7 h à 8 h du matin. Ne considérant que le rythme qui vous convient le mieux, dans quelle forme pensez-vous être en l'accompagnant ?

1 ❒ Vous trouvez cela très difficile
2 ❒ Vous trouvez cela difficile
3 ❒ Forme raisonnable
4 ❒ Bonne forme

10/ À quel moment de la soirée vous sentez-vous fatigué(e) au point de vous endormir ?

1 ❒ De 1 h 45 à 3 h du matin
2 ❒ De 0 h 30 à 1 h 45 du matin
3 ❒ De 22 h 15 à 0 h 30
4 ❒ De 21 h à 22 h 15
5 ❒ De 20 h à 21 h

11/ Vous souhaitez être au mieux de votre forme pour un examen qui vous demande un effort intellectuel intense durant 2 heures. Vous êtes entièrement libre de le passer quand vous le souhaitez. Quelle est l'heure que vous choisiriez ?

0 ❒ De 19 h à 21 h
2 ❒ De 15 h à 17 h
4 ❒ De 11 h à 13 h
6 ❒ De 8 h à 10 h

12/ Après vous être couché(e) à 23 h, le lendemain vous vous sentez ?

0 ❒ Pas du tout fatigué(e)
2 ❒ Un peu fatigué(e)
3 ❒ Relativement fatigué(e)
5 ❒ Très fatigué(e)

13/ Pour une raison quelconque, vous vous couchez quelques heures plus tard que d'habitude, mais vous n'êtes pas obligé(e) de vous lever à une heure précise le lendemain. Laquelle des propositions suivantes choisiriez-vous ?

1 ❒ Vous vous réveillez plus tard que d'habitude
2 ❒ Vous vous réveillez comme d'habitude mais vous vous rendormez
3 ❒ Vous vous levez comme d'habitude mais vous vous recouchez par la suite
4 ❒ Vous vous réveillez comme d'habitude et vous ne vous rendormez plus

14/ Vous devez aller chercher un(e) ami(e) entre 4 h et 6 h du matin à l'aéroport. Vous n'avez pas d'obligation le lendemain. Laquelle des propositions suivantes vous convient le mieux ?

1 ❒ Vous n'irez au lit qu'une fois l'ami(e) cherché(e)
2 ❒ Vous faites une sieste avant et dormez après avoir été le chercher
3 ❒ Vous dormez bien avant et faites une sieste après
4 ❒ Vous dormez ce qu'il vous faut avant et ne vous recouchez pas après

15/ Vous devez faire deux heures de travail physique intense, mais vous êtes entièrement libre d'organiser votre journée. Laquelle des périodes suivantes choisiriez-vous ?

1 ❒ De 19 h à 21 h
2 ❒ De 15 h à 17 h
3 ❒ De 11 h à 13 h
4 ❒ De 8 h à 10 h

16/ Vous avez décidé de faire du sport. Un ami vous propose une séance d'entraînement 2 fois par semaine, de 22 h à 23 h. Ne considérant que le rythme qui vous convient le mieux, dans quelle forme pensez-vous être en l'accompagnant ?

1 ❒ Bonne forme
2 ❒ Forme raisonnable
3 ❒ Vous trouvez cela difficile
4 ❒ Vous trouvez cela très difficile

17/ Si vous deviez choisir un horaire pour travailler 5 heures consécutives, vous choisiriez ?

1 ❒ Entre 17 h et 4 h du matin
2 ❒ Entre 13 h et 18 h
3 ❒ Entre 9 h 30 et 14 h 30
4 ❒ Entre 8 h et 13 h
5 ❒ Entre 4 h et 9 h du matin

18/ Quand vous sentez vous le plus en forme ?

1 ❒ Entre 22 h et 5 h du matin
2 ❒ Entre 17 h et 22 h
3 ❒ Entre 10 h et 17 h
4 ❒ Entre 8 h et 10 h du matin
5 ❒ Entre 5 h et 8 h du matin

19/ On dit parfois que quelqu'un est un « sujet du matin » ou un « sujet du soir ». Vous considérez-vous comme étant du matin ou du soir ?

0 ❒ Tout à fait un sujet du soir
2 ❒ Plutôt un sujet du soir
4 ❒ Plutôt un sujet du matin
6 ❒ Tout à fait un sujet du matin

Score = ...

Au-dessus de 70 :
Vous êtes tout à fait du matin
Entre 59 et 69 :
Vous êtes modérément du matin
Entre 42 et 58 :
Vous êtes neutre
(ni du soir, ni du matin)
Entre 31 et 41 :
Vous êtes modérément du soir
Moins de 30 :
Vous êtes tout à fait du soir

3/ Êtes-vous court, moyen ou long dormeur ?

Pour un adulte, la durée moyenne du sommeil se répartit entre 4 et 11 heures par 24 h, et la durée médiane se situe autour de 7 h 30*. Il est difficile de déterminer exactement son profil, celui-ci étant constitué par la quantité de sommeil dont nous avons besoin pour bien fonctionner dans la journée, mais on considère que ceux qui dorment en-deçà de la durée médiane sont de « petits dormeurs », et ceux qui dorment au-delà sont de « longs dormeurs ».

Pour le savoir, je vous invite à répondre à ces cinq questions et à calculer le total de vos points.

1° Pensez-vous avoir le sommeil très léger ou très lourd ?

- Très léger (vous pouvez vous réveiller facilement). (1 point)
- Vous n'avez pas d'opinion. (2 points)
- Très lourd (quand vous dormez, vous n'entendez rien). (3 points)

2° Que disait-on de vous à l'âge où vous étiez un nourrisson ?

- Vous ne dormiez « jamais », ou très peu. (1 point)
- Pas de souvenir. (2 points)
- Vous avez « fait » vos nuits très tôt. (3 points)

3° À l'école maternelle, on fait faire la sieste à tous les enfants. Essayez de vous rappeler si :

- Vous étiez pénalisé de ne pas parvenir à dormir. (1 point)
- Vous n'en avez pas de souvenir. (2 points)
- Vous aimiez bien dormir. (3 points)

---

* Voir http://www.sommeil-mg.net/spip/spip.php?article274

4° Lorsque vous étiez enfant (entre 6 et 10 ans), essayez de vous rappeler si...
- Vous mettiez souvent longtemps à vous endormir. (1 point)
- Vous dormiez assez facilement. (2 points)
- Vous aimiez parfois faire la sieste durant les vacances. (3 points)

5° Lorsque vous étiez adolescent, essayez de vous rappeler si...
- Vous n'aviez pas toujours besoin d'un réveille-matin. (1 point)
- Vous faisiez la grasse matinée ou la sieste le dimanche. (2 points)
- Vous dormiez souvent davantage que les autres. (3 points)

Calculez votre total de points entre 5 et 15 points.
10 à 15 points ? = Vous êtes un long dormeur. A priori, vous ne risquez pas de souffrir d'insomnie !

Les longs dormeurs sont souvent des personnes créatives, mais facilement anxieuses. Leur sommeil se compose beaucoup de sommeil léger.

5 à 10 points ? = Vous êtes un court dormeur. Tant mieux, vous pouvez (en théorie) plus en profiter !
Les petits dormeurs sont souvent des personnes efficaces et actives qui ont la capacité de faire de courtes siestes récupératrices. Certains petits dormeurs pensent avoir besoin d'autant de sommeil que tout le monde et se forcent inutilement à dormir ! Si vous souffrez d'insomnie et/ou de fatigue pendant la journée, ne vous trompez pas d'ennemi, souvenez-vous, ce n'est pas en

allongeant votre temps de sommeil que vous vous reposerez davantage, mais en augmentant la qualité de votre sommeil. Encore une fois, votre objectif prioritaire est d'atteindre le sommeil profond réparateur !

Pour savoir à quel profil de dormeur vous appartenez, vous pouvez aussi essayer cette petite expérience.

1. Déjà, avez-vous besoin d'un réveil pour vous lever le matin ? Si vous répondez oui, simple logique, c'est que votre corps n'a pas eu la quantité de sommeil dont il a besoin et n'est donc pas prêt à se réveiller naturellement.

2. Donc, essayez de vous coucher un quart d'heure plus tôt que votre heure de coucher habituelle. Constatez le lendemain matin : avez toujours besoin d'un réveil pour vous réveiller ?

3. Si c'est le cas, essayez de vous coucher encore quinze minutes plus tôt. Continuez ainsi jusqu'à parvenir au point où vous vous réveillerez naturellement... et avec le sourire ! Vous saurez ainsi le nombre d'heures de sommeil dont vous avez besoin chaque nuit.

Une astuce pour vous réveiller en forme même si vous n'avez pas fait une nuit complète : afin d'éviter de vous réveillez en plein cycle de sommeil profond, « essayez de choisir une heure de réveil qui soit un multiple de 90 minutes, soit la longueur moyenne d'un cycle de sommeil. »*

* http://www.slate.fr/life/72521/sommeil-dormir-fatigue

LES TROUBLES DU SOMMEIL ET L'INSOMNIE

Auparavant, nous vivions au rythme du Soleil et des saisons, et notre vie entière était structurée autour du travail de la terre. Puis, petit à petit, dans notre hémisphère nord, avec la révolution industrielle, est apparue la pression des montres, du tic tac, tic tac, et leur dose inhérente de stress : rendement, peur du retard, exigence des livrables... Exactement comme Chaplin dans *Les Temps modernes*, son dernier film muet. Par ailleurs, l'arrivée de l'électricité a permis l'augmentation du temps de loisir nocturne – restaurants, télévision, cinémas salles de sports... – qui, par effet de domino, a engendré une diminution du temps de sommeil. La nuit « s'est éveillée », si bien qu'en 100 ans, nous avons perdu 1 heure de sommeil. Comme il faut un certain temps au cerveau pour s'adapter, plein d'insomnies ont vu le jour. D'ailleurs, comme le souligne le Dr Marchand, avant 1920, le mot « insomnie » ne figurait même pas dans le dictionnaire ! C'est un mal occidental très contemporain, postindustriel.

À tel point que l'OMS a décrété que le sommeil de mauvaise qualité était devenue une épidémie globale de santé. En France, selon une enquête de l'Institut national du sommeil et de la vigilance (2009), les troubles du sommeil concernent ainsi une personne sur trois.

Aujourd'hui, les principaux facteurs de mauvais sommeil sont :
- le stress,
- les contraintes de productivité,
- la technologie (les écrans bleus que nous utilisons dans nos lits),

- les nuisances sonores et visuelles (comme trop de lumière ou d'éclairage),
- les substances de dépendance (alcool, drogues, tabac, psychotropes, etc.),
- l'arrivée d'un nouveau-né qui va priver en moyenne chacun des parents de 550 heures de sommeil par an.

À l'inverse, dans l'hémisphère sud et les pays pauvres comme les pays africains, il y a peu de troubles du sommeil. Les populations vivant encore au rythme du Soleil, se couchant à 20 h et se levant à 5 h, n'ont pas ce genre de soucis…

LES PRINCIPAUX TROUBLES DU SOMMEIL

Les principaux troubles du sommeil sont :

- **les insomnies** (le manque de sommeil),
- **les hypersomnies** (l'excès de sommeil),
- **les parasomnies** (manifestations inhabituelles pendant le sommeil, concernant surtout les enfants et les ados, comme le somnambulisme, les terreurs nocturnes, les troubles respiratoires du sommeil…),
- **les troubles du rythme circadien** (dysfonctionnements de l'horloge interne dûs au travail de nuit, au jet lag ou à notre propre organisme),
- **et les troubles comme les jambes sans repos et les apnées du sommeil.**

AVERTISSEMENT

Mon approche pour la récupération d'un bon sommeil propose une voie NATURELLE essentiellement orientée contre les mauvaises habitudes de sommeil et l'insomnie. Cette approche est inspirée par les traditions ancestrales, les techniques de méditation, de médecines alternatives et s'appuie sur les dernières recherches des neurosciences, de la chronobiologie, de la physiologie du sommeil. Si vous vous retrouvez dans l'un des nombreux cas de troubles du sommeil, je vous conseille de consulter prioritairement votre médecin généraliste, votre pharmacien, un spécialiste du sommeil, les associations d'usagers et groupes d'entraide mutuelle (GEM)* ou le centre de sommeil de votre région**.

* http://www.psycom.org/Ou-s-adresser/Entraide/Groupes-d-entraide-mutuelle/Carte-des-GEM
** http://www.sfrms-sommeil.org/centres-du-sommeil

L'INSOMNIE, C'EST QUOI ?

L'insomnie, c'est quoi exactement Dr Marchand ?

« **L'insomnie, c'est une PLAINTE sur son propre sommeil de plus de 3 mois de suite tous les jours.** C'est la définition officielle, mais elle évolue tout le temps. Si on prend la classification officielle de l'ICSD*, il y aurait vingt sortes d'insomnies. Difficile de s'y retrouver. En France, on considère qu'il y a environ 7,8 millions de personnes insomniaques. Ce n'est pas le temps de sommeil qui est pris en compte, parce qu'on peut être tout à fait normal avec 4 h 30 de sommeil comme avec 10 h – cela dépend de quel type de dormeur nous sommes. **Pour déterminer si quelqu'un est insomniaque, ce qui compte, c'est le VÉCU de la personne, son RESSENTI.** En consultation, souvent, des personnes disent ne pas dormir de la nuit depuis longtemps, genre 10 ans, c'est toujours faux ! Parce que, lorsque nous les prenons en charge et enregistrons leur sommeil, on a beau leur prouver qu'ils ont dormi, ils disent que c'est impossible, ou alors que c'est exceptionnel, que cette nuit-là, c'est la seule où ils ont réussi à dormir. Ils ne perçoivent pas leur sommeil et en ont une perception négative. En fait, l'insomnie est un symptôme, c'est un message d'alerte comme le serait la fièvre. Ce n'est pas une vraie maladie en soi… Pour simplifier, il faut retenir trois types d'insomnie. »

* L'Académie américaine de la médecine du sommeil (AASM) a publié la troisième version de l'« International Classification of Sleep Disorders », communément appelée ICSD-3.

LES TROIS TYPES D'INSOMNIES

Les insomnies d'endormissement concernent ceux qui s'endorment mal, les anxieux.

« Les insomnies d'endormissement sont plutôt l'apanage des anxieux, ceux qui n'arrivent pas à se relaxer, à mettre leurs pensées et leurs émotions en « *off* ». Ils ont la tête qui travaille toujours, s'endorment sur leur canapé, puis, dès qu'ils passent dans leur lit, ils n'arrivent plus à s'endormir. L'insomnie et l'anxiété ont un lien étroit et ont les mêmes ennemis jurés : tensions, prises de tête, ruminations, focalisation, dépression… Parfois, toute la difficulté consiste à déterminer laquelle engendre l'autre. »

Les insomnies psycho-physiologiques concernent ceux qui se réveillent dans la nuit, les hypertendus.

« **C'est la forme la plus courante d'insomnie chronique. Elle se crée suite à un conditionnement négatif qui s'auto-nourrit de lui même,** comme : « Je vais aller me coucher mais je suis certain que je ne vais pas réussir à dormir, comme d'habitude. » Ni spécialement anxieuses, ni particulièrement déprimées, les personnes souffrant de cette forme d'insomnie ont tout simplement peur de ne pas réussir à s'endormir et se réveillent dans la phase de sommeil paradoxal, pendant le rêve, car leur activité cérébrale est trop proche de celle de l'éveil.
Généralement, ces insomnies dépendent de deux facteurs : un état d'hyper-éveil, d'origine physiologique (température du corps, etc.), cognitive (difficulté à couper avec les soucis de la journée) ou émotionnelle (stress…) et un conditionnement négatif qui se crée un peu avant le coucher, à la seule pensée d'aller au lit ou de se brosser les dents… Les insomnies chroniques

touchent près de 20 % de la population française. Leur point de départ est très souvent l'insomnie occasionnelle causée par des changements d'habitude (alimentation, climat, bruit, etc.) ou des événements psychologiquement douloureux à gérer à un moment donné (deuil, séparation, licenciement, insécurité financière…), ou bien encore due aux douleurs de certaines maladies (rhumatismes, asthme, maladies cardio-vasculaires, etc.). Étrangement, les personnes sujettes à ce type d'insomnie dorment mieux dans un lieu qui leur est étranger, comme à l'hôtel par exemple. »

Les insomnies du petit matin concernent ceux qui se réveillent tôt le matin, les déprimés.

« Elles concernent les personnes un peu déprimées, buvant un petit verre d'alcool de trop le soir aussi… Lorsqu'on se réveille à 4 ou 5 h du matin, c'est un signe d'un passage en dépression. La difficulté est alors l'acceptation du diagnostic. Il n'est pas facile de reconnaître que l'on puisse être dépressif, or c'est le plus important pour cheminer non seulement vers une guérison, mais également vers un bon sommeil, l'insomnie n'étant qu'un symptôme de la maladie.

Après, il y a aussi le cas des anxieux déprimés qui ont du mal à s'endormir et qui se réveillent tôt, mais ce n'est pas pour autant qu'ils se lèvent ! Souvent même, ils veulent rester au lit, la tête sous l'oreiller, et ne veulent voir personne ! Nos ados, parfois, c'est un peu cela… »

LES DEUX PROFILS D'INSOMNIAQUES

S'il y a plusieurs types d'insomnie, en gros, il y a deux profils d'insomniaques, poursuit le Dr Marchand :

« Les plus faciles à repérer sont ceux qui se plaignent d'être tout le temps fatigués, d'autres sont plus complexes à repérer, car ils réagissent en étant *speed* et ne se sentent pas fatigués. En ce qui concerne les insomniaques *speed* et pas fatigués, nous rentrons dans des notions un peu plus compliquées, dans lesquelles on peut retrouver, par exemple, les hyperactifs et les personnes qui ont des déficits d'attention.

Il est vrai que notre société moderne, avec l'accélération, la multiplication des moyens de communication, l'hyperconnexion, ne fait qu'amplifier cette tendance. Difficile actuellement de ne pas être constamment sollicité, de ne pas nous couper d'une tâche que nous sommes en train de faire pour répondre à un e-mail, un appel téléphonique, etc. Ça sonne, ça s'allume, ça vibre, ça chante en permanence ! Résultat, lorsqu'on est un profil plutôt *speed*, on ne peut plus dormir ! C'est le cas typique de ce que l'on appelle la compensation, c'est-à-dire les personnes hyperactives qui ont tendance à être actives tout le temps, parce que, sinon, elles s'endormiraient tout de suite. On les repère d'ailleurs à cela : dès qu'elles s'arrêtent, elles s'endorment, ce qui est un signe d'insomnie typique !

Pour compliquer encore les choses, il est aussi possible d'être hyperactif et hypersomniaque. Ce qui fera la différence entre les deux, c'est que l'un s'en plaindra et l'autre pas. Intuitivement, un hyperactif ne va pas vivre son manque de sommeil comme une vraie insomnie, il est juste hyperactif. Pour « être » insomniaque, encore une fois, il faut se plaindre de son sommeil.

Même si la frontière ente les deux n'est pas si simple, au-delà de ces facteurs psychologiques, il y a bien évidemment aussi des facteurs physiques, environnementaux et comportementaux qui jouent une énorme influence sur notre sommeil, comme l'alimentation, la façon que l'on a – ou pas – de savoir gérer le stress, notre consommation d'écrans lumineux, nos mauvaises habitudes, etc., qui seront développés plus loin. »

Humour

LA SOLUTION À L'INSOMNIE : DÉPASSER LES 85 ANS !

Pour résoudre les problèmes d'insomnie, il existe une solution à très long terme : dépasser les 85 ans ! En effet, plus nous vieillissons, moins nous sommes sujets à l'insomnie, constate le Dr Lemoine*. Comment peut-on expliquer ce phénomène ? « Tout simplement parce que les gens à cet âge ne sont plus victimes de l'anxiété de performance, moins stressés, et se fichent de savoir comment ils vont dormir »**.

* Psychiatre, le Dr Lemoine est aussi l'un des meilleurs spécialistes français du sommeil et est l'auteur de *Dormir sans médicaments… ou presque – Insomnie, cauchemars, ronflements, somnolence : ce qui marche vraiment.*
** Voir Dominique Vialard, https://www.alternativesante.fr/sommeil/troubles-du-sommeil-fuyez-les-somniferes.

COMMENT SE SORTIR DU CYCLE INFERNAL DE L'INSOMNIE ET RÉAPPRENDRE À DORMIR CORRECTEMENT ?

Attention ! Il ne faut surtout pas se tromper de voie ! La seule voie saine, durable et économique consiste à travailler sur la phase d'éveil. La grosse erreur en matière de traitement, c'est d'opter pour la voie rapide, avec la prescription de médicaments pour dormir. Ce n'est absolument pas la bonne voie, car, dans ce cas, l'action s'organise vers un sommeil artificiel de synthèse, alors que la vraie solution, c'est de travailler sur la phase d'éveil, c'est-à-dire le bien-être de nos journées et la chasse à l'anxiété.

Avant de développer cette voie royale pour s'en sortir, éliminons tout de suite de la catégorie « solutions » les « tontons flingueurs du sommeil » : les benzodiazépines, les hypnotiques et apparentés, les sédatifs et les anxiolytiques, également appelés tranquillisants, qui diminuent l'angoisse et l'anxiété...

LES MÉDICAMENTS NE SONT PAS LA SOLUTION !

Pourquoi les médicaments ne sont pas la solution à l'insomnie ?

Les raisons sont multiples.

1. L'insomnie concerne essentiellement les anxieux. Il faut donc traiter l'anxiété, calmer la tête.

2. L'insomnie est sociétale. Neuf fois sur dix, c'est la société et ses nouveaux rythmes qui ont engendré l'insomnie. Cela ne se gère pas avec un médicament.

3. Aucun hypnotique ne procure du sommeil profond. Pour la plupart d'entre eux, ils ont plutôt tendance à le supprimer. En grec, « hypnotique » signifie « qui apporte le sommeil », mais, si ces médicaments permettent d'accéder au sommeil léger paradoxal par une sorte d'anesthésie, ils n'apportent pas le vrai sommeil. Ce sont plus des « tontons flingueurs » qu'autre chose ! En effet, le temps de sommeil est peut-être plus long, mais on ne dort pas mieux, et on n'est pas plus reposé le lendemain matin. On peut même se sentir fatigué au réveil, car l'organisme n'a pas pu se restaurer, ni effectuer tout son travail de nettoyage, de consolidation et de reprise d'énergie.

4. Les hypnotiques engendrent un risque d'addiction. Certes, l'insomniaque va réussir à s'endormir avec les hypnotiques, mais il peut se réveiller une heure après lorsque son organisme n'en n'aura plus dans le sang. Pour se rendormir, la tentation sera bien sûr d'en reprendre un. Un cercle vicieux s'engage alors. L'insomniaque qui a peur de ne pas dormir se dit que ce sera

pire sans sa dose de médicaments. Il devient alors difficile de les arrêter, même s'ils se révèlent pourtant de moins en moins efficaces. Résultat : il augmente progressivement la dose, et, au final, cela devient doucement, mais sûrement, une véritable drogue !

5. Les hypnotiques engendrent des risques de chutes et de fractures pour les personnes âgées notamment, qui ont tendance à en prendre plus, engendrant ainsi un surdosage et un état de confusion qui les déséquilibre lorsqu'elles doivent se lever la nuit.

6. Les hypnotiques et apparentés diminuent les performances intellectuelles. Toutes les familles des médicaments précités font certes dormir mais augmentent en même temps l'effet d'un neurotransmetteur – ou petit messager chimique qui transite d'un neurone à un autre – appelé le GABA. Il est LE neurotransmetteur « inhibiteur » par excellence et la cible privilégiée des médicaments type benzodiazépines qui en facilitent les effets inhibiteurs. Résultat : nos neurones sont au ralenti, et nous aussi par voie de conséquence !

7. Les hypnotiques augmenteraient également le développement de la maladie d'Alzheimer, les pertes de mémoire, la baisse de la libido, etc. Seules certaines maladies spécifiques peuvent justifier la prise temporaire de somnifères.

LE NOYAU SUPRACHIASMATIQUE

Le noyau suprachiasmatique (NSC) est un petit bout de cervelle de 0,5 mm^2 regroupant 10 000 cellules qui est le grand chef d'orchestre du sommeil. Si la mélatonine, l'hormone du sommeil, fait les rythmes éveil-sommeil, le noyau suprachiasmatique gère et contrôle ces mêmes rythmes.
« Les expériences scientifiques ont montré que si l'on supprime notre NSC, notre thermostat central est détruit et tous les autres rythmes avec. Or la température centrale, c'est le métabolisme. Tout le monde sait que, lorsque la température augmente, le métabolisme augmente, on se dépense davantage, les cellules se multiplient plus, les récepteurs deviennent plus sensibles... Alors que, quand la température baisse – l'extrême étant l'hibernation –, le métabolisme ralentit jusqu'à la léthargie ou le sommeil. On ne peut faire plus simple pour expliquer le mécanisme du sommeil : lorsque la température augmente le matin (si notre thermostat fonctionne bien), on a la forme au réveil, une bonne performance physique, intellectuelle, le moral et on est bien réveillé. Alors que si la température baisse comme il le faut le soir, on s'endort en sommeil lent profond, en rythme delta, et l'on produit entre autres l'hormone de croissance, tandis que l'organisme s'auto-répare. »*
Et c'est précisément sur ce noyau que les spécialistes du sommeil travaillent pour traiter un insomniaque. En effet, l'objectif ne sera pas de le faire dormir, mais d'arriver à ce qu'il obtienne un meilleur rythme éveil-sommeil.

* Dominique Vialard, *in* https://www.alternativesante.fr/sommeil/troubles-du-sommeil-fuyez-les-somniferes

Comment se sortir de la dépendance aux somnifères ?

Il va falloir lâcher la bouée de secours et envisager un gros changement, dans notre tête d'abord. Ce n'est pas si facile, parce que les somnifères sont parfois le seul moyen de trouver le sommeil, et, comme tous les cas d'arrêt de dépendance, on a envie et, en même temps, on redoute la perspective de faire sans eux.

Ces médicaments entraînant une réelle addiction, décider de leur arrêt trop brutalement peut provoquer une réaction inverse, avec exacerbation de l'anxiété et de l'insomnie. **Le mieux, c'est de se faire aider par son médecin traitant ou un spécialiste qui vous aidera à mettre en place un plan d'action adapté à vos habitudes d'hygiène de vie et de sommeil à l'aide d'un agenda du sommeil,** dans lequel vous allez noter le temps passé à dormir et celui passé au lit. Une fois que vous aurez estimé votre vrai temps de sommeil, vous ajusterez le temps passé dans votre lit en fonction de ce nombre heures. Exemple : vous estimez dormir 5 heures par nuit, il vous sera conseillé de vous mettre au lit à minuit et de programmer votre réveil à 5 h. L'intérêt ? Après quelques nuits, vous devriez être si épuisé que vous n'allez plus lutter et serez heureux d'aller dormir ! La durée de votre sommeil n'augmentera pas forcément, mais la qualité de celui-ci sera meilleure.

Pour vous sortir de votre dépendance, adoptez cette stratégie de sevrage en cinq actions.

1. Arrêtez progressivement les somnifères

L'arrêt progressif est recommandé. On y va en confiance, en douceur et en détermination, et on réduit petit à petit la dose quotidienne de médicaments d'un quart de comprimé à un

demi-comprimé à la fois. Ceci sur plusieurs semaines, sur des paliers d'environ trois semaines.
On peut parallèlement se faire ponctuellement aider par une légère thérapie cognitivo-comportementale individuelle ou en groupe.
L'idéal, pour commencer, est de considérer votre sevrage comme une vraie cure de désintoxication, et de le faire pendant vos vacances sur plusieurs semaines, sans trop d'obligations ni de contraintes horaires. Il vous sera alors plus facile de gérer les symptômes du manque, l'irritabilité et la fatigue éventuels.
Si vos vacances sont trop lointaines, vous pouvez aussi commencer votre sevrage après une bonne journée, un samedi soir par exemple, ou un soir où vous vous sentez bien, détendu et satisfait, afin d'éliminer tout facteur polluant supplémentaire.

2. Choisissez votre alternative aux somnifères

Il existe des alternatives pour vous aider à arrêter les somnifères et apprendre à gérer votre stress. Il ne vous reste qu'à choisir la vôtre (ou les vôtres).

- **La phytothérapie :** certaines plantes, sous forme de comprimés ou de tisanes, peuvent faciliter le sommeil. La valériane est le meilleur somnifère naturel connu depuis l'Antiquité. Elle agirait, comme les benzodiazépines, sur les récepteurs du GABA. Le houblon aide à l'endormissement. La passiflore apporte un sommeil réparateur. La mélisse, la passiflore, l'aubépine sont également recommandées.
  Certains médicaments utilisent les propriétés bénéfiques de ces plantes. C'est le cas de : Tranquital (valériane, aubépine)

ou de Granions Somdor+ (mélisse, valériane, passiflore, aubépine, houblon)*.

- **Les fleurs de Bach :** elles invitent au calme et à l'apaisement. La dame d'onze heures permet de récupérer des divers chocs subis et réconforte. Le marronnier blanc apaise un mental tumultueux. Le marronnier rouge diminue l'inquiétude, la crainte pour les autres. Le tremble apaise la peur de l'inconnu, de l'avenir et écarte les pensées obsédantes. La verveine fait retomber la pression d'un mental surmené.
- **L'aromathérapie**** : les huiles essentielles agissent sur plusieurs plans, harmonisant notre système nerveux et facilitant le sommeil réparateur. Sont recommandés, en massage et par voie orale (qui permet de relaxer directement le système nerveux, de lutter contre le stress et de favoriser le sommeil sans accoutumance) : la mandarine, la verveine citronnée, la marjolaine à coquille, le lemongrass, le lavandin... Et en diffusion : la mandarine (essence de zeste de Citrus reticulata), sédative et apaisante ; l'orange douce (essence de zeste de Citrus sinensis), harmonisante et régulatrice nerveuse ; le petit grain bigarade (huile essentielle de feuilles de Citrus aurantium amara), anti-stress, régulatrice nerveuse et cardio-vasculaire.
- **L'homéopathie :** on peut faire appel à l'homéopathie pour lutter contre le stress du coucher : Ignatia et Gelsemium ; contre les réveils précoces à 3 h du matin : Nux vomica ; à

* http://www.santemagazine.fr/decrocher-des-somniferes-mode-d-emploi-29099.html

** https://www.pranarom.com/blog/guide-sante-beaute-huiles-essentielles/sommeil-et-stress/troubles-du-sommeil-mieux-dormir-avec-les-huiles-essentielles

4 h : Lycopodium ; contre les cauchemars ou les agitations importantes, même joyeuses : Coffea.

- **L'ostéopathie :** en complément des solutions médicinales alternatives, cette médecine douce et naturelle s'avère être très efficace dans le traitement des troubles du sommeil. Un traitement adapté peut être mis en place sur deux à trois séances afin de lever les tensions et restaurer l'équilibre général de l'organisme. Pour l'ostéopathie, les troubles du sommeil sont souvent dus à des perturbations du système nerveux autonome. L'ostéopathe propose un protocole de traitement crânien par lequel il va pouvoir agir sur ce fameux système autonome.
- **L'hypnose et l'auto-hypnose :** Nous l'avons déjà abordé avec le Dr François, l'insomnie est avant tout une plainte de la personne qui ne dort pas, et un symptôme d'autre chose – le plus souvent, l'anxiété, le stress ou une dépression. Dans les cas de contrôle, perfectionnisme, hyper-vigilance, ruminations, trop plein de pensées, angoisses, etc., l'hypnose peut aider à apaiser notre turbine mentale et nous permettre de retrouver le chemin du sommeil. Cette technique a trouvé un nouveau statut et une vraie légitimité avec le développement de l'imagerie cérébrale. Des études ont démontré l'efficacité de l'hypnose et de l'autohypnose dans les troubles du sommeil. « Au centre hospitalier de l'université de New York, des médecins ont ainsi testé les effets de l'hypnose sur 75 enfants et adolescents qui devaient régulièrement lutter pour trouver le sommeil, dont près de la moitié pour des raisons psychologiques. Ils ont appris aux jeunes à pratiquer l'autohypnose, en leur proposant plusieurs méthodes : s'imaginer visuellement dans un endroit apaisant, dans une salle de contrôle où l'on peut appuyer sur le bouton «sommeil», ou bien en train de se coucher et

de tomber de sommeil. Dans le mois qui suivait la dernière séance d'apprentissage, 90 % d'entre eux ont vu diminuer le temps nécessaire pour s'endormir*. » Sans surprise, d'autres études ont abouti à des résultats similaires chez les adultes. Des chercheurs suisses de Zurich et Fribourg ont démontré que l'hypnose diminue non seulement le temps d'endormissement, mais qu'elle augmente aussi d'environ 80 % la durée du fameux sommeil réparateur à ondes lentes. Cependant, comme l'insomniaque a tendance à vouloir « contrôler », pour que les séances d'hypnose agissent, il va falloir qu'il fasse l'effort d'y « croire » d'abord, mais également de lâcher prise, de vouloir vraiment dépasser ses souffrances du passé, ses peurs d'aujourd'hui, ses angoisses pour demain... Il va lui falloir vouloir se libérer, le décider, et tourner la page.
J'affectionne particulièrement l'hypnose et l'autohypnose parce que c'est grâce à elles – évidemment conjointes avec ma chasse aux hormones du bien-être – que j'ai pu sortir des mauvaises griffes de l'insomnie.

- Vous pouvez aussi avoir recours à d'autres techniques pour mieux dormir : **la relaxation, la sophrologie, le yoga, la méditation**...

3. Respectez les bonnes pratiques du sommeil

Bien évidemment, il vous faut aussi respecter les règles du sommeil largement développées p. 125 et suivantes.

* http://sante.lefigaro.fr/actualite/2015/07/24/23974-pourquoi-lhypnose-marche-contre-linsomnie

4. N'en faites pas un drame si cela ne marche pas tout de suite

Comme vous serez en phase de sevrage, il y aura peut-être encore quelques nuits de mauvais sommeil. Il faut s'y attendre et l'accepter. C'est normal ! Essayez de ne pas attendre avec trop d'impatience le moment où vous vous rendormirez. C'est le meilleur moyen de relancer la machine à penser, de s'énerver et de remettre en marche son niveau d'éveil. Le mieux, c'est d'écouter des podcasts d'autohypnose, de la musique douce, de lire peut-être. Dès que les signes du sommeil apparaissent à nouveau, prenez le train, en éliminant le plus possible cette petite voix intérieure qui râle, freine, résiste...

5. Faites-vous confiance !

L'ingrédient principal et indispensable pour réapprendre à dormir naturellement, c'est la confiance en votre capacité à gagner ce combat contre vous-même. Comme ce chemin n'est pas si facile, l'aide ponctuelle d'un thérapeute peut être précieuse. Il va vous falloir casser de nombreux préjugés sur vous et sur le sommeil.

Mais si vous vous engagez sur ce chemin avec confiance, méthode et détermination, rien ne pourra vous faire obstacle. Après quelques mois, ou quelques années, vous y arriverez ! Finis les médicaments, vous vous endormirez paisiblement, tout naturellement...

LES VRAIES SOLUTIONS ET TRAITEMENTS DE L'INSOMNIE

Pour rappel, récapitulons l'enjeu du sommeil.

- **Le but du jeu : dormir ! C'est-à-dire atteindre un état de détente mentale et corporelle que nous savons aujourd'hui mesurer grâce aux ondes cérébrales.** Cap sur les ondes delta ! Réussir à bien dormir, c'est donc d'abord avoir un esprit détendu.

- **Le moyen biologique naturel pour y arriver : nos hormones.** Nous sommes des êtres chimiques et fabriquons en permanence des hormones. Celle qui fabrique le carburant pour pouvoir nous endormir, c'est la mélatonine. Elle se fabrique la nuit, mais, souvenez-vous, elle a deux « SI». Elle ne se fabrique qu'à deux conditions.

Premièrement, elle dépend de la bonne fabrication de la sérotonine (humeur et activité physique), et elle ne se fabrique que SI nous avons suffisamment bougé pendant la journée et développé en même temps détente et bonne gestion du stress, sinon elle se fait d'entrée « déboulonner » par le cortisol, l'hormone du stress.

Deuxièmement, timide et farouche, elle ne se constitue que SI elle n'est pas exposée à la lumière, et stoppe sa fabrication dès qu'il y en a trop (ordinateur, smartphone et même lampe de poche !).

Réussir à mieux dormir se prépare donc déjà biologiquement pendant la journée, pour ne pas dire dès le réveil !

La solution du Dr Marchand est simple et pleine de bon sens paysan : pour sortir de la spirale de l'insomnie, il faut traiter la phase d'ÉVEIL, avoir une bonne attitude comportementale et calmer l'esprit. C'est tout !
C'est-à-dire PRENDRE GOÛT à la vie, prendre du PLAISIR, FAIRE des activités qui nous font du bien, BOUGER, RIRE, AIMER, PRIVILÉGIER tout ce qui nous rend heureux, nous fait bouger et nous détend la tête. Plus on est actif dans son corps et calme dans sa tête le jour, mieux on dort le soir, et, éventuellement, même si on ne dort pas mieux, au moins, on aura gagné une bonne journée ! Dans tous les cas, nous sommes gagnants !

Le sommeil est cette alchimie délicate de notre capacité à bien gérer notre journée émotionnellement, physiquement et mentalement, et de notre capacité à savoir « débrancher » notre mental.
Ce sont là qu'interviennent les bonnes pratiques de notre corps, notre première « maison » et de notre petit « home sweet home » notre petit « chez nous » bien douillet, notre chambre et notre environnement.

Commencez par faire le point sur vos habitudes – bonnes et mauvaises – :

- Faites le bilan de vos soirées, de vos habitudes du soir. Généralement, comment s'organise ce temps pour vous ? Quelle est votre alimentation ? Que faites-vous et à quelle heure ? Etc.
- Faites le point sur votre rythme personnel : heures de coucher, mais aussi heures de réveil, type de sommeil, fonctionnement, besoins…

- Repérez-vous et prenez-vous en compte les premiers signaux du premier train du sommeil ?
- Les écoutez-vous ? Si non, pourquoi ? Pour faire quoi ?
- Qu'est ce qui, d'après vous, ne va pas ? Qu'est ce qui peut être amélioré ?
- Qu'est ce qui vous en empêche ?

Les outils et bonnes pratiques pour accueillir le sommeil

Déjà stop à la maltraitance de nos nuits ! Il faut PRENDRE CONSCIENCE que nous maltraitons nos nuits, et décider d'y mettre fin. En les étirant au maximum, en les considérant comme des succursales fourre-tout de nos journées, en faisant tout le contraire de ce qu'il faudrait pour nous endormir dans de bonnes conditions, et éventuellement en avalant, par-ci, par-là, quelques petits cachets pour nous voiler un peu plus la face sur nos modes de vie, nous marchons un peu à côté de nos baskets, n'est-ce pas ! Pour que cela s'améliore, il faut vraiment s'arrêter sur ce constat, se poser quelques secondes, réaliser et mesurer toutes les implications, et décider radicalement le changement.

Une première étape, ce sont les bonnes pratiques du sommeil. Bien sûr, il existe de nombreux livres et articles sur celles-ci qui délivrent à peu près tous les mêmes conseils, mais il est bien évidemment indispensable de les rappeler ici avant de passer à une nouvelle étape, celle de la mise en place de nouveaux rituels de sommeil et de bien-être (voir p. 287).

Le sommeil, un rendez-vous à préparer

Pour bien aborder votre rendez-vous avec le sommeil, il faut commencer par bien considérer l'arrivée de la nuit, l'accueillir positivement chaque soir, et la considérer comme un véritable rendez-vous elle aussi, prendre conscience de sa nature, de sa nécessité, de ses bienfaits, et la vivre presque amoureusement…

◗ *Fixez-vous une heure de coucher*

Commencez par envisager de ne pas vous coucher trop tard. Quitte à **fixer une heure précise à laquelle vous vous promettez d'être au lit.** Faites votre choix en conscience, en fonction de vos besoins en sommeil et de votre heure de réveil. Vous avez trouvé le créneau horaire idéal de votre rendez-vous avec la nuit ? C'est parfait ! Essayez de garder le même chaque soir. Respecter des horaires réguliers aidera votre horloge biologique à bien se caler et facilitera l'arrivée de votre sommeil.

◗ *Allégez-vous !*

Faites le bilan de ce que vous prévoyez de faire le soir, et écrémez ! Éliminez de votre planning du soir ce qui devrait être fait dans la journée du lendemain. Même si vous ne couperez pas à certaines choses : le dîner (à préparer, à prendre, à ranger), le coucher des enfants, le brossage des dents, etc, vous cesserez de faire de la soirée une journée bis et vous vous familiariserez avec les habitudes et les gestes du soir.

◗ *Créez des marqueurs forts de la soirée*

Certains gestes et habitudes peuvent devenir des marqueurs forts. C'est toute la force des rituels que je vous exposerai p. 287 : mettre de la musique relaxante, prendre une douche, enfiler son jogging, opter pour une lumière douce, arroser les plantes, nourrir le canari… Toutes sortes d'actions quotidiennes peuvent être associées à des moments précis et mettent en route une forme de programmation. Mieux conscientisées, celles-ci deviendront les panneaux de signalisation qui indiqueront la direction du sommeil à votre cerveau.

GRAND MÉNAGE DANS LES IDÉES REÇUES SUR LE SOMMEIL

1. Non, il ne faut pas forcément 8 heures de sommeil par nuit pour être en forme !

Il n'y a pas un sommeil idéal valable pour tous, mais différents besoins, facteurs et constitutions qui font varier le nombre d'heures nécessaires pour chacun d'entre nous. Le seul critère à prendre en compte, c'est de savoir comment on se sent au réveil.

2. Non, le sommeil ne sert pas à rien et n'est pas une perte de temps !

Prise de conscience de certains leaders aux États-Unis et renversement de tendance, le sommeil redeviendrait branché et nouveau symbole de réussite. Bill Clinton a même fait un terrible aveu dans le *New York Times* : «Toutes les erreurs importantes que j'ai faites dans ma vie sont dues à la fatigue. »*

3. Non, dormir n'est ni un truc de bébé ni un truc de vieux !

C'est la remarque typique des ados qui voient le sommeil comme une régression (« Je suis grand ! ») ou comme une défaite (« Je n'ai pas à renoncer aux sollicitations sympas

→

* *Le Point*, Laureline Dupont, Clément Lacombe, Thomas Malher, « Dormez plus pour gagner plus ».

que la vie me propose ! »). Résultat, le soir, ils ont du mal à respecter les injonctions d'aller au lit et, le week-end, ils font la grasse mat parce qu'ils sont sortis tard avec leurs copains la veille. Ils se décalent alors qu'ils devraient dormir 9 heures pour que l'hormone de croissance fabriquée la nuit fasse son œuvre. Même si cette nouvelle relation au sommeil s'explique par les poussées hormonales de la puberté, leur résistance à aller se coucher serait l'une des principales sources de conflit entre parents et ados.

4. Non le sommeil en retard ne se rattrape pas !
Le temps n'est pas une denrée que nous pouvons stocker. Ce qui n'est pas pris n'est plus à prendre. Et les grasses matinées ne sont pas la solution puisqu'elles provoquent un sérieux décalage de notre horloge biologique.

5. Non, l'insomnie n'est pas héréditaire !
On n'a pas encore découvert de gènes porteurs de l'insomnie ! En revanche, il peut y avoir de mauvaises habitudes et une « culture familiale » en rapport avec le mauvais sommeil.

Les 4 mises en condition favorables pour votre corps
Commencez par toujours avoir les portes du sommeil en tête. Si vous sentez la fatigue, que vous avez les yeux lourds qui picotent, que vous bâillez, que vous avez la tête lourde et que votre esprit peine à se concentrer, **écoutez votre corps : il vous dit que c'est le bon moment.** Ne luttez pas, respectez son rythme naturel, et filez sous la couette !

Voici maintenant les 4 conditions favorables qui vous permettront d'accompagner votre corps vers le sommeil : la bonne alimentation, une activité sportive dans la journée – mais pas le soir –, la baisse de la température corporelle et la déconnexion digitale.

◗ *La bonne alimentation*

Ce que nous mangeons a une énorme influence sur notre santé de manière générale et sur notre sommeil en particulier. Il faut bien manger. Mais bien manger le soir, qu'est-ce que ça signifie exactement ? Dînez tôt, à heures régulières, en prenant votre temps, mangez léger, évitez les excitants, favorisez les calmants, etc. Rendez-vous p. 251.

◗ *Mollo sur l'activité sportive le soir, mais à fond en journée !*

Pour bien dormir le soir, ne faites pas d'effort physique juste avant de vous coucher. Si vous faites du sport, faites-le au moins 4 heures avant. L'effort physique le soir provoquera tout ce qu'il ne faut pas : tensions musculaires, augmentation de la température du corps, libération des hormones du stress et de l'activité diurne que sont l'adrénaline et le cortisol. Mais ceci dit, bougez à fond pendant la journée ! Pour bien dormir, il faut s'être activé pendant la journée. En effet, grâce à une pratique sportive quotidienne, le corps produit une bonne quantité de sérotonine, indispensable à un sommeil de qualité.

LA SIESTE

La sieste est une forme de sommeil intentionnel, constituée de sommeil lent léger survenant de préférence en début d'après-midi. Le mot « sieste » vient du latin *sexta* qui signifie « sixième » renvoyant à la « sixième heure du jour ». L'étymologie du mot est d'ailleurs calquée sur une réalité physiologique. Physiologiquement, nous avons en effet besoin d'une pause six heures après notre réveil. Ce moment de repos diminue la tension du corps, permet de se détendre et de recharger un peu ses batteries. Donc, si nous nous levons à 7 h du matin, nous pouvons ressentir l'envie d'une sieste vers 13 h.
Il y a trois formes de siestes :
• la sieste curative : compensation d'un déficit de sommeil lié au travail de nuit, au somnambulisme ou autres,
• la sieste préventive : constitution d'un crédit de sommeil chez les travailleurs de nuit, les sportifs…,
• la sieste physiologique : en cas de grossesse, d'enfants en bas âge…

Les pour : Véritable coupure anti-stress, la sieste favoriserait une remise à neuf de notre cerveau, permettant le traitement de nouvelles données, et, d'après certaines études, augmenterait ainsi les performances intellectuelles de 20 % ! Les spécialistes du sommeil recommandent une courte sieste de 5 à 15 minutes, correspondant aux premiers stades du sommeil lent. Au-delà, nous risquerions d'entamer un cycle complet de 90 minutes.

Les plus grands créateurs étaient souvent de célèbres siesteurs : Léonard de Vinci, Newton, Archimède, Victor Hugo, André Gide.
Le contre : La sieste peut exercer un effet anti-sommeil la nuit pour certains insomniaques.

La baisse de la température corporelle
Avant d'aller au lit, privilégiez une douche fraîche pour vous mettre dans les bonnes conditions du sommeil. Évitez le bain chaud : la chaleur ne favorise pas l'endormissement (en phase de repos, la température du corps chute de 1 °C). Et si vos pieds sont froids, mettez de bonnes chaussettes. Il est impossible de dormir avec les pieds gelés !

La déconnexion digitale
Quand nous prenons l'avion, il nous est expressément demandé d'éteindre nos appareils électroniques et de mettre notre téléphone en mode avion, n'est-ce-pas ? Savez-vous pourquoi ? Parce que les micro-ondes de notre petit téléphone ont de puissants effets sur les gros avions de ligne. Alors je vous laisse imaginer ce qu'il peut en être dans notre chambre ! La nuit, afin de minimiser l'exposition de notre corps aux ondes électromagnétiques qu'ils génèrent, il nous est donc vivement recommandé d'éloigner les téléphones, box et autres appareils électriques de notre chambre. Bien sûr, les radiations relativement nocives de nos smartphones sont aussi très actives pendant la journée mais, pendant la nuit, ces ondes peuvent nous empêcher de dormir ou nous réveiller plusieurs fois, voire nous donner des

cauchemars*. La raison ? Elles entraîneraient une modification dans notre système d'auto-régulation comme celui de notre horloge biologique ou de nos rythmes cardiaques... Ce n'est pas rien, vous en conviendrez !
Petit conseil pour ceux qui ne souhaitent pas éteindre leur téléphone la nuit malgré tout: coupez au moins la connexion internet, ou mettez votre téléphone en mode avion. De toutes les façons, éloignez-le physiquement de vous. Ceci est aussi valable pendant la journée. Il est conseillé de ne pas mettre votre téléphone trop près de votre corps, dans vos poches par exemple.

LA GRASSE MATINÉE DU WEEK-END : UNE TRÈS MAUVAISE IDÉE !

C'est une erreur de penser que vous pourrez récupérer des excès et de la fatigue accumulés avec une bonne grasse matinée le week-end. Le week-end, il vous faut absolument garder votre rythme de sommeil et de réveil de la semaine à deux heures près, sinon vous déréglerez votre horloge biologique, et vous encourez un risque de « décalage horaire social », qui a exactement les mêmes effets que le décalage horaire lié au changement de fuseau horaire. Il pourrait vous empêcher de vous endormir après le film du dimanche soir, rendre les lundis matins encore plus difficiles et la semaine bancale par avance. Donc si vous avez l'habitude de vous

* Une étude de l'Institut national de l'environnement industriel et des risques (Ineris) et de l'université de Picardie Jules Verne publiée en 2013 et menée sur des rats, concluait à une influence des ondes sur la régulation thermique du corps, le comportement alimentaire et le fractionnement du sommeil paradoxal.

lever vers 7 h en semaine, évitez de vous réveiller après 9 h le dimanche matin. Solution pour le week-end : récupérez avec une bonne sieste !

4 bonnes pratiques pour votre mental

Se coucher l'esprit apaisé, voilà le plus bel objectif, non ? C'est tout ce dont nous avons besoin pour bien dormir, mais, il est vrai que c'est loin d'être facile ! Heureusement, il y a des pratiques pour y arriver.

Voici 4 bonnes pratiques pour engager votre esprit dans les meilleures dispositions pour bien dormir : la déconnexion de la journée, la relaxation, la reconnexion avec la nature et la lecture.

◗ *La déconnexion de la journée*

Finie la journée – et avec elle, son organisation concrète, le récit du quotidien, l'agenda, etc. Votre mission du soir consiste à éliminer les préoccupations professionnelles et les tensions de votre esprit avant de dormir. Vous les retrouverez bien le lendemain matin ! « La nuit porte conseil », disaient nos grands-mères. Effectivement, pendant la nuit, le cerveau trie et « nettoie » tout ce qu'il a pu enregistrer pendant la journée, ce qui nous permet de mieux prendre nos distances. Le lendemain matin, les soucis, les ressassements et les dilemmes auront sans doute pris une nouvelle tournure.

Pour faciliter cette déconnexion, essayez aussi deux ou trois fois par semaine de ne pas vous installer devant un écran 2 heures avant votre coucher. Cela signifie : pas de télévision, de tablette, ni de smartphone. Des bougies et des petites lumières tamisées, mais pas de lumières bleues !

◗ *La relaxation : on vide sa mémoire vive et on débranche…*

Se relaxer, méditer quelques minutes ou fixer son esprit sur sa respiration sont des pratiques simples et fondamentales pour éloigner les préoccupations envahissantes, prendre du recul et renouer avec le sentiment délicieux d'être en paix. Les approches sont diverses et nombreuses, mais vous pouvez commencer tranquillement par vous concentrer sur votre respiration : inspirez lentement par le ventre en prêtant attention à l'arrivée de l'air depuis les narines jusque dans les poumons, puis expirez en vous concentrant sur votre souffle.

Vous pouvez aussi écouter un « bruit blanc » pour vous aider à vous endormir : bruit de ventilateur, d'averse, de vent, de ruisseau… Comme la lumière blanche est composée de toutes les couleurs, le bruit blanc est composé de toutes les fréquences. Il a des effets hypnotiques et facilite le sommeil. Comment ? En réduisant le rapport signal/bruit du son ambiant. Il existe une appli iPhone White noise (bon à savoir : elle fonctionne en mode avion).

◗ *La reconnexion avec la nature*

Faites quelques pas dehors, pieds nus dans l'herbe si vous avez la chance d'habiter au vert, écoutez les bruits de la nuit, regardez la lune, admirez les couleurs du ciel et reconnectez-vous avec l'émerveillement. La nuit, comme dirait Hubert Reeves : « le fait de voir le ciel et les étoiles – une dimension qui nous dépasse – est très important. On sort des petits problèmes mesquins du quotidien pour se placer dans sa position d'être humain : qu'est-ce qu'être humain ? On a besoin de ce sentiment de dépassement, de se retrouver devant quelque chose de plus grand... »

L'histoire du soir

Comme quand vous étiez petit, l'histoire du soir lue ou écoutée avant de vous coucher peut être une excellente manière d'installer votre esprit sur la voie de la nuit et du sommeil. Profitez de ce moment avec vous-même et votre imaginaire. Laissez-vous aller à l'émotion d'une histoire. Lisez... mais pas trop longtemps, et certainement pas votre présentation du lendemain ou un rapport comptable !

S'ENVOYER EN L'AIR : UN ANTISTRESS NATUREL ?

Le soir, il n'y a pas de loi absolue, mais les câlins sexuels nous mettent dans un état de plénitude et de relaxation qui facilite l'endormissement. Seulement s'ils ne consistent pas en prouesses sportives dignes d'un semi-marathon !
« Privé de sommeil, un individu perdrait 4 % de son potentiel de séduction et augmenterait son taux de cortisol de 37 %. Pour inverser la tendance, il faut pratiquer des activités qui font plaisir, chanter, danser... ou faire l'amour ! L'orgasme multiplie par cinq le taux d'ocytocine, hormone de l'amour, et de la prolactine, celle qui détend et fait dormir... Dormir et faire l'amour, voilà sans doute le meilleur moyen de renflouer les caisses de la sécurité sociale tout en gérant égoïstement son plaisir...»*

*Voir http://www.terrafemina.com/vie-privee/sexo/articles/26015-sexe-et-sommeil-les-liaisons-vertueuses.html

***Les 6 bonnes pratiques pour votre* « home sweet home »**
Repenser l'espace et l'environnement que l'on accorde à ses nuits est déjà un premier pas vers de plus jolis rêves. Inventez votre petit sanctuaire...

Pour cela, **appliquez les six bonnes pratiques qui créeront l'environnement le plus favorable pour votre sommeil : bonne literie, obscurité, silence, bonne température, qualité de l'air et rangement.**

◗ *La bonne literie*
Parce que nous dormons plus d'un tiers de notre vie, le choix de notre literie est capital. Comme le choix d'une voiture ! De la même manière, il faudrait considérer la literie comme le précieux véhicule de nos nuits. En 1992, une étude menée en France au sujet de l'impact de la literie sur le sommeil révélait qu'un bon lit (comparé à un mauvais) était gage de meilleur sommeil : près d'une heure de sommeil en plus ! Un « bon » lit, c'est quoi ? C'est un matelas adapté à la taille et au poids de chacun. En gros, il y a trois catégories de matelas : les matelas en mousse, les matelas à ressorts et les matelas en latex. Conscient de l'impact sanitaire des produits synthétiques à base de pétrochimie, le marché se tourne de plus en plus vers les matelas bio : matelas en pure laine d'hévéa d'origine végétale, 100 % latex naturel avec fibres naturelles de crin de cheval, ou de crin végétal et de fibres de coco, de coton, de lin, de laine, de cachemire ou de chameau... Leurs avantages ? Ils respectent la planète, ne contiennent aucune substance nocive pour le corps, et provoquent donc moins d'allergies, moins de transpiration, etc.

VIVE LE MATELAS BIO !

« En plus du 100 % naturel, il y a trois bonnes raisons pour choisir un matelas en latex. Un, il dure plus longtemps qu'un autre, parce qu'il est très résistant ; deux, il maintient mieux votre dos grâce à sa « résilience », cette capacité à retrouver sa forme initiale après avoir été compressé, et trois, il est anti-allergies, puis qu'il ne contient aucun produit ni chimique ni toxique dans sa composition. De plus, celle-ci étant structurée en forme de nid d'abeilles, il n'est pas apprécié par les petites bêtes, il est anti-acariens. »

L'obscurité

La luminosité est un élément majeur dans les processus d'éveil et d'endormissement. À l'aube, la lumière du jour transperce la rétine, le taux de mélatonine dans notre corps baisse, le cortisol monte, et hop, on se réveille ! À l'inverse, l'obscurité active la production et la diffusion de la mélatonine, l'hormone du sommeil, et indique à notre cerveau qu'il est l'heure d'aller dormir. Mais voilà, à la simple exposition d'une lumière, qu'elle soit naturelle ou artificielle, la production de la mélatonine est bloquée, encore une fois, même une simple lampe de poche peut suffire ! Qu'en est-il de la pleine lune, a-t-elle vraiment une influence néfaste sur notre sommeil ? Oui, répondent les scientifiques, parce qu'elle nous éclaire beaucoup – trop – la nuit. Idem pour l'éclairage public urbain considéré comme une vraie nuisance pour un quart des Français qui y sont exposés dans leur chambre*. On parle alors de « pollution lumineuse ». Quand la lumière artificielle impose son rythme à la nuit, c'est tout notre écosystème qui est perturbé. Pour bien dormir, on éteint donc tout, lumières, écrans, et on ferme les rideaux ! Au cas où, à défaut de pouvoir être plongé dans la pénombre, il y a le bon vieux masque de sommeil, ou sa version moderne, le masque « Glo to Sleep » (voir p. 146).

En ce qui concerne les enfants, apprendre à dormir dans le noir est aussi indiqué. Laisser la lumière allumée dans le couloir, c'est implicitement approuver l'idée qu'il y a danger la nuit, du moins, laisser planer le doute. Il ne s'agit pas d'obtenir le noir complet à coups de volets-stores-rideaux, mais d'installer une pénombre qui peut être douce. Les bonnes habitudes se prennent dès l'enfance...

◗ *Le silence : « Chuut... »*

Le bruit est un des principaux perturbateurs de sommeil. Un tiers des Français est gêné par le bruit la nuit, le plus souvent extérieur**, et a un sommeil fragmenté. Pour éviter la nuisance des bruits sur notre sommeil, on fait preuve de bon sens : téléphone éteint ou en mode avion, pas de télévision ou de radio allumées, double vitrage si besoin, voire bouchons d'oreilles si nécessaire !

* Données issues de l'enquête de l'INSV, « Sommeil et environnement », 2013.
** Idem.

ON CHOISIT AUSSI LE(LA) BON(NE) PARTENAIRE !

Dormir à deux n'est pas forcément si facile qu'il y paraît ! « Dormir ensemble est positif chez 60 % des co-dormeurs pour lesquels c'est «un plaisir», «rassurant» et/ou «ça tient chaud». Mais, pour les autres, cela entraîne des désagréments : gêne à l'endormissement et réveils nocturnes. En cause, les mouvements du conjoint (40 à 60 mouvements par nuit en moyenne), ainsi qu'une température trop élevée sous la couette commune – véritable niche thermique ! –, des horaires de sommeil décalés, et aussi et surtout les ronflements. »*… Mais cela, c'est une autre histoire !

La bonne température : 17-19 °C

Pour préparer notre corps au sommeil, puis bien dormir, dans la soirée et tout au long de la nuit, la température du corps baisse. Vers 5 h du matin en moyenne, elle atteint son niveau le plus bas, autour de 36 °C. Pour bien dormir la nuit, la température ambiante doit également être moindre qu'en journée. Idéalement, la chambre doit être fraîche, entre 17 et 19 °C. Donc, la nuit, ne poussez pas le chauffage à fond en hiver – la couette suffit pour ne pas attraper froid – et l'été, dormez avec les fenêtres ouvertes ou un ventilateur si possible en cas de pic de chaleur estival.

* https://www.sciencesetavenir.fr/sante/sommeil/dormir-a-deux-n-est-pas-de-tout-repos_111309

La qualité de l'air

Souvenez-vous de la sensation de bien-être que vous éprouvez lorsque vous êtes en pleine nature, dans une forêt, à la campagne, au bord de la mer, et que l'air est pur. Alors, aérez votre espace chaque jour au moins 10 minutes, fenêtres grandes ouvertes le matin, et recommencez le soir avant de vous coucher.

Utilisez aussi le pouvoir guérisseur des plantes et adoptez une petite plante bénéfique pour le sommeil. Celles-ci, en plus d'être jolies, sont des purificatrices d'air : l'aloe vera, le jasmin, le lierre, la lavande, la plante araignée, la plante serpent, le gardénia, le ficus, le pothos doré, le dracaena, le gerbera, le cactus...

Ces plantes ont des caractéristiques curatives extraordinaires. Elles peuvent non seulement purifier l'air de la maison en absorbant le CO2 qu'elles remplacent par de l'oxygène, elles fournissent une humidité indispensable au bon fonctionnement de notre système respiratoire (le taux d'humidité d'une chambre doit avoisiner les 50 %), mais elles peuvent également réduire notre anxiété, et absorber les polluants contenus dans les solvants présents dans les meubles, peintures et moquettes.

À défaut de plante, placez un récipient d'eau sur le radiateur en hiver pour ne pas respirer un air desséché.

L'AROMATHÉRAPIE

Pour bien dormir, vous pouvez aussi utiliser les bienfaits de l'aromathérapie. Déjà connue des civilisations anciennes et scientifiquement reconnue aujourd'hui, c'est l'une des médecines alternatives les plus efficaces, Les huiles essentielles sont des extraits naturels de plantes. Comme elles sont des concentrés de plusieurs kilos de plantes contenant plusieurs centaines de molécules différentes, il faut bien connaître leurs propriétés et leurs conditions d'utilisation. Nombreuses sont les huiles essentielles aux vertus apaisantes, voire propices à l'endormissement, et utilisées contre le stress, la nervosité, l'anxiété et la dépression. On peut citer les huiles de lavande, de camomille, de sauge, de marjolaine, de basilic... Quelques gouttes dans un diffuseur, diluées dans le bain ou en massage, et c'est parti ! Mais sachez bien doser, demandez conseil à votre pharmacien, car comme disait Paracelse, philosophe de la nature, médecin-chirurgien et innovateur en thérapeutique : « C'est la dose qui fait le poison. »

La magie du rangement

Faites place nette dans votre chambre. Rangez, dépoussiérez, lavez régulièrement (y compris les rideaux, le tapis, etc.) avec des produits simples et efficaces (du savon noir et du vinaigre, pas de détergents forts). Une chambre propre et peu encombrée, c'est une chambre dédiée à la nuit, rien qu'à elle – et à l'amour ! Pour lui donner une vraie attention et une vraie valeur, on commence par lui accorder un véritable « soin espace » comme vous le faites pour un « soin visage » ou un « soin du corps » ! Pareil pour votre lit. Changez régulièrement les draps, les taies d'oreillers, les alèses et les housses de matelas, aspirez et retournez le matelas de temps en temps. S'endormir dans des draps tout neufs, frais, propres, c'est honorer votre rendez-vous avec la nuit et partir sur des bases saines.

INSPIREZ-VOUS DU FENG SHUI ET LAISSEZ CIRCULER LES ÉNERGIES...

Dans la tradition chinoise, les principes du feng shui énoncent une série d'aménagements à adopter pour laisser circuler les énergies bénéfiques (le *qi*) et vivre en harmonie avec un lieu. Sans rentrer dans le détail, minutieux et parfois très complexe, on peut quand même s'en inspirer et ne pas placer son lit dans l'axe de la porte (et du courant d'air) ni d'un miroir ; ne pas encombrer sa chambre d'affaires superflues, d'appareils électriques, encore moins d'un bureau ; faire de sa chambre un havre de paix aux lumières et aux teintes douces (pas de rouge pétant ou d'explosion de couleurs sur les murs), veiller à l'ordre et au calme du lieu (pas de tic tac, ni de sommier à ressorts bruyant !).

Pour finir, les alliés naturels du bon sommeil

L'hypnose et l'autohypnose

Hypnos, ça vous rappelle quelque chose ? Oui, le nom du dieu du Sommeil est bien la racine de cette pratique ! C'est un état modifié de conscience, comme le rêve, la méditation, les expériences mystiques qui peuvent nous amener dans les fameuses ondes cérébrales delta du sommeil. L'autohypnose ou l'autosuggestion sont vivement recommandées par les médecins spécialistes du sommeil.

La sophrologie

Littéralement « étude de la conscience bien portante », la sophrologie vise à un état de conscience positif et à un bien-être, voire un dynamisme global, par des exercices de respiration, de conscientisation du corps et de visualisation. Couramment pratiquée par les sportifs pour mieux gérer le stress et se préparer, physiquement et mentalement, à une compétition, elle est aussi recommandée pour se mettre en (bonne) condition pour la nuit.

La méditation

La méditation n'est pas réservée aux experts bouddhistes ! Accessible à tous et en dehors de tout cadre religieux, la médiation dite « de pleine conscience » (*mindfulness* en anglais) s'attache juste à être présent au moment via la respiration ou dans l'observation d'un élément (une bougie, un moment de calme et d'intimité...). Si des pensées parasites viennent (et elles viennent !) interrompre votre attention à l'instant présent, acceptez-les, regardez-les et revenez à votre première intention (la respiration, l'observation).

Vous pouvez aussi faire un scan mental de votre corps pour vous détendre l'esprit : allongé sur le lit, en partant de la tête, nuque, cou, épaules, thorax, etc. et en descendant jusqu'aux doigts de pieds, prenez conscience de chaque partie « traversée » et notez les points d'appui (arrière de la tête, omoplates, colonne vertébrale, fesses, cuisses...). Détente garantie. Vous endormez complètement apaisé !

La cohérence cardiaque

Venue des États-Unis et popularisée en France par David Servan-Schreiber, cette technique de respiration lente vise à maîtriser les battements de son cœur, jouer sur la régulation (apaisée) du rythme cardiaque et sur l'activité (plus sereine) du cerveau. Ces exercices de respiration – donc de relaxation – diminuent le stress et l'anxiété et peuvent même jouer sur un état dépressif.

Le yoga

La pratique du yoga (« des » yogas, devrait-on dire, car il y en plusieurs), avec ses techniques d'étirements et ses exercices respiratoires (proches de la méditation) conduit au relâchement du corps dans ses tensions musculaires et à l'apaisement de l'esprit, vers une relaxation globale.

Le yoga nidra en particulier (*nidra* signifie « sommeil » en sanskrit) invite celui qui le pratique à trouver un véritable repos mais « éveillé », en conscience. Pratiqué en position allongée, les mains le long du corps, une séance de yoga nidra se déroule en plusieurs étapes :

- concentrez-vous sur votre respiration (va-et-vient du souffle à travers le corps) ;
- puis portez votre attention sur chaque partie du corps, dans un déroule toujours identique, de la tête aux pieds ;
- portez ensuite votre attention sur les sensations possiblement ressenties par le corps (le chaud, le froid, la lourdeur, la légèreté) ;
- alors que le corps est toujours dans un relâchement total, visualisez une image apaisante, l'idée étant de déverrouiller les crispations cachées dans votre inconscient ;

- enfin, avant de clore la séance, formulez dans votre tête une résolution (appelée « sankalpa ») – ultra-positive bien sûr ! – que vous souhaitez voir se réaliser.

Le plus simple et le plus efficace est d'être guidé par un instructeur : une bonne séance de yoga nidra dans la journée devrait non seulement vous reposer mais vous permettre de mieux dormir le soir venu.
Et bien évidemment, n'oublions pas non plus, l'acupuncture ...

QUAND LA HIGH TECH NOUS AIDE À DORMIR

Depuis la nuit des temps, les sages nous invitent à fermer les yeux pour calmer notre esprit et nous endormir sereinement, voici les derniers outils « high technology » pour nous y aider !
Dodow : Cette petite boîte qui s'inspire de la technique méditative diffuse une lumière bleue hypnotique sur laquelle il faut synchroniser sa respiration. Comme sous l'effet d'un pendule, au bout de quelques minutes, vous êtes en mesure de lâcher prise et de trouver le sommeil.
Morphée : Comme une jolie « boite à musique », ce boîtier contient 120 séances de méditation conçues, testées et validées par des professionnels du sommeil. Au coucher, on choisit le thème et la durée de sa séance, puis, on se laisse guider par une voix apaisante.
Les lunettes Goodnight : Portée deux heures avant le coucher, ces lunettes filtrent toutes les lumières bleues qui perturbent la production de mélatonine, tout en permettant de continuer à surfer si on ne veut/peut pas faire autrement.
→

Le masque de sommeil Glo to Sleep : Des points bleus phosphorescents ralentissent l'activité électrique cérébrale, permettant ainsi de s'endormir naturellement et rapidement, comme après une bonne méditation ou de l'autohypnose.
La NightCove : Imaginée par un entrepreneur insomniaque, c'est une sorte d'enceinte lumineuse et sonore qui stimule notre mélatonine du coucher au réveil.
Les lunettes futuristes Sana Health : Sorte de casque de réalité virtuelle, elles émettent des pulsations audiovisuelles permettant de plonger dans un sommeil profond en moins de dix minutes.
Le bandeau connecté Dreem : Dernière invention neuro-technologique, ce bandeau de stimulation sensorielle augmente la qualité du sommeil profond via des ondes sonores qui se propagent.

Quand le soleil se couche, que le noir envahit le paysage, les poules de plein air se rassemblent naturellement et rentrent toutes seules dans leur poulailler. Chacune sa place. Elles savent le faire depuis la nuit des temps. Nous, en revanche, nous évoluons en permanence, au point même que, d'après Thomas Friedman dans son livre *Merci d'être en retard, Survivre dans le monde de demain**, pour la première fois dans l'histoire de notre humanité, la courbe de l'évolution de notre adaptation est dépassée par la courbe de l'évolution des technologies ! Nous avons su maîtriser le feu, l'agriculture, la boussole, l'imprimerie, le fax, le télex, etc., mais, depuis notre iPhone, là, clairement,

* Éditions Saint Simon.

on ne suit plus ! Même ses incessantes mises à jour peuvent nous dépasser ! Quelque chose va trop vite et nous met en état de déséquilibre et d'insécurité permanente. D'ailleurs, pour de nombreux observateurs, nous entrons dans une nouvelle ère de notre histoire. Pas étonnant, du coup, que nous passions quelques nuits agitées avec ce gros changement sociétal !

Comment, dans ce contexte, retrouver le chemin des nuits paisibles ? Pour bien dormir et vous restaurer suffisamment pour passer de belles journées, votre reconquête va passer par la récupération de la sécurité intérieure et l'énergie vitale, toutes deux étant intrinsèquement liées.

Souvenez-vous de ce constat si évident : lorsque nous sommes apaisés, que nous éprouvons un sentiment de sécurité, nous dormons comme des bébés, n'est-ce pas ? Et bien, c'est précisément cet état de sécurité et de bien être que nous allons chercher… et trouver ensemble !

Hop, hop, hop, allons à la conquête des belles journées !

TROISIÈME RENDEZ-VOUS : SÉCURITÉ ET ÉNERGIE VITALE

« Se sentir en sécurité est un des fondements d'une vie normale, heureuse et riche. On ne peut tout simplement pas tenter de vivre quand on se sent en danger, effrayé et anxieux. »

WILLIAM BLOOM, *Feeling safe*

Où trouvez-vous un sentiment de sécurité ? D'ailleurs, posez-vous la question : qu'est-ce que la sécurité pour vous ? Vous répondrez peut-être en évoquant le confort, la confiance, la tranquillité, la paix... ou en l'opposant à l'insécurité, la peur, l'angoisse, la détresse, l'inconfort, le doute...

La sécurité, c'est déjà quelque chose qui procure une sensation de chaleur en nous, un *feeling* qui vient de l'intérieur qui nous fait nous sentir stables et sûrs de nous, sur lequel nous pouvons nous appuyer, nous reposer, grâce auquel nous pouvons nous déployer, nous ouvrir sans crainte, trouver un refuge et une douce paix.

Commençons par faire un petit exercice. Fermez les yeux, prenez trois grandes respirations et allez chercher en vous ce qui vous procure un sentiment de sécurité. Le trouvez-vous dans le simple fait de savoir que certaines personnes existent dans votre vie (votre conjoint, vos proches, vos enfants, vos amis), ou dans certaines de vos habitudes (un petit café), ou dans votre maison, votre travail, une communauté à laquelle vous appartenez, votre quartier, votre pays, la nature... ? Vous est-il aussi possible de trouver un refuge en vous-même : dans vos propres ressources internes, dans votre capacité à vous porter de la bienveillance, de la chaleur, de la douceur, de la confiance ?

Pour ma part, lorsque j'ai besoin d'éprouver un sentiment de sécurité, je me réfugie dans tout ce qui apaise mon cœur et repose mes pensées : mes enfants, mes amis, ce que je vis avec vous mes chers lecteurs, quand je me relie à la nature, aux livres, aux arbres, aux animaux, quand je vois un chat ou un enfant dormir, lorsque je m'installe devant un feu de cheminée, que je vois des vaches dans un pré, qu'un petit rayon de soleil d'hiver me fait un clin d'œil, ou que je m'enroule dans un plaid bien chaud avec une tasse de thé...

Arrêtez-vous de lire quelques instants et faites vraiment cet exercice. Allez chercher ce délicieux sentiment de sécurité en vous, ressentez-le bien, et réfléchissez à toutes ces petites choses qui le nourrissent. C'est très important. C'est votre fil d'Ariane qui pourrait bien vous guider jusqu'à votre bien-être et votre sommeil...

L'ÉNERGIE, LA SURVIE ET LA SÉCURITÉ

LES DEUX MODES D'ÉNERGIE : LA SURVIE ET LA SÉCURITÉ

Un héritage de l'évolution

Le Dr Nerina Ramlakhan, physiologiste, experte en sommeil et en énergie, auteur de *Bien dormir, vivre à fond,* utilise ces deux termes « survie » et « sécurité » pour désigner les deux modes d'énergie, « les deux systèmes dont l'évolution a doté les êtres humains ».

« Pendant la majorité de notre histoire évolutive, les primates que nous sommes ont rarement roulé des mécaniques – mais ont très souvent fini en pique-niques. »[*] Grizzlys, loups, aigles, hyènes géantes, tigres à dents de sabre… Après des millénaires d'évolution et de survie, nous avons développé un système de

* Rob Dunn, traduit par Jean-Clément Nau, in http://www.slate.fr/story/66091/peurs-ancestrales-betes-sauvages-faconner-etre-humain. Auteur de The Wild Life of Our Bodies, l'histoire de nos relations changeantes avec les prédateurs, les parasites, et tout le reste, Rob Dunn est chercheur à l'université North Carolina State, où il étudie l'histoire des espèces qui ont vécu aux côtés des humains.

vigilance face à ces dangers extérieurs, et ce que nous sommes aujourd'hui a été façonné par la peur de ces bêtes sauvages qui nous prenaient pour des McDo géants. Le hic, c'est que ce système de vigilance (vital, bien sûr, en cas de réel danger) nous empêche aujourd'hui de nous sentir sereins et en sécurité dans notre quotidien. Vous êtes d'accord pour reconnaître que les attaques de tigre à dents de sable sont, somme toute, assez rares de nos jours, n'est-ce pas ? Or bon nombre de nos peurs actuelles, de notre stress et de notre anxiété viennent de cette programmation ancestrale. Nous pouvons déclencher ce système de vigilance pour un retard de train, une facture qui tombe mal, un rendez-vous raté, une tension avec notre boss ou notre conjoint, notre équipe de foot favorite qui perd un match, un coup de fil de notre ex... Toute une mécanique physiologique se met alors en marche : notre rythme cardiaque et notre respiration s'accélèrent, entraînant une augmentation de la pression artérielle et la dilatation des artères. Du coup, le sang circule plus vite et plus fort vers le cerveau les poumons et les muscles, des hormones sont fabriquées, comme l'adrénaline, et voilà notre corps prêt à réagir : soit pour combattre, soit pour fuir.

C'est ce fameux système « combat-fuite » ou « *fight-flight* » découvert par le scientifique Walter Bradford Cannon dans les années 1920 que nous utilisons encore aujourd'hui en cas de crise ou d'agression, réelles ou non.*

* Depuis, on a rajouté un troisième comportement de réponse aux situations menaçantes : la « fige » (paralysie).

LA SÉCURITÉ ET LA CONFIANCE

J'ai eu la chance de m'entretenir avec **François Ewald**, intellectuel, philosophe, directeur de l'École nationale d'assurances et membre du comité éditorial de la revue *Risques* dont il est l'un des fondateurs. Voici ce qu'il m'a confié sur la notion de sécurité :

« Le problème anthropologique fondamental, c'est le rapport à l'incertitude. Rien n'est sûr et tout bouge. Pour pallier cela, les hommes ont cherché à se garantir collectivement à travers andes institutions.

- La première solution, c'est la **religion**. Elle consiste à traiter l'incertitude par la foi dans un dieu qui a une volonté providentielle. Tout ce qui vous arrive s'inscrit donc dans un plan.
- La deuxième solution, c'est la **connaissance**. En maîtrisant l'incertitude par le savoir, je vais la réduire : plus je saurai, moins il y aura d'incertitude.
- La troisième solution, c'est la réponse par la **loi**, l'ordre. La réponse politique fait en sorte que les gens se conduisent d'une manière réglée et, à partir de là, prévisible.
- La quatrième solution, c'est la **morale** ou la **médecine**, le **rapport à soi**. Elle consiste à se construire un rapport à soi tel qu'il permet de vivre bien, confiant, assuré, rassuré, malgré l'existence de l'incertitude. La confiance est le premier des biens. Prenons l'exemple de l'argent par rapport à la confiance. L'argent est un bien second : si vous êtes avare et si vous êtes l'homme le plus riche au monde, cette richesse vous rendra d'autant plus inquiet par crainte de la perdre. C'est la même chose

→

en ce qui concerne l'amour : vous pouvez être aimé par la plus belle femme du monde, si vous êtes jaloux, c'est l'enfer ! Et plus elle sera belle, plus ce sera l'enfer, parce que, à la base, vous n'êtes pas en confiance.
Dans des sociétés où la religion décline, où on n'a plus confiance dans la politique, la loi, la science, on a beaucoup de demandes du genre : « Aidez-moi ! » Aidez-moi dans ma solitude à pouvoir vivre confiant quand même. C'est actuellement toute la force du développement personnel... »

Comment savoir dans quel mode vous vous trouvez ?
Si vous vous sentez déprimé, sur la défensive, en résistance, irrité, agressif, épuisé, anxieux, stressé, amer, sans réel plaisir ni intérêt pour le quotidien, méfiant, en opposition, vous êtes en mode « survie ». Si vos nuits sont devenues chaotiques, même si vous avez toutes sortes de bonnes raisons pour cela (licenciement, divorce, deuil, soucis de santé, etc.), vous êtes aussi en mode « survie », sans forcément en avoir conscience. Pour ma part, c'est à partir du moment où je l'ai compris pour moi-même que j'ai pu entreprendre un nouveau chemin pour apprendre à gérer mon énergie autrement, gagner en alignement intérieur, repasser en mode « sécurité » et finir par dormir, enfin, comme une bienheureuse !

Vous êtes en mode « sécurité » lorsque vous vous sentez confiant, joyeux, tranquille, connecté, entouré, prêt à vous lancer dans de nouveaux projets ou de nouveaux défis, que vous êtes entreprenant, détendu, ouvert, serein, en paix... et que vous dormez bien !

« Le sommeil est inutile
quand il y va de notre vie ! »

NERINA RAMLAKHAN, *Bien dormir, vivre à fond*

Comment ça marche ? Le système nerveux autonome

Notre système nerveux général est divisé en deux grands systèmes : un système volontaire et un système involontaire appelé « autonome ».

Le système volontaire est celui qui assure notre motricité. C'est grâce à lui que nous pouvons décider de plier le coude, contrôler notre main, etc. Avec lui, nous avons le contrôle direct de notre corps.

Le système nerveux autonome (SNA), quant à lui, est le grand chef d'orchestre qui gère seul et indépendamment de notre volonté l'ensemble des structures nerveuses permettant le fonctionnement de notre organisme, tels que les muscles des poumons, de l'érection, du cœur, des intestins, des reins, etc., et de toutes les fonctions automatiques, comme la température corporelle, le taux de sucre dans le sang, la digestion, la fabrication de nos hormones, les émotions, le rythme veille-sommeil. Donc tout ce qui concerne la respiration, la digestion, la circulation sanguine et les sécrétions d'hormones, c'est lui ! **C'est le système nerveux autonome qui administre tout, tout seul, comme un grand, et qui appuie sur les interrupteurs d'énergie « survie » ou « sécurité » !**

Ce système nerveux autonome se compose de deux « sous-systèmes » : le système sympathique et le système parasympathique.

- Le système sympathique accélère le cœur, nous préparant ainsi rapidement à l'activité physique ou mentale, et décide des réactions de fuite ou de combat, avec un neurotransmetteur célèbre : l'adrénaline. Si ce système est absolument vital pour optimiser nos chances de survie en cas de réel danger, en contrepartie, il court-circuite notre conscience et épuise rapidement nos ressources et nos facultés. Nous ne sommes plus dans un processus de décision mais de réaction conditionnée. C'est ce qui se passe par exemple lorsque nous explosons sur une remarque que nous jugeons déplacée : nos facultés sont prises d'assaut par notre système nerveux sympathique, bye bye notre capacité de recul et bonjour les émotions qui nous emportent !
- Le système parasympathique quant à lui ralentit le cœur et l'ensemble de notre organisme (sauf la digestion et l'activité sexuelle qui augmentent au contraire) afin de préserver notre énergie, et nous amène dans un état de relaxation, de restauration et de tranquille digestion. Si on est brutalement poursuivi par un tigre à dents de sabre, la réponse de stress de notre organisme suspendra aussitôt la digestion. On le comprendra aisément : **lorsqu'il y va de notre survie, il devient bien évidemment superflu de dépenser un gramme d'énergie pour digérer. Il est de même complètement superflu de dormir pour gentiment régénérer ses cellules !**

Comment notre système nerveux autonome est-il alerté pour passer dans tel mode ou tel autre : « sécurité » ou « survie » ? Il est préalablement informé par l'amygdale, considérée comme le centre de la peur, de l'anxiété et de l'angoisse, qui agit comme une sonnette d'alarme. Pour la plupart d'entre nous, la vie, avec ses nombreuses contraintes et ses exigences de performances est relativement compliquée. De multiples petits événements du quotidien (horaires, bruits, enchaînement de réunions, bousculades, incivilités routières, etc.) s'accumulent et nous mettent sous pression. La plupart du temps, la partie primitive de notre cerveau les perçoit comme de véritables agressions et déclenche aussitôt la sonnette d'alarme nous faisant ainsi basculer en mode « stress », donc « combat », donc « survie » !

Le souci, c'est qu'une fois que nous sommes dans ce mode « survie », toutes nos ressources biologiques et énergétiques sont mobilisées pour la survie justement, au détriment de notre santé et notre bien-être. Si nous n'y prêtons pas attention, nous nous y installons et ce mode devient chronique, voire permanent, comme si l'interrupteur était resté bloqué. Accélérations cardiaques, anxiété, montées de cortisol, baisse de forme, mauvaise digestion, insomnies, etc., nous sommes pris d'assaut par notre système nerveux autonome et ne décidons plus rien.

Mais j'ai une bonne nouvelle : c'est réversible ! Alors en route pour changer d'énergie et passer en mode « sécurité » !

L'ÉNERGIE VITALE, NOTRE PLUS PRÉCIEUSE RESSOURCE

D'abord, qu'est-ce que l'énergie vitale ?

« Lorsque nous sommes en harmonie avec la vie telle qu'elle vient, notre force vitale se libère et notre énergie devient extraordinaire. »

NERINA RAMLAKHAN, *Bien dormir, vivre à fond*

Quelle est cette énergie que nous allons chercher exactement et d'où vient-elle ? Selon les traditions spirituelles orientales, l'énergie vitale est appelée « kundalini » et est représentée comme un serpent. Les systèmes nerveux de notre médecine occidentale que nous venons d'évoquer sont, dans les médecines orientales, les fameux méridiens énergétiques, sur lesquels travaille l'acupuncture par exemple. Imaginez une sorte de réseau hydraulique avec de gros canaux, des plus petits, des dérivations... Ces méridiens se rattachent bien évidemment à une vision et à une organisation de notre corps plus large et plus pointue. Au centre de celle-ci, il y a l'énergie primordiale : que l'on appelle le *qi* en Chine (avec ses deux polarités : l'énergie yin féminine et l'énergie yang masculine), le *ki* au Japon, ou, en science indienne ayurvédique, les chakras avec les sept centres d'énergie.

LES SEPT CENTRES D'ÉNERGIE OU « CHAKRAS »

Pour l'ayurvéda, la médecine traditionnelle indienne, et la médecine traditionnelle chinoise, toutes deux reconnues comme médecines traditionnelles par l'Organisation mondiale de la santé (comme la naturopathie), le corps est rempli d'énergie. Sept principaux centres d'énergie sont situés tout au long de la colonne vertébrale et enregistrent toutes les expériences émotionnelles, physiques et spirituelles que nous vivons. Notre état de santé et de bien-être général dépend entièrement de leur équilibre. Si déséquilibre il y a, ces centres d'énergie peuvent être stimulés. C'est ce que font les thérapies telles que l'acupuncture et la réflexologie.

La lecture des chakras se fait du bas vers le haut, des besoins premiers aux besoins d'élévation et de réalisation. Chaque chakra a une couleur distincte et renvoie à des aspects physiques et psycho-émotionnels.

Les deux premiers chakras, survie et sexualité, en bas de notre colonne vertébrale, sont rouge et orange. D'un point de vue énergétique, c'est dans cette zone que nous pouvons ressentir le fameux combat « combat-fuite ».

Quand ces chakras sont en équilibre, nous nous sentons stables, en sécurité, ancrés, en lien solide avec les autres, avec une sexualité épanouie, et nos émotions sont un moteur et non des réactions qui nous échappent.

À l'inverse, lorsqu'ils sont en déséquilibre, nous sommes agités, instables, en insécurité, dans l'hyper-séduction, la peur, à fleur de peau, insensibles, peu emphatiques, en culpabilité. La nuit, cela donne des insomnies et des comportements d'évitement du sommeil.

→

Le troisième chakra est celui du pouvoir. Il est jaune comme le soleil et se situe au niveau du plexus solaire.
En équilibre, cela donne de la volonté, une acceptation et une affirmation de nous-mêmes, une capacité à mener à bien nos projets, de l'action et de la concrétisation.
En déséquilibre, au contraire : le manque de confiance en nous, l'anxiété, la peur, la nervosité, le contrôle, l'insatisfaction, la colère et les difficultés à lâcher prise.
La nuit devient le théâtre de ces inquiétudes : nous nous inquiétons pour tout et rien.
Le quatrième chakra est le centre de l'amour et de la compassion. Situé au niveau du cœur, il est vert.
En équilibre, le cœur ouvert, nous sommes en don de nous-mêmes, en capacité de recevoir l'autre, la vie, d'aimer, de nous relier, de nous transformer.
En déséquilibre, nous avons le cœur sec et fermé, dans le chagrin, dépendant, et nous éprouvons de la difficulté à donner et à recevoir, même de l'aide.
La nuit, nous pouvons nous sentir seuls, tristes, même abandonnés et en souffrance.
Le cinquième chakra est celui de la communication, le centre de l'expression et de l'extériorisation. Il est bleu clair et se situe au niveau de la gorge.
En équilibre, nous savons parler vrai et juste, librement, avec une belle sincérité, une belle expression et un bon sens de l'analyse.
En déséquilibre, nous avons du mal à communiquer, nous pouvons nous sentir coincés, inhibés, avoir du mal à écouter, comprendre.
La nuit, tout ce que nous n'arrivons pas à exprimer le jour, peut sortir dans des rêves perturbants et tourner au cauchemar.

Le sixième et le septième chakra sont ceux de l'intuition et de la spiritualité. Ils sont bleu indigo et violet, et sont situés au niveau des yeux et du front (le fameux troisième œil). Le dernier chakra réunit toutes les énergies de tous les autres chakras.
En équilibre, nous avons l'esprit vif, éclairé, avec une perception fine, intuitive, nous nous sentons reliés et alignés, nous éprouvons un sentiment d'harmonie.
En déséquilibre, nous éprouvons de la difficulté à donner une direction et un sens, ne posons aucune question existentielle, avons une vie essentiellement tournée vers les désirs et le matériel.
La nuit peut se transformer, pour les plus sensibles, en rêves puissants, créatifs, mais épuisants et chargés.

« Le but d'une pratique énergétique n'est pas d'apporter un carburant, mais de communiquer avec le cosmos pour produire de la joie. »

Dr Liu Dong, *La Voie du calme*

L'énergie vitale, la santé et le bien-être

Quelle que soit son origine, qu'elle soit de tradition orientale ou occidentale, l'énergie vitale n'est pas en lien avec la survie, mais avec la vie. Elle nous fait nous sentir vivants, nous relève quand nous tombons, nous donne envie de donner, de partager, de faire, de créer, de danser, de rire, et d'aimer en XXL !

L'énergie est à la base de tout. Chaque matin, elle est le moteur de notre mise en route et de tout ce que nous allons faire et penser dans la journée. Notre degré d'énergie influence directement le niveau de satisfaction que nous retirons de ce que nous vivons. Lorsque nous dormons mal, nous nous sentons généralement sans entrain, et nous ne prenons évidemment pas le même plaisir aux activités que nous entreprenons et aimons partager. La journée devient alors un combat contre la fatigue, l'usure, la saturation, le ras-le-bol, le « Je n'y crois plus », le trop plein, le pas assez… Nous nous sentons « vidés » et « sans jus ». Rien de plus normal.

Si le repos et le sommeil constituent les premiers carburants vitaux pour faire le plein d'énergie, il y en a un autre tout aussi important : **l'alimentation.** Un coup de barre ? Une bonne nuit, une petite sieste, « un Mars et ça repart ! » comme disait ce fameux slogan publicitaire des années 90. Mais ce ne sont pas les seuls activateurs d'énergie avec lesquels vous pourrez augmenter votre degré de vitalité, il y a aussi **un esprit positif et un corps en mouvement**. Ce sont les trois mousquetaires de la santé que nous allons développer dans ce chapitre ! Impossible de faire l'impasse sur l'un d'entre eux. **Notre équilibre étant un tout, une combinaison multiple et fragile, ils ne peuvent être actifs et efficaces que s'ils fonctionnent de concert, ensemble !** C'est un pour tous, tous pour un !

L'énergie est la base du bien-être
et le bien-être, c'est la santé !

Bien-être et santé sont intrinsèquement liés. C'est même la définition officielle de la santé selon l'OMS : « La santé est un état de complet bien-être physique, mental et social, et ne consiste pas seulement en une absence de maladie ou d'infirmité. »

Ce qui veut dire que le ressenti de bien-être, même s'il est subjectif et personnel, est LA base de la santé. Dès que nous nous sentons en décalage dans notre vie, pas super-bien, pas vraiment heureux, nous nous éloignons de la définition de la « santé ». Et cela peut créer les causes de maladies qui mettront certainement des années à se révéler au grand jour, mais qui se manifesteront à coup sûr.

ÉVALUEZ VOTRE TYPE D'ÉNERGIE

ÊTES-VOUS DAUPHIN, LION, OURS OU LOUP ? FAITES LE « BIO-TIME QUIZ » DE MICHAEL BREUS POUR LE SAVOIR…

C'est le Dr Michael Breus dans son livre *Quand ? Faites votre révolution chronobiologique et réalisez pleinement votre vie** qui a eu la bonne idée de présenter une nouvelle approche de la science circadienne nous permettant de déterminer et de mieux comprendre les différents groupes de chronorythme (ou biorythmes), c'est-à-dire les rythmes de votre organisme. À vous de jouer !

Vrai ou faux ? Cochez les réponses vraies.

1. Je n'arrive pas à m'endormir (ou je me réveille) s'il y a un peu de lumière ou de bruit.
2. La nourriture me laisse relativement indifférent.

* Dr Michael Breus, *QUAND ? Faites votre révolution chronobiologique et réalisez pleinement votre vie,* traduit de l'américain par Chloé Royer. © Mindworks, Inc., 2016. Tous droits réservés. © Belfond 2017, un département de Place des Éditeurs pour la traduction française.

3. Je me réveille généralement avant la sonnerie de mon réveil.
4. Je ne dors pas bien en avion, même avec un masque et des bouchons d'oreille.
5. La fatigue me rend souvent irritable.
6. Je me fais beaucoup trop de souci pour de menus détails.
7. J'ai été déclaré insomniaque par un médecin (ou je me suis autodiagnostiqué).
8. Pendant mes études, j'étais très stressé par mes notes.
9. Au lieu de m'endormir, je rumine le passé et je m'inquiète pour l'avenir.
10. Je suis perfectionniste.

Si vous obtenez 7 « vrai » ou plus, vous êtes un dauphin. Sinon, continuez le questionnaire*.

Choisissez une réponse à chaque question parmi les différentes options et notez sur une feuille le chiffre inscrit entre parenthèses à la fin de chaque proposition.

1. Vous n'avez rien à faire demain et vous vous autorisez à faire la grasse matinée. À quelle heure votre corps se réveille-t-il ?

a. Avant 6 h 30. (1)
b. Entre 6 h 30 et 8 h 45. (2)
c. Après 8 h 45. (3)

* Cette deuxième partie du test est une version abrégée du test original de Michael Breus. Si vous souhaitez le faire dans sa totalité, reportez-vous à son livre.

2. Souffrez-vous souvent de *jet lag* après un voyage ?
a. Oui, et il vous faut du temps pour vous remettre. (1)
b. Oui, mais vous allez mieux après 48 heures. (2)
c. Non, vous vous en remettez très vite, surtout si vous voyagez d'est en ouest. (3)

3. Quel est votre repas préféré ? (Pensez plutôt en termes d'horaires qu'en termes de menu.)
a. Le petit déjeuner. (1)
b. Le déjeuner. (2)
c. Le dîner. (3)

4. Vous devez programmer une séance de sport intensif. Quelle heure choisissez-vous ?
a. Avant 8 h. (1)
b. Entre 8 h et 16 h. (2)
c. Après 16 h. (3)

5. Quand êtes-vous le plus attentif ?
a. Une à deux heures après le réveil. (1)
b. Deux à quatre heures après le réveil. (2)
c. Quatre à six heures après le réveil. (3)

6. Vous êtes plutôt... ?
a. Cerveau gauche (un esprit stratégique et analytique). (1)
b. Entre les deux. (2)
c. Cerveau droit (un esprit créatif et clairvoyant). (3)

7. Faites-vous des siestes ?
a. Jamais. (1)
b. Parfois le week-end. (2)
c. Si vous faites la sieste, vous ne dormez pas de la nuit. (3)

8. En ce qui concerne votre santé (nourriture, exercice...), quelle affirmation vous ressemble le plus ?
a. « Je fais des choix raisonnables la plupart du temps. » (1)
b. « Je fais des choix raisonnables de temps en temps. » (2)
c. « J'ai du mal à faire des choix raisonnables. » (3)

9. Vous vous voyez plutôt...
a. Orienté vers l'avenir, avec de grands projets et des objectifs clairs. (1)
b. Instruit par le passé, plein d'espoir pour l'avenir et désireux de vivre l'instant présent. (2)
c. Ancré dans le présent. L'important, c'est de se sentir bien. (3)

10. Quand vous vous réveillez le matin, vous vous sentez...
a. Frais et dispos. (1)
b. Légèrement hébété, mais très temporairement. (2)
c. Assommé, avec les paupières lourdes. (3)

Additionnez tous les points notés pour obtenir votre score final et déterminez votre profil.

- De 10 à 16 points, vous êtes un lion.
- De 17 à 23 points, vous êtes un ours.
- De 24 à 30 points, vous êtes un loup.

Alors quel est le résultat ? Êtes-vous un ours, un lion, un loup ou un dauphin ?

- **Les ours, les jouisseurs pépères,** représentent 50 % de la population. Il s'agit du chronotype majoritaire. Les ours aiment dormir et dorment d'ailleurs beaucoup. Ils vivent au rythme du soleil, se lèvent tôt, s'activent normalement dans la journée, et aiment se coucher tôt. Ils sont complètement adaptés aux horaires traditionnels, sont sociables, profitent de la vie et attendent impatiemment le week-end. Ils sont gourmands et aiment les bonnes choses : partager un bon dîner, passer du temps avec leurs amis, boire un petit verre, voire deux, ou trois, et s'endormir repus. **Notre société entière – horaires de travail, rythme de vie, divertissements, etc. – est organisée sur un rythme d'ours, parfois difficile à suivre pour les autres chronotypes...**
- **Les lions, les chasseurs leaders matinaux,** représentent entre 10 et 20 % de la population. Le dicton « le monde appartient à ceux qui se lèvent tôt » leur colle à la peau. Ils ont un besoin de sommeil modéré, rugissent et s'activent de très très bonne heure le matin quand les autres sont encore embrumés de sommeil. Ce sont de vrais lève-tôt optimistes et super-actifs, en forme et opérationnels tout de suite, qui dévorent de bons petits déjeuners. En contrepartie, en fin de journée, ils sont souvent épuisés, n'aiment pas trop sortir le soir, aller au restaurant, au cinéma, ce qui peut rendre leur vie sociale et familiale pauvre et bancale. Souvent brillants professionnellement, déterminés et structurés, ils sont managers, leaders, entrepreneurs, etc. En revanche, socialement et sentimentalement, c'est une autre histoire...
- **Les loups, les chasseurs nocturnes,** représentent 15 à 20 % de la population. Ils sont les rois de la nuit. Ils dorment tard

et détestent avoir à se réveiller tôt. C'est une véritable torture pour eux. Du coup, ce sont les champions du « snooze ». Ils retardent leur réveil de 5 minutes en 5 minutes, en montrant les crocs ! Si on les compare aux ours ou aux lions, les horaires traditionnels de travail sont plus difficiles pour eux. Ils cumulent le manque de sommeil, ne prennent pas de petit déjeuner, préfèrent dîner le soir, et sont plus souvent dans l'excès que les autres pour l'alcool, le sexe, l'alimentation, tout ce qui procure de l'adrénaline ! Ils peuvent rentrer dans un mode de vie peu équilibré et avoir tendance au surpoids. Créatifs, intuitifs, légèrement introvertis, ils sont aussi plus anxieux et enclins à la dépression.

- **Les dauphins, les protecteurs insomniaques,** représentent 10 % de la population et sont vraiment différents des autres. Tout d'abord, ils ont une physiologie inversée : pour tous les chronotypes, le taux de cortisol (l'hormone anti-sommeil par excellence) diminue pendant la nuit, mais, pour les dauphins, il augmente. Ensuite, ce ne sont pas des chasseurs comme les autres chronotypes. Eux, ils surveillent le groupe en cas d'attaques de prédateurs. Brillants, vifs, intelligents, mais un brin névrosés et irritables, ils ont un faible besoin de sommeil. En état d'alerte permanent, ils se réveillent au moindre bruit et sont le plus souvent insomniaques. Leur sommeil est saccadé, léger et peu réparateur. Malgré tout, ils se réveillent tôt et sont en forme immédiatement, avec quand même une tendance à se mettre sous pression. Les dauphins mangent pour vivre mais pas forcément pour se faire plaisir. Comme ils sont naturellement nerveux et d'un métabolisme rapide, les dauphins sont les plus minces de la bande.

LA CHRONOBIOLOGIE ET VOUS

Au-delà de l'aspect ludique de ces profils, rentrons dans l'univers très sérieux de la chronobiologie. **La chronobiologie, c'est quoi au juste ?** Rencontre avec le spécialiste **André Klarsfeld**, professeur, chercheur à l'ESPCI ParisTech laboratoire « Plasticité du Cerveau » et auteur de l'ouvrage *Horloges du vivant. Comment elles rythment nos jours et nos nuits**.

« La chronobiologie est une discipline scientifique qui étudie l'évolution des êtres vivants et des phénomènes vitaux en fonction du temps, de la bactérie aux plus grands mammifères, humains compris, en passant par les plantes. Elle part de l'observation que tous les êtres vivants sont soumis à **une horloge biologique interne synchronisée avec la rotation de la Terre autour du Soleil,** donc de l'alternance jour/nuit, les fameux rythmes circadiens.

La chronobiologie, c'est donc l'étude des rythmes biologiques basés sur l'horloge interne. Celle-ci est un mécanisme que nous pouvons qualifier de « mesure du temps » interne ressemblant à un réseau de puces intelligentes qui donne à notre organisme une notion du temps intérieur, même quand celui-ci est placé dans des conditions où il ne peut pas avoir de repères temporels extérieurs. Souvenez-vous de l'expérience faite au fond d'une grotte par le spéléologue, Michel Siffre (voir p. 80).

→

* Odile Jacob, 2009.

Ce phénomène d'horloge interne a été observé pour la première fois chez les plantes au début du XVIIIe siècle par un savant français Jean-Jacques Dortous de Mairan. Touche-à-tout comme l'étaient les savants de l'époque, il était à la fois astronome, botaniste, astronome, physicien et géomètre. Dans son compte-rendu à l'Académie des Sciences, il rapporta qu'une plante appelée sensitive placée dans l'obscurité totale, à l'écart de toute source de lumière et dans un environnement constant (température, humidité), continuait d'ouvrir ses feuilles le jour et de les replier la nuit, et que ce mouvement était le même que celui des plantes exposées au jour extérieur. Selon lui, même s'il n'avait pas su interpréter entièrement la persistance de ce rythme dans ce cabinet obscur, la sensitive ressentait le soleil sans même le voir et demeurait sensible d'une manière ou d'une autre à son mouvement dans le ciel. On considère aujourd'hui que cette observation était la première de l'horloge biologique interne, laquelle est particulièrement sous le feu des projecteurs avec l'attribution du récent prix Nobel de médecine à trois généticiens américains* travaillant sur ses mécanismes.

De nos jours, nous savons que chacune de nos cellules a une notion du temps intérieur sur 24 heures environ. On a réussi à mettre en évidence ces rouages moléculaires au sein de pratiquement chacune de nos cellules, celles de notre cœur, de notre intestin, de nos tissus, de notre cerveau… Ces horloges sont universelles dans tous nos organes et elles communiquent entre elles en mode

* Jeffrey C. Hall, Michael Rosbash et Michael W. Young.

orchestre symphonique, que l'on pourrait appeler plus précisément « orchestre circadien ». Dans tout orchestre, il existe un chef d'orchestre, dans notre cas, c'est une horloge qui règle toutes les autres, située au-dessus de l'endroit où se croisent les nerfs optiques gauche et droit, à peu près au niveau des yeux, que l'on appelle « noyaux suprachiasmatiques ». Ce sont deux noyaux qui contiennent chacun 10 000 cellules (donc plein de mini-horloges) présentant une activité électrique, qui sont les seules de nos horloges à être directement connectées au monde extérieur, en l'occurrence à la lumière, donc à l'alternance jour/nuit. C'est cette horloge, ce chef d'orchestre, qui rythme l'ensemble de notre organisme : système immunitaire, température de notre corps, activité (veille/sommeil), sécrétions d'hormones (cortisol le matin, mélatonine la nuit…) et une large part de nos fonctions physiologiques (pression artérielle, rythme cardiaque, production d'urine, digestion…). Dès que notre horloge biologique se dérègle, nos corps deviennent plus exposés aux maladies. »

DE L'INTÉRÊT DE CONNAÎTRE VOTRE CHRONOTYPE POUR DÉCULPABILISER SUR VOTRE TYPE DE SOMMEIL

Maintenant que vous vous êtes identifié ours, lion, loup ou dauphin, que vous connaissez vos spécificités, cela fait sens et vous ouvre de nouvelles perspectives, n'est-ce pas ? De la même manière, pour vous réconcilier avec le sommeil, vous allez aussi devoir mettre à la casse certaines vieilles représentations limitantes et certaines idées reçues sur le sommeil, comme : « Pour être bien, il faut dormir 8 heures. »

Pour la petite histoire, sachez, qu'au cours de l'histoire, les hommes n'ont pas toujours dormi de la même manière. Il fut un temps où ils ne dormaient pas couchés ou d'une traite comme aujourd'hui. Après seize années de recherche sur le sujet, l'historien Roger Ekirch a révélé que nos ancêtres avaient plutôt l'habitude de dormir avec un schéma de sommeil segmenté : un premier sommeil de 4 heures, suivi d'une phase de réveil de 1 ou 2 heures, puis d'une nouvelle phase de sommeil de 4 heures.

« Se réveiller pendant la nuit fait partie de la physiologie humaine normale. L'idée que nous devons dormir d'un bloc pourrait être dommageable, si elle rend anxieux les gens qui se réveillent la nuit. Car cette anxiété peut elle-même interdire le sommeil et risque de s'infiltrer dans la vie éveillée », explique le psychologue du sommeil, Gregg Jacobs.

Russell Foster, professeur de neurosciences circadiennes à Oxford partage ce point de vue : « Beaucoup de gens se réveillent la nuit et paniquent. Je leur dis que ce qu'ils vivent est un retour au mode de sommeil bi-modal. »* C'est-à-dire les fameuses phases de sommeil de 4 heures.

Intéressant, non ? Cela peut nous aider à casser le mythe du sommeil de 8 heures, et ainsi à mieux nous écouter, mieux nous accepter, sans cette comparaison préjudiciable avec les autres,

* http://www.bbc.com/news/magazine-16964783

qui n'ont pas le même type de sommeil que nous et ne l'auront jamais ! Pourquoi vouloir devenir un lion si on est un dauphin ? Mieux vaut apprendre à accepter le « chronotype unique et génétiquement prédéterminé » dont nous sommes dotés et à en tirer parti. Il y a toutefois quelques variantes en fonction de l'âge. En effet, bébés, nous sommes des lions, enfants, des ours, et, nous l'auront facilement deviné, ados, nous sommes des loups. Après cette série de transformations, quand nous devenons jeunes adultes, autour de nos vingt ans, notre chronotype se stabilise, puis lorsque nous atteignons l'âge de jeunes seniors, vers soixante-cinq ans, il se modifie à nouveau et nous devenons des dauphins ou des lions.

Le test développé par Michael Breus permet de déterminer de nouveaux profils chronobiologiques, qui vont bien au-delà de la classification « Je suis du matin, du soir, ou neutre – alouette, chouette ou colibri », que nous avons déjà pu voir ensemble (voir p. 97). La différence entre les deux classifications ? Le premier test sur le chronotype lève-tôt ou couche-tard repose sur vos habitudes de sommeil, comme l'heure à laquelle vous allez vous coucher, mais ne répond pas à la question de la qualité de votre sommeil, alors que cette nouvelle classification, fondée sur les travaux de la chronobiologie, est en plus axée sur la qualité de votre sommeil. Elle repose sur une grande expérience clinique réalisée par le Dr Michael Breus et une connaissance concrète de la façon dont les différents individus vivent leur propre rythme, leur donnant ainsi des indications sur le meilleur moment pour manger, penser, travailler, dormir, faire du sport, prendre leurs médicaments, etc., en fonction de leur chronotype.

Personnellement, depuis que j'ai fait ce test, j'ai progressé dans la connaissance de mon fonctionnement, ce qui m'a permis ensuite de mieux gérer mon énergie, mon organisation du temps, ma façon de me nourrir, et surtout de « dépathologiser » mon sommeil ! C'est-à-dire de m'alléger de la culpabilité de ne pas réussir à dormir d'un trait comme « il le faudrait ». Cela m'a tout simplement aidée à accepter et respecter mes rythmes.

Avant, je ne me considérais pas comme une bonne dormeuse. Mon sommeil était haché par de nombreux micro-réveils dans la nuit, qui devenaient le plus souvent des macro-réveils, et des réveils super-matinaux. Bizarrement, pour autant, je ne me sentais pas forcément fatiguée. Mais lorsque j'échangeais avec mon entourage sur la nuit passée autour de cette traditionnelle question de politesse : « Tu as bien dormi ? », en écoutant leurs réponses : « comme un bébé », « une masse », « un loir », « une souche »..., je me disais qu'avec mes nuits en pointillés, je devais avoir un sérieux « problème » de sommeil quand même !

J'ai définitivement mis cette idée aux oubliettes. Je sais qui je suis : je suis un dauphin ! Et mon sommeil de dauphin est tout aussi « normal » que celui d'un ours, d'un lion ou d'un loup. Chacun son profil, ses biorythmes et son énergie. Je ne me compare plus à mes proches, qui sont majoritairement lions ou ours. Notre type de sommeil est une histoire d'ADN commune à plein d'autres, avec une vraie fonction utile pour l'ensemble du groupe. Cette idée d'appartenance à un groupe m'a reliée à quelque chose de plus grand et de plus noble, qui a complètement supprimé cette tendance à l'autodénigrement et torpillé mes idées fausses sur le sommeil.

Et vous ? Maintenant que vous connaissez votre chronotype, vous faites quoi ? Tout d'abord, si cela vous intéresse, vous lisez le livre de Michael Breus pour en savoir plus et, ensuite vous changez de regard sur vous-même, vous déculpabilisez sur votre type de sommeil – surtout pour les loups et les dauphins –, vous prenez appui sur vos points forts et vous décidez le changement maintenant !

L'UTILITÉ SOCIALE DES DIFFÉRENTS CHRONOTYPES

L'horloge biologique n'a pas exactement la même durée pour tout le monde : chacun d'entre nous a un « chronotype unique et génétiquement prédéterminé », d'où des différences de type du sommeil et de niveau d'énergie. Et ce qui est merveilleux, c'est que ces différences ont eu un rôle très précieux pour notre évolution. Chaque chronotype a sa légitimité et son utilité pour la collectivité. Cela remonte à la nuit des temps. Pour veiller sur notre survie et notre sécurité, nous avons dû nous répartir les rôles et les tranches horaires pour protéger le groupe. Les uns ne dormaient que d'un œil au cas où les tigres à dents de sabre auraient voulu les croquer pendant la nuit, les autres devaient être en forme pendant la journée pour aller chasser.

AVEZ-VOUS VRAIMENT ENVIE D'« **ALLER BIEN** » ? **C'EST VOUS QUI DÉCIDEZ !**

Maintenant, pour aller plus loin, je vous pose cette question entre quatre yeux : avez-vous vraiment envie d'aller bien ?

Arrêtez-vous, sondez-vous et prenez le temps de répondre à cette question. Parfois, nous nous mentons à nous-mêmes... Et puis vous dormez si mal depuis si longtemps, peut-être ne croyez-vous plus au fait de pouvoir inverser le cours des choses. Peut-être êtes-vous tellement focalisé sur ce qui ne va pas que vous n'arrivez pas à vous projeter dans un après, un meilleur, un autrement...

Plus on focalise sur ce qui ne va pas, plus on lui donne de l'importance, plus on le matérialise, et plus on le fait persister.

QU'EST-CE QU'« ALLER BIEN » EXACTEMENT ?

Quel est l'état de base que vous pourriez cultiver en vous-même qui vous permettra de répondre aux nombreux mouvements pas toujours agréables de la vie quotidienne et en même temps de nourrir un « état d'équilibre tendre » – comme le dit si bien Christophe André dans son livre sur les états d'âme* – ?

Eh bien, toujours d'après Christophe André, l'état idéal de base à cultiver est un mélange de calme et d'énergie. « Calme » qui veut dire « présence attentive mais non agitée » à son environnement – comme maître Yoda – avec une capacité à ressentir un sentiment de maîtrise et de paix intérieure à l'inverse de la tension. Et « énergie » qui évoque la capacité à agir bien sûr, mais surtout à développer cette forme d'énergie intérieure qui apporte confiance et plaisir à l'idée même de l'action, à l'inverse de la fatigue. À ne pas confondre avec l'excitation masquée que nous pouvons ressentir en écoutant de la musique à fond ou en buvant du café. Shoot d'adrénaline et énergie ne sont pas du tout la même chose ! Or, à l'opposé du « calme » et de l'« énergie », nous passons notre temps à jongler entre « tension » et « fatigue »...

En résumé, selon la formule de Christophe André : « Pour aller bien, développez la formule magique : calme et énergie. Le calme étant à l'inverse de la tension, et l'énergie à l'inverse de la fatigue ».

* Christophe André, *Les États d'âme, un apprentissage de la sérénité*, Odile Jacob.

DÉCIDEZ DE BIEN DORMIR ! DÉCIDEZ D'« ALLER BIEN » !

Il est primordial de décider ce que vous voulez, ici, maintenant, tout de suite, de bien choisir ce que vous souhaitez atteindre, c'est-à-dire dans le cas présent : dormir ! Parce que, de toutes les façons, même si vous ne décidez pas, le non choix est quand même un choix. On n'y échappe pas : on choisit forcément ! Autant choisir ce que vous voulez en conscience plutôt que vous laisser porter par les événements au fil de l'eau, et rester dans un entre-deux d'impuissance et de fatalité.

De plus, d'après une étude de l'University College London, la conscience de ses propres choix et de ses actes est une des clefs du bonheur prouvées par la science : « Faire des choix en conscience, même si on se trompe parfois, c'est reprendre la main, redevenir sujet. C'est surtout faire œuvre de responsabilité vis-à-vis des conséquences de ses décisions. Si je ne me reconnais pas comme celle qui a décidé, si je n'assume pas cette posture, je passe à côté de moi et je ne peux pas être heureuse. »* Une étude TNS SOFRES le confirme**. À la question sur l'élément déterminant du bonheur, les personnes interrogées citent à 19 % le contrôle de soi ou de la société, c'est-à-dire le sentiment d'être maître de sa vie. **Décider rend plus heureux !** Quand nous ne décidons pas, et que nous nous disons : « Je n'y peux rien... Ça me dépasse... Je ne peux rien changer... », nous sommes tout

* Nicole Prieur, auteur avec Bernard Prieur de *La Famille, L'Argent, L'Amour*, Albin Michel. Citée par Isabelle Gravillon, in http://www.femmeactuelle.fr/bien-etre/bien-dans-ma-tete/bonheur-les-qualites-qui-rendent-heureux-science-bonheur-42613

** TED X Rennes, « Bonheur mode d'emploi », Jérôme Bonaldi, in https://www.youtube.com/watch?v=w0DHcwGXaqs&t=2s

en bas de l'échelle du bonheur, alors qu'à l'inverse, lorsque nous nous disons : « Je suis maître de ma vie. Je vais y arriver. Je décide. Je vais tout faire pour. Je me sens capable de... », nous sommes en haut de l'échelle. Victime et malheureux d'un côté, maître de notre destin et plus heureux de l'autre.

« Je suis le maître de mon destin ;
je suis le capitaine de mon âme. »

WILLIAM ERNEST HENLEY,
poème préféré de Nelson Mandela

Vous avez tout à gagner à décider : non seulement décider pour vous-même vous permettra de maîtriser un peu mieux où vous allez atterrir, et en plus, au passage, cela vous rendra plus heureux.

Bien évidemment il ne s'agit pas dans mon propos de gommer les lourdes difficultés de la vie (pauvreté, maladies graves, deuils, grosses difficultés financières, chômage, etc.) pour lesquelles cette approche ne sera pas forcément suffisante. Pour reprendre l'idée de la pyramide de Maslow, quand nos besoins fondamentaux* ne sont pas remplis, il est difficile de retrouver le chemin de la joie et de l'énergie vitale pour mieux dormir...

* Respirer, boire, manger, se protéger du froid et de la chaleur...

AYEZ CONSCIENCE QUE VOUS ALLEZ DEVOIR CHANGER EN PROFONDEUR

À partir de maintenant,

1. Fini la victimisation et la plainte sur le mauvais sommeil !

2. Fini le fatalisme ! Fini de considérer que vous ne pouvez pas échapper à vos troubles du sommeil, qu'ils sont héréditaires, génétiques, trop ancrés...

3. Fini les mauvaises stratégies ! Fini les médicaments, qui s'attaquent au symptôme et non à la cause.

4. Fini la vision fragmentée des solutions à mettre en œuvre : récupérer un bon sommeil demande d'envisager votre équilibre de manière globale.

5. Fini aussi la non-connaissance de soi ! Si vous n'êtes pas aguerri à ce type de travail personnel, pas de panique. Il ne s'agit pas de passer votre temps à vous auto-analyser, vous prendre la tête, à déterrer des trucs du passé que vous n'avez pas forcément envie de voir remonter à la surface. La connaissance de soi, c'est s'expérimenter, regarder ses propres processus, et savoir comment les réajuster ou les renforcer. Difficile de faire l'impasse sur cette rencontre avec soi-même. Tout ce que nous n'avons pas compris et travaillé nous revient comme un boomerang pendant la nuit. Pour dormir à nouveau correctement, arrêtez de reporter les vraies questions existentielles : qu'est ce que je veux vivre pour moi-même ? De quoi ai-je envie pour ma vie ? Comment puis-je l'atteindre ? Encore une fois, quand vous serez aligné dans vos choix et votre vie – même si ça tangue –, quand vous vous sentirez à nouveau « en sécurité », vous dormirez ! Bien évidemment, on ne pourra jamais faire en sorte que notre vie ne tangue plus, qu'elle devienne un long fleuve tranquille par un coup de baguette magique. C'est totalement illusoire. La vie est instable par nature. Rien ne dure. Tout est toujours incertain et imprévisible. Mais, même si l'insécurité extérieure du monde est réelle (la vie, les maladies, les accidents, la météo...) et notre inconstance intérieure également (nos émotions, nos envies, nos humeurs...), dans ce magma protéiforme, nous avons un vrai pouvoir d'action, de changement, et de récupération d'une forme de stabilité.

Le sommeil, ça se décide d'abord et ça se travaille ensuite !

Bref, vous l'avez compris : **pour un sommeil profond, vous devez engager un profond changement.** Sur une échelle de 1 à 10, à combien notez-vous votre envie de profond changement ?

Nous sommes bien d'accord, n'est-ce-pas : il va maintenant s'agir de vous **ENGAGER** dans une révolution personnelle, opérer une vraie prise de conscience, vouloir fortement, viscéralement, repasser en mode « sécurité », travailler sur une nouvelle orientation de votre esprit et de votre état d'être, et mettre en place de nouvelles façons de faire, de nouveaux rituels positifs et vertueux pour vous aider à faire ce chemin et réussir à être « bien » !

BONUS : EN ÉTANT ACTEUR DE VOTRE CHANGEMENT, VOUS ALLEZ ÉGALEMENT DÉCOUVRIR VOTRE FACULTÉ D'AUTOGUÉRISON

Bien sûr, les professionnels de santé sont des ressources importantes pour nous aider. L'œil expert du médecin ou du thérapeute est souvent incontournable pour identifier les difficultés auxquelles nous nous confrontons et les actions à mettre en place pour retrouver un meilleur équilibre de vie. Mais nous avons nous aussi une vraie faculté personnelle et intime de discernement et d'autoguérison. Si les médecins ont une connaissance « extérieure » du patient, nous, patients, nous avons une connaissance « intérieure » de nous-mêmes qui est irremplaçable. Et il peut – et doit – y avoir une rencontre de compétence entre les deux, chacun avec son expérience. Nous pouvons apprendre la responsabilité de nous-mêmes et nous prendre en charge différemment. En Allemagne, cela a même un nom : le « patient compétent », qui ne subit plus sa maladie mais en devient « acteur », en sollicitant son propre « médecin intérieur » afin d'encourager le corps à se réparer par lui-même. Bien sûr, cela n'a rien d'extraordinaire pour beaucoup de tribus dites « primitives » ou les médecines traditionnelles comme l'ayurvéda et la médecine chinoise, mais, en Occident, ayant été coupés de cette vision du « grand tout », nous devons réapprendre cet étonnant pouvoir de prévention, d'autoréparation et d'autoguérison que nous possédons tous. Nous pouvons le constater lorsque nous faisons une chute, ou que nous subissons une opération, la plupart de nos blessures et de nos cicatrices disparaissent relativement rapidement, n'est-ce-pas ?

Ressource naturelle de notre corps, l'autoguérison est un pouvoir à retrouver. Notre corps est, d'après Deepak Chopra, célèbre écrivain et médecin interniste, « la pharmacie la mieux organisée du monde qui produit toutes les molécules dont nous avons besoin, d'une qualité bien supérieure à celle des médicaments ». Il est une mécanique formidable, d'une intelligence vivante, ultra-sophistiquée, relié à un ensemble plus grand que nous sommes en train de découvrir petit à petit.

Avec un peu de connaissance de nous-mêmes, de l'envie, du bon sens, de la confiance et des bonnes pratiques, nous pouvons donc tout à fait nous reprendre en main dans notre propre processus d'autorégénération... Comment ? Avec une stratégie toute simple :

CAP SUR LA FABRICATION DES HORMONES DU BIEN-ÊTRE !

DÉCOUVREZ VOTRE NOUVELLE STRATÉGIE POUR BIEN DORMIR : À LA CONQUÊTE DES HORMONES DU BIEN-ÊTRE

Connaissez-vous Pokémon GO ? Vous savez, ce jeu qui a fait déambuler de nombreux joueurs dans les rues pour capturer de petites bestioles, les Pokémon, qui apparaissaient de manière aléatoire à certains endroits de nos rues, carrefours, monuments, dans nos villes ou nos campagnes ? Peut-être en avez-vous été vous-même fana, ou votre enfant ?

Eh bien, l'idée, pour mieux vivre, être plus en forme et dormir à nouveau, c'est de procéder comme dans ce jeu, mais en modifiant son enjeu : il s'agira pour vous d'aller quotidiennement à la conquête des hormones du bien-être bien réelles, comme la dopamine, l'ocytocine, la sérotonine, l'endorphine, etc. (et non à la chasse aux petites bestioles virtuelles éphémères !).

Ces hormones sont précisément celles qui pourront vous amener à voir un peu plus la vie en rose, vous faire sentir plus en forme, en joie, en lien, en maîtrise, et dormir enfin d'un meilleur sommeil. Un jour, à la radio, j'ai entendu cette phrase de Philippe Noiret cet immense acteur aux 36 500 cigares* : *« Si la vie est un voyage, autant voyager en première classe ! »* L'idée pour mieux dormir est la même : **essayez de voyager dans la vie « en première classe » vers TOUT ce qui vous fait du bien, qui a du sens, du bon, du bien et du beau,** entremêlant confort, sécurité, plaisir, joie... Plus vous le ferez, plus vous allez libérer les hormones du bien-être. Et, au passage, faites-en aussi profiter tous ceux qui vous entourent ! Plus vous le ferez, plus vous allez libérer les hormones du bien-être. Joli programme, n'est-ce pas ?

Petite précision : je dis bien « un peu plus... » ou « mieux dormir »... Il n'y a ni sur-promesses ni recettes miracles dans ce livre. C'est une proposition sincère et éprouvée personnellement de ce qu'il est possible d'entreprendre pour aller mieux.

Tout dépendra ensuite bien évidemment de vous et de votre situation, mais **sachez que c'est possible ! Le travail et l'orientation consciente d'un nouvel état d'esprit plus positif associés à de petites actions et rituels quotidiens pourront modifier considérablement votre rapport à la vie et apporter de nettes améliorations sur votre santé, votre énergie et votre sommeil.**

* Philippe Noiret a fumé deux cigares par jour pendant cinquante ans, soit un total de 36 500 cigares, selon le calcul fait par la revue *L'Amateur de cigare*.

En vous donnant cette nouvelle capacité de concentration sur vos besoins et votre bien-être, vous réussirez à avoir une vie plus « choisie », en maîtrise, donc plus heureuse ! Souvenez-vous que la maîtrise est une des conditions du bonheur.

« Nous sommes nos pensées.
Avec ce que nous pensons,
nous bâtissons le monde. »

Bouddha

LE BON **ÉTAT D'ESPRIT**

« Très peu est nécessaire pour avoir une vie heureuse ; tout est en vous, dans votre façon de penser. »

Marc-Aurèle

À partir de maintenant, nous allons viser la fabrication des hormones du bien-être à travers trois mots simples : le Beau, le Bien, et le Bon. C'est d'ailleurs le joli titre du livre d'Élisabeth Grimaud. En effet, savoir cultiver quotidiennement le **BEAU** (l'émerveillement au quotidien), le **BIEN** (savoir s'appliquer et s'impliquer pour en retirer de la satisfaction) et le **BON** (le lien aux autres, la générosité) est précisément la stratégie numéro 1 pour aller bien et mieux dormir.

Pour cela, il y a un passage obligé : savoir travailler le bon état d'esprit. Notre mental est le grand manitou qui orchestre et donne le ton sur TOUT : notre vie comme nos nuits ! Notre esprit est le plus important dans le système. Tout découle de lui : représentations, comportement, lien avec les autres, actions, réactions, choix de vie, et... bon sommeil ou pas !

D'un point de vue scientifique, nous savons aujourd'hui que notre cerveau a une plasticité de 40 %. Il est comme de la pâte à modeler. « Il existe des zones où se forment en permanence de nouvelles cellules neuronales et dans lesquelles l'organe tout entier puise de quoi renforcer ses réseaux existants... Jouez de la musique, escrimez-vous sur des grilles de mots croisés... Et votre cerveau suivra. Sa force s'appelle plasticité » ! »* Formidable, non ?

Ces 40 % sont très importants, ils sont cette fameuse « marge de manœuvre » que nous possédons, qui rend concrète et possible notre capacité au mieux-être et au bonheur. Les scientifiques disent que notre aptitude au bonheur est influencée à 50 % par nos chromosomes, notre héritage génétique, et à 10 % par les conditions extérieures, comme le pays dans lequel on vit, le milieu social dans lequel on est né... Et les 40 % restants viendront de ce que nous allons faire : notre aptitude au changement, nos engagements, nos choix de vie, nos lectures, nos rencontres...

**Nous avons 40 % de marge de manœuvre
pour changer, apprendre à être plus en joie,
et donc potentiellement mieux dormir !**

Je rapprocherais ceci de la pensée philosophique de Spinoza, le philosophe de la joie, qui parle du bonheur comme « effort d'exister pour grandir » et réalisation de notre nature profonde : « Chaque chose, autant qu'il est en elle, s'efforce de persévérer

* Dominique Leglu, in https://www.rvd-psychologue.com/43-neurosciences-la-plasticite-du-cerveau-1.html

dans son être »*, c'est-à-dire que tout organisme vivant persévère, fait un « effort d'exister » pour grandir, s'accroître et réaliser sa nature profonde, et cet effort est l'essence intime de chaque chose.

Sur ce chemin de persévérance, pour reprendre Spinoza, deux émotions opposées propulsent ou diminuent notre puissance d'exister et de grandir : d'un côté, la tristesse, qui nous fait rester sur le plancher des vaches, de l'autre, la joie, qui nous donne des ailes...

FAITES PASSER L'ANXIÉTÉ À LA TRAPPE !

Un bon état d'esprit a un impact considérable sur l'assimilation de notre énergie. Nos pensées sont essentielles dans notre maintien de forme générale. Jacques Fricker** pense même que cette dernière est directement dépendante de notre état psychique : « Dans notre mode de vie, 30 % seulement des 2 100 calories brûlées dans une journée sont liées à une activité physique, contre 20 % pour le cerveau. » Notre cerveau est le grand manitou qui orchestre, coordonne et donne le ton de notre vie et de nos nuits. Tout découle de lui, santé, comportement, lien avec soi, les autres, actions, réactions, choix de vie, etc. Lorsque nous nous prenons la tête, nous ne dormons pas bien, nous sommes ainsi dans un état proche de l'anxiété, cet état d'inquiétude latent, plus ou moins conscient, qui nous sert le ventre et nous installe dans un état de tension ou d'alerte mode « survie ».

* Spinoza, *L'Éthique*.
** Nutritionniste, auteur de *Être mince, en bonne santé et bien dans sa peau*, Odile Jacob.

Parfois qualifiée de mal du siècle, l'anxiété est une réponse naturelle et physiologique de notre organisme lorsqu'il se sent en danger et en totale insécurité. C'est une réponse inconsciente pour survivre. Il existerait plusieurs types d'anxiété, mais les deux principales sont soit une anxiété de « nature », un trait de caractère existant depuis l'enfance, soit une réponse apparue à un moment donné à la suite d'un événement difficile. Elle peut être considérée comme « normale », voire nécessaire, face aux situations de nouveauté, de crise ou de choix. L'anxiété est alors une réaction de stress impulsant de nouvelles réactions d'adaptation utiles. Mais elle peut aussi être très handicapante.

Dans les deux cas, même s'il n'y a pas de remède magique, nous avons la possibilité de travailler sur notre anxiété. Comment ? Déjà, il faut savoir la reconnaître, ressentir ses différents symptômes le plus tôt possible, et repérer ce qui provoque chez vous des épisodes anxieux. C'est dans votre capacité à être un observateur pour vous-même que se situe un nouvel espace de liberté et d'affranchissement. Vous pouvez ainsi choisir de ne pas suivre les stimuli, et de ne pas vous identifier à eux. Donnez un vrai coup de frein, puis essayez de calmer votre cerveau, de diminuer votre agitation, de vous raisonner. Changez votre angle de vue, rassemblez vos pensées, réfléchissez de manière plus rationnelle qu'émotionnelle, fermez les yeux, et respirez lentement et profondément afin de remplir un maximum d'oxygène dans notre corps. Posez vos mains sur votre ventre, imaginez-le comme un ballon que vous devez gonfler très lentement à chaque inspiration. Après quelques lentes respirations, vous récupérerez de l'espace intérieur, vous apaiserez, rééquilibrerez votre esprit et retrouverez de l'énergie. De nombreuses techniques de relaxation et de respiration, ou le chant, peuvent nous aider à mieux la contrôler et à la museler petit à petit. Do ré mi fa sol la si do ! Allez-y, osez chanter comme un pinson !

Tout est bon ! De toutes les manières, pour vous lover dans les bras de Morphée, pas de secret, vous devez vous sentir plus serein et suffisamment en sécurité pour atteindre les fameuses ondes alpha. Et la seule façon d'y arriver, c'est de ralentir l'activité de votre cerveau, de débrancher, de rompre avec les pensées négatives qui tournent en boucle comme un vieux disque rayé...

ATTENTION AUX ÉMOTIONS ! COMME ELLES SONT DE L'ÉNERGIE PURE, IL FAUT APPRENDRE À LES RECONNAÎTRE ET LES ORIENTER

Si l'on se réfère à l'étymologie du mot « émotion », du latin *ex movere,* « bouger hors de », le propre de l'émotion est de bouger et de s'exprimer. Face à une situation, une émotion est une réaction instinctive automatique qui se traduit par des sensations physiques, généralement associées à des sentiments : on désire, puis on doute, on a peur, on aime, on n'aime plus, on a envie, on n'a plus envie, on est joyeux puis triste, jaloux ou en colère, en quelques fractions de secondes. Tous les hommes et les femmes du monde entier ont les mêmes expressions faciales pour les exprimer. Six émotions primaires universelles ont été identifiées : la peur, la colère, la tristesse, le dégoût, la surprise et la joie. C'est particulièrement cette dernière qui nous intéresse pour nous reprogrammer à mieux dormir.

Les émotions sont donc des énergies en mouvement ! De nombreux films le montrent : un héros, présenté pourtant comme un looser, se met petit à petit à se démultiplier, et, *in fine,* réussit ce qu'il avait entrepris grâce à des émotions travaillées et maîtrisées : abattre des montagnes, courir un marathon, etc. ! Qu'est-ce qui nous meut et nous pousse à nous lever le matin, à entreprendre, à faire des choses si ce n'est nos émotions ? Qu'est-ce d'autre que cette force motrice fondamentale que l'on appelle le désir – de vie – ?

Tout l'enjeu avec les émotions est de savoir bien les gérer et les faire travailler en notre faveur, pour notre bien-être, et celui des autres, parce que nous sommes des êtres sociables reliés les uns aux autres, qu'une des premières fonctions de nos émotions, c'est de communiquer sur ce que nous ressentons et sur ce que nous sommes, et que, bien exprimées, elles évitent le conflit !

Apprenez à reconnaître vos émotions

Savoir reconnaître les émotions qui nous habitent et pouvoir les nommer clairement (même les plus inavouables comme la jalousie, le dégoût, l'envie, etc.) nous donnent la capacité de les transformer. C'est très important car, certes, les émotions sont de merveilleux indices sur nous-mêmes, mais elles ont surtout le pouvoir de créer notre réalité en permanence. Sans ce travail de reconnaissance et de conscience, nous sommes leurs jouets ! Il nous est alors impossible de nous comprendre, encore moins de nous transformer et d'aller bien. Nous sommes une énorme fabrique biochimique, où tout est en lien avec tout : notre cerveau avec ses neurotransmetteurs est en lien direct avec nos émotions, tout comme notre cœur et notre intestin.

Imaginez que vous êtes en train d'attendre au téléphone qu'un quelconque serveur central de réclamation vous réponde. Vous pouvez soit être plein d'impatience et de colère, soit, quelques minutes après, si un petit événement ou une parole sympa vous a apaisé, vous pouvez retrouver le chemin de la « raison », calmer les émotions négatives qui vous submergeaient, et même en plaisanter ! C'est la même situation, pourtant, en simplifiant beaucoup, d'un côté, vous fabriquez des hormones de stress, de l'autre de la dopamine, l'hormone liée au plaisir. La seule chose qui a changé, c'est votre façon de la vivre à l'intérieur de vous-même.

Dans *Huis clos*, Jean Paul Sartre a écrit « Le soufre, le bûcher, le gril... Ah ! Quelle plaisanterie. Pas besoin de gril : l'enfer, c'est les autres. » Je dirais pour ma part que nous n'avons pas besoin des autres pour connaître la chaleur de l'enfer : nos simples états émotionnels peuvent très bien faire l'affaire ! Ce qui nous sauve de ce magma intérieur, c'est notre capacité d'analyse, c'est-à-dire notre capacité à nous connaître nous-mêmes.

Rencontrez (de nouveau) vos émotions

On compare souvent les émotions à de l'eau à l'état liquide. Lorsqu'elles sont claires et fluides, notre énergie vitale circule librement et notre état de santé est potentiellement maintenu dans un certain équilibre, mais, lorsqu'elles sont contrariées et bloquées, elles deviennent comme de la glace, nous perdons ce précieux équilibre et rentrons dans un mode « survie » avec les nuits blanches qui vont avec ! Il faut donc trouver un moyen de réchauffer la glace.

Comment ? Pour savoir reconnaître une émotion, nous devons être à l'écoute de notre corps et capter les sensations corporelles qui nous traversent quand elle s'élève. Il est vrai que nous ne sommes généralement pas aidés pour cela : nous apprenons, dès notre jeune âge, à réprimer l'expression de nos émotions, pour nous montrer forts, insensibles (« Même pas mal ! ») et à être dans le contrôle, ce qui crée de véritables blocages émotionnels. Mais il n'est jamais trop tard pour nous entraîner à prendre contact avec nos émotions autrement, afin de mieux cohabiter avec elles, mieux les vivre et pouvoir les transformer positivement. **Par un travail thérapeutique, ou plus simplement par la respiration maîtrisée, la relaxation et la méditation,** petit à petit, nous allons « faire fondre la glace », refluidifier l'ensemble de notre énergie vitale, nous équilibrer et nous protéger de nombreuses pathologies qui peuvent découler de blocages émotionnels : insomnie, stress, burn-out, cancer, etc. Personnellement, j'ai suivi ce chemin thérapeutique de réouverture émotionnelle pour sauver ma peau face à un cancer. Ne dit-on pas que la « maladie » est tout ce que l'on a « mal à dire » ? Étant énergie, les émotions doivent pouvoir s'exprimer, dans la bonne direction et auprès des bons destinataires, sinon comme un boomerang, elles auront la mauvaise idée de se retourner contre nous !

Contrecarrez vos émotions négatives, développez des émotions positives

L'effort à consacrer pour inverser les tendances négatives de nos émotions « perturbatrices » n'est pas à négliger. Pourquoi ? Parce que le négatif est plus fort que le positif et que « notre cerveau agit comme du velcro sur les expériences négatives mais du Téflon sur les expériences positives », comme le dit Rick Hanson, dans *Le Cerveau du bonheur*[*]. Cela s'explique facilement : au temps de Lucy, notre cousine préhistorique, pour survivre et transmettre leurs gènes, nos ancêtres ont dû être particulièrement attentifs aux multiples dangers. Notre cerveau a donc tout naturellement développé à la fois des aptitudes pour guetter prioritairement les difficultés et les coups durs, conditions *sine qua non* de notre survie, et un penchant négatif, dont l'une des facettes est la peur. Aussi « nous surestimons systématiquement les menaces et sous-estimons les opportunités. »

Par ailleurs, pour renforcer l'impact de ce penchant négatif, le cerveau de nos ancêtres a développé une autre aptitude face aux dangers : il a appris à enregistrer et stocker les situations à risque afin de savoir réagir à nouveau, au cas où. À chaque fois que nous sommes confrontés à ce que notre cerveau considère comme une menace, il l'enregistre dans notre mémoire pour mieux s'en prémunir la prochaine fois. Le négatif est gentiment stocké comme des dossiers d'archives que l'on peut consulter rapidement en cas de besoin.

Au contraire, lorsque nous vivons une situation positive, puisqu'elle ne représente aucun danger, nous n'avons pas développé cette même aptitude, ainsi nous la vivons dans l'instant. Du coup, l'accès à cette heureuse expérience dans notre mémoire sera plus difficile puisqu'il n'y a pas eu de stockage. C'est ainsi. Les émotions positives comme la joie, le bonheur, la satisfaction traversent notre cerveau comme l'eau traverse la passoire :

* *Le cerveau du bonheur*, Rick Hanson, Les Arènes.

« Elles sont momentanément agréables mais ont un impact limité sur les changements de structures neuronales », poursuit Rick Hanson. Résultat : « Le meilleur moyen de compenser le penchant négatif est de s'imprégner régulièrement de ce qui est bon », conclue-t-il.

Nous connaissons très bien les situations qui nous apportent de la joie, n'est-ce-pas ? Nul besoin de spectaculaire et de sensationnel. Ce sont toutes les petites choses du quotidien : capter le sourire d'un enfant, dire ou recevoir des compliments, regarder le soleil, le vent, la pluie, dire un mot gentil, apporter de l'aide… Plus nous arrivons à cultiver pour nous et pour les autres, de la générosité, de l'amour, de la patience, de l'empathie, de l'écoute, de la reconnaissance, de la fierté, de la compassion, de la bienveillance, de la compréhension, de la confiance, de la disponibilité, du soutien, de la gratitude, du contentement, de la joie, de l'échange, plus nous arrivons à nous en nourrir et à nous imprégner de leurs effets dans notre corps, plus nous rééquilibrons le côté positif « de la force », et plus nous serons en mesure de basculer en mode « sécurité ».

Cette stratégie est à relier au travail de la psychologue sociale, Barbara Fredrickson, l'une des figures de proue de la recherche sur les émotions, qui a développé une « théorie de l'élargissement et de la construction des émotions positives ». Plus nous accumulons les actions, expériences, orientations d'esprit positives, plus nous avons les moyens de contrecarrer nos états de négativité, et plus nous élargissons notre champ de perception, découvrant d'autres possibles et acquérant de nouveaux outils de compétence, qui nous permettront d'affronter et de dépasser d'autres éventuelles situations difficiles.

En résumé, plus nous cultivons ce qui est bon et beau à notre cœur, mieux nous nous sentons, plus nous développons de nouveaux potentiels... et, cerise sur le gâteau, mieux nous dormirons.

L'HISTOIRE AMÉRINDIENNE DU LOUP BLANC ET DU LOUP NOIR

Un enfant va voir son grand-père, considéré comme le sage du village, pour savoir ce qu'est un Homme.
Alors le grand-père lui raconte l'histoire du loup noir et du loup blanc. Le loup noir est sombre, manipulateur, envieux, colérique, hargneux et menaçant. Il hurle la nuit, se cache, se bat avec les uns, dévore les autres, terrifie, domine par la peur et tue. L'autre, le loup blanc, est accueillant, équitable, joyeux, solidaire, fraternel, pacifique, lucide, attentif, généreux et confiant. Il protège les siens et soutient les autres.
Puis le vieil homme dit : « Tu vois, l'Homme a ces deux loups en lui. Chacun de nous abrite un loup noir et un loup blanc qui ne cessent de s'affronter. »
L'enfant réfléchit et lui demande : « Et lequel gagne ? »
Alors le vieux sage répond doucement : « Celui qui gagne... c'est celui que tu nourris. »

LE POUVOIR ET LA RÉSONANCE DE VOS MOTS

« Fais attention à tes pensées,
car elles deviendront tes paroles.
Fais attention à tes paroles,
car elles deviendront tes actes.
Fais attention à tes actes,
car ils deviendront tes habitudes.
Fais attention à tes habitudes,
car elles deviendront ton caractère.
Fais attention à ton caractère,
car il est ton destin... »

LE TALMUD

Allant de pair avec nos pensées et émotions, la parole, notre mode d'expression usuel, possède un énorme pouvoir pour le meilleur ou pour le pire. Il y a des pensées et des mots qui élèvent, nourrissent, pansent, fortifient, et d'autres qui freinent, blessent, humilient et détruisent. **Chaque mot a une propriété vibratoire et évoque des sensations ou des sentiments qui se répercutent dans notre corps.** Corps, parole et esprit sont intimement liés. Parfois un simple « Non ! » peut accélérer notre cœur. Imaginez les mots comme les boutons rouges ou verts dans un sas : ils nous ouvrent ou nous enferment, selon notre sensibilité émotionnelle et la façon dont nous percevons ce qui vient d'être dit. Il y a des mots positifs qui font du bien :

amour, douceur, sécurité, prospérité, santé, beau, bon, bien... et des mots qui font du mal : haine, rejet, trahison, abandon, mal, moche, bête et méchant...

Les mots ont le pouvoir de changer notre réalité. En changeant le registre de nos pensées, nous pouvons changer notre réalité.

Commençons déjà par apprendre à penser positif. On le sait, notre esprit ne connaît pas la négation. On utilise généralement l'exemple de l'éléphant rose pour expliquer ce phénomène. Si je vous dis : « Je ne veux pas que vous pensiez à un éléphant rose », votre cerveau va devoir dans un premier temps enregistrer l'idée de l'éléphant rose pour, dans un second temps, la chasser, puisque c'est la consigne. Mais, même si vous chassez cette idée d'éléphant rose, elle laissera une empreinte dans votre cerveau. Prenons un deuxième exemple avec cette phrase que l'on dit souvent pour rassurer : « Ne t'inquiète pas, ce n'est pas grave. » Quels sont les mots qui résonnent le plus ? Le verbe « s'inquiéter » et l'adjectif « grave », n'est-ce-pas ?

Comment vous sentez-vous après une journée chargée de stress et de tensions verbales, et après avoir lu ou écouté des informations comme celles que j'ai pu lire aujourd'hui : « attaque », « attentat », « chômage », « crise », « faillite », « catastrophe », « ennemis », « criminels », « état d'urgence », « passage en force »...

Votre bien-être dépend donc complètement des mots que vous prononcez et de ceux que vous entendez. Soyez attentifs à vos mots, ceux que vous adressez aux autres et ceux que vous vous adressez à vous-même. Apprenez à tourner sept fois votre langue dans votre bouche avant de parler, cela évitera que vos mots ne génèrent des maux. Et si vous n'y arrivez pas, intéressez-vous à la communication non violente, la CNV.

Si vous n'êtes pas heureux dans votre vie, il pourrait être sage de faire un inventaire des mots que vous prononcez. »

JOYCE MEYER

CES QUALITÉS MORALES QUI VOUS FONT DU BIEN

Au premier abord, au risque de paraître « tradi » et bien pensante, les qualités qui nous font du bien et qui ont le pouvoir de nous faire dormir sur nos deux oreilles sont toutes ces qualités et ces valeurs humanistes transmises dans de nombreuses cultures depuis la nuit des temps qui ouvrent le cœur et donnent du sens : la générosité, la gratitude, l'éthique, la patience, l'enthousiasme, la joie, la bienveillance, l'amour, la compassion, l'honnêteté, l'intégrité, la politesse, la modération, le pardon...

D'ailleurs, pour Martin Seligman, célèbre psychologue, directeur du Centre de recherche en psychologie positive de l'université de Pennsylvanie, fervent acteur de la psychologie positive (l'étude de ce qui donne du sens à la vie et de ce qui nous rend heureux), les trois piliers du bonheur, qui favorisent notre bien-être et notre épanouissement sont dans le même esprit : **une bonne vie, une vie engagée, une vie signifiante.**

Nous dormons bien lorsque nous nous sentons alignés dans notre vie et dans notre comportement envers les autres. Les fameux petits diablotins des dessins animés qui nous torturent la nuit, images de nos états d'âme troublés de culpabilité et de remords, n'ont pas de prises sur nous lorsque nous travaillons chaque jour à être de « bonnes » personnes. Repasser en mode « sécurité » et « bonheur », c'est passer par la case « vertu ». Tout ce que nous arriverons à développer dans ce sens, pour nous et pour les autres, nous reviendra au centuple dans nos connexions neuronales et notre corps. La pratique de la vertu est le sésame vers tout ce qui nous grandit, nous relie, nous fait du bien et nous apaise.

Le pouvoir de la générosité

Cela ferait du bien de faire le bien ! La générosité serait bénéfique pour notre santé aussi bien physique que mentale. C'est ce qu'affirme Jacques Lecomte, chercheur en psychologie, et auteur d'un essai sur le sujet : *La Bonté humaine: Altruisme, empathie, générosité*[*]. À l'appui de sa thèse, il rapporte notamment une enquête réalisée dans 136 pays qui confirme cette corrélation entre générosité et bien-être. Plus récemment, une équipe internationale de neurobiologistes des Universités de Lübeck, Chicago et Zurich a pu concrètement établir la relation entre générosité et sensation de bonheur dans le cerveau grâce à l'imagerie cérébrale.

* Odile Jacob, 2002.

Donc, pour mieux dormir, au lieu de prendre des somnifères, **misez sur de petites actions empreintes de générosité** : souriez, faites des compliments, laissez passer une personne pressée dans la file d'attente, rendez service, prenez le temps d'écouter une personne en peine, tenez la porte, aidez une maman à porter la poussette de son bébé dans les transports en commun, proposez votre place, aidez une association... Faites n'importe quoi pour rendre votre journée et celle des personnes qui vous entourent la plus agréable possible. Un petit acte de générosité peut œuvrer à rendre le monde meilleur et en même temps vous aider à passer de belles et douces nuits.

« Soyez le changement que vous voulez voir dans le monde. »

Gandhi

Le pouvoir de la gratitude

Lorsque nous prononçons ce mot, « merci ! », nous prenons conscience de la saveur de ce que nous sommes en train de vivre à un instant t. Il s'agit bien sûr de prendre conscience d'un « cadeau » reçu et de lui accorder de la valeur, non de dire merci à la-va-vite, histoire d'être poli. On peut remercier pour toutes sortes de petits riens : une douce parole, un rayon de soleil, un air de musique, un câlin de son chat, un sourire dans le regard de son chien, le parfum d'une fleur, la chaleur d'une tasse de thé, l'odeur d'un café, quelques lignes lues dans un roman, un enseignement, un joli partage avec quelqu'un, un bon film, et j'en passe ! Vue, ouïe, odorat, toucher, goût... Une fois en éveil et connectés à notre conscience, nos sens sont d'excellents alliés pour nous faire éprouver de la gratitude.

De nombreuses expériences scientifiques ont mesuré les effets de la reconnaissance. Comme celle du professeur de psychologie Robert Emmons, de l'université de Californie* : il a demandé à un groupe de personnes de faire quotidiennement la liste des événements de la journée dont ils se sentaient reconnaissants. Au bout de 10 semaines de test, un état général plus positif est apparu, avec plus d'enthousiasme au jour le jour, plus d'optimisme, plus de soin de soi, moins de soucis de santé et de stress, un lien avec les autres renforcé, une plus grande force vitale, une espérance de vie allongée, et... une meilleure qualité de sommeil.

Pour Martin Seligman, psychologue et directeur du Centre de recherche en psychologie positive de l'université de Pennsylvanie, il suffirait de repérer trois interactions, sensations, situations ou instants, qui nous ont fait du bien dans la journée et pour lesquels on a envie de dire ces cinq lettres magiques, « merci », pour mettre en route la fabrication de la dopamine et augmenter notre niveau de bien-être de façon durable au bout de 3 semaines. Vous savez ce qu'il vous reste à faire ! Ouvrir en grand votre cœur et re-mer-cier !

Le pouvoir de la prière

Nul besoin d'être religieux pour faire une prière venant du cœur ou, plus largement, faire une récitation de mantras, de souhaits,

* *Merci !*, Robert Emmons, Belfond. (Étude et analyse des bienfaits avérés de la gratitude.)

de phrases positives... Avec des mots simples, une intention pure, une attitude intérieure d'amour et de compassion pour le plus grand nombre, la prière active des forces intérieures et des énergies qui nous démultiplient et procurent un vrai sentiment de sécurité. Même si elle dépasse notre propre existence individuelle et nos compréhensions, la prière, fait partie des « techniques » corps-esprit qui, à ce titre, est aujourd'hui largement étudiée par le monde scientifique. De nombreuses études établissent ainsi qu'elle a de véritables effets thérapeutiques observables et mesurables sur la santé, comme la baisse du stress, le mieux-être, la sérénité, etc.

Le pouvoir de l'empathie, de la gentillesse et de la bienveillance

L'empathie est le fait de ressentir et de comprendre de l'intérieur, avec notre écoute, notre sensibilité et notre intuition, ce qui traverse une personne. **L'empathie est un bon moyen de quitter notre « nombril », d'entrer en lien profond avec autrui,** et de nous faire du bien. Être en lien profond avec les autres est en effet source de bien-être. Le thérapeute américain Marshall B. Rosenberg, créateur de la Communication Non Violente (CNV), propose d'ailleurs toute une communication autour de l'empathie, la posture fraternelle par excellence.

De la même manière, **la bienveillance, pour soi et pour les autres,** permet quant à elle de conserver son niveau d'énergie et de fabriquer de petits trésors chimiques de bien-être dans tout notre organisme. Elle engendre une joie qui se distille en nous et contamine doucement tout notre environnement familial, amical, social et professionnel. Mathieu Ricard, docteur en génétique cellulaire et éminent moine bouddhiste évoque dans une de ses conférences consacrée à la force de la bienveillance*, le grand nombre de publications qui montrent que l'entraînement de l'esprit change vraiment notre cerveau, notre système immunitaire, de façon fonctionnelle et structurelle. Petit à petit, au bout d'un mois, nous ne sommes plus la même personne, et, avec le temps, cela s'accentue encore et s'enracine. Cette capacité de nombreux entraînements mentaux plus positifs dont nous sommes dotés provoque des signatures différentes dans notre cerveau. Mais, comme pour tout entraînement, il faut bien cibler ce que nous souhaitons travailler. L'entraînement musculaire d'un coureur n'est pas le même que celui d'un cycliste. Il s'agit bien évidemment de travailler les états d'esprit et les émotions qui vont nourrir notre bien-être, et celui d'autrui, comme la bonté, la bienveillance, la compassion, l'altruisme, la force d'âme, la liberté intérieure, la fortitude, la résilience, et non ceux qui développent en nous des petits poisons, comme la haine, l'avidité, la colère, la jalousie, l'arrogance, l'égoïsme, l'égocentrisme... Nous avons de nombreux outils pour cultiver les ressources intérieures qui nous permettent d'être moins vulnérables et plus heureux de vivre... et de dormir !

« La modeste et douce bienveillance est
une vertu qui donne plus d'amis que la richesse,
et plus de crédit que le pouvoir. »

Comtesse de Ségur

* https://www.youtube.com/watch?v=7VO7LPpVFNs

Le pouvoir de l'instant présent, du contentement et de la satisfaction

Savoir vivre le moment présent, c'est savoir regarder le monde qui nous entoure à un instant t et en être conscient ici et maintenant. C'est tout. Ce simple exercice apaise le flux incessant de nos pensées, nous fait doucement glisser sur la voie de l'acceptation et du lâcher-prise, et nous permet d'atteindre petit à petit un profond bien-être intérieur, nous rendant de plus en plus stable face aux divers évènements de notre vie.

Voici un superbe extrait du *Pouvoir du moment présent* d'Eckhart Tolle*, auteur, conférencier, et « pape » du moment présent, que j'ai très envie de vous faire découvrir : « Utilisez pleinement vos sens. Soyez véritablement là où vous êtes. Regardez autour de vous. Simplement, sans interpréter. Voyez la lumière, les formes, les couleurs, les textures. Soyez conscient de la présence silencieuse de chaque objet, de l'espace qui permet à chaque chose d'être. Écoutez les bruits sans juger. Entendez le silence qui les anime. Touchez quelque chose, n'importe quoi et sentez et reconnaissez son essence. Observez le rythme de votre respiration. Sentez l'air qui entre et qui sort de vos poumons, sentez l'énergie de vie qui circule dans votre corps. Laissez chaque chose être, au-dedans comme au-dehors. Reconnaissez en chaque chose son « être-là ». Plongez totalement dans le présent. (...) Remarquez la silencieuse mais puissante sensation de présence qui se manifeste en vous. Un critère certain vous permet d'évaluer si vous réussissez ou non dans cette entreprise : le degré de paix que vous ressentez alors intérieurement. »

* *Le pouvoir du moment présent*, Eckhart Tolle, Ariane.

Notre mal-être viendrait du fait que nous n'acceptons pas « ce qui est » et que nous passons notre temps à résister inconsciemment à cette vérité de l'instant, du ici et du maintenant. À partir du moment où nous savons apprécier le moment présent, que nous arrivons à produire une satisfaction et un contentement, nous parvenons à développer une vraie richesse d'état d'être. « Heureux ceux qui ont l'esprit simple et innocent », dit l'Évangile selon saint Matthieu.

Pourquoi n'y arrive-t-on pas simplement ? Qui sont le ou les coupables ? Encore nos pensées… et notre ego qui vit à travers elles et s'identifie à elles. Bruit et bavardage mental incessants toujours tournés soit vers un passé révolu sur lequel nous n'avons plus de prise –nostalgie, nostalgie … –, soit vers le futur sur lequel nous aimerions avoir une prise – attentes, attentes…

BLAISE PASCAL, PENSÉES (1670), FRAGMENT 172
« AINSI NOUS NE VIVONS JAMAIS,
MAIS NOUS ESPÉRONS DE VIVRE. »

« L'homme ne s'en tient jamais au temps présent. L'incapacité de l'homme à vivre au présent ne tient pas tant à une incapacité de vivre l'instant qu'à une attitude de fuite : l'homme se noie dans le souci du lendemain, dans les projets, pour n'avoir pas à regarder le caractère misérable de son existence. Nous ne nous tenons jamais au temps présent. Nous anticipons l'avenir comme trop lent à venir, comme pour hâter son cours ; ou nous rappelons le passé pour l'arrêter comme trop prompt ; si imprudents, que nous errons dans des temps qui ne sont pas nôtres, et ne pensons point au seul qui nous appartient ;

→

et si vains, que nous songeons à ceux qui ne sont plus rien, et échappons sans réflexion le seul qui subsiste. C'est que le présent, d'ordinaire, nous blesse. Nous le cachons à notre vue, parce qu'il nous afflige ; et s'il nous est agréable, nous regrettons de le voir échapper. Nous tâchons de le soutenir par l'avenir, et pensons à disposer les choses qui ne sont pas en notre puissance, pour un temps où nous n'avons aucune assurance d'arriver.
Que chacun examine ses pensées, il les trouvera toutes occupées au passé et à l'avenir. Nous ne pensons point au présent ; et, nous y pensons, ce n'est que pour en prendre la lumière pour disposer de l'avenir. Le présent n'est jamais notre fin : le passé et le présent sont nos moyens ; le seul avenir est notre fin. Ainsi nous ne vivons jamais, mais nous espérons de vivre ; et, nous disposant toujours à être heureux, il est inévitable que nous ne le soyons jamais. »

Notre mieux-être commence quand nous prenons conscience de ce dialogue interne et que nous sortons de l'illusion du temps et de la tension qu'elle nous crée. Comment ? C'est hyper-simple. **Comme un capteur, branchez votre esprit sur votre respiration (encore et encore...), observez, connectez-vous avec vos sens et prenez conscience de votre présence sans commentaires ni jugements intérieurs. Soyez juste présent.** Petit à petit, en sachant vous servir de votre mental (et non l'inverse), recentré et apaisé, vous serez plus fort mentalement et vous ressentirez une douce sensation de paix et de sécurité intérieure. **Entraînement après entraînement, à force de ressentir la simple beauté du moment et des choses qui**

vous entourent, vous deviendrez plus satisfait et arriverez à cultiver le contentement, porte ouverte au fameux « *flow* » du célèbre » psychologue Mihaly Csikszentmihalyi*, une des figures de proue de la psychologie positive. Le *flow* étant cet état d'enchantement profond, appelé « expérience optimale », que l'on atteint en s'impliquant pleinement dans une activité dans laquelle on oublie le temps. Ainsi, instant après instant, on accède à une forme d'harmonie et de joie proche du bonheur dans laquelle notre énergie est à son maximum.

Savoir se contenter de ce qui est, et savoir s'en réjouir, est l'une des clés de la philosophie épicurienne et bouddhiste, pas au sens de la passivité face aux choses, mais plutôt de l'ordre de la satisfaction modérée. Tout est OK, à la bonne place. Nous sommes bien, et nous pouvons gentiment envisager des nuits plus douces.

« La faculté de rire aux éclats
est preuve d'une âme excellente. »

JEAN COCTEAU

Le pouvoir du rire et du sourire

Dans le genre « *feel good* », voici un proverbe irlandais plein de bon sens : « Le rire et le sommeil sont les deux meilleurs remèdes au monde. »

* *Mieux vivre en maîtrisant votre énergie psychique*, Mihaly Csikszentmihalyi, Robert Laffont.

Rire est bon pour l'esprit et le corps ! C'est une formidable soupape permettant de mieux vivre la réalité. En cas de coup durs ou de stress, le rire est un analgésique naturel, une réponse libératrice de tensions et d'angoisses, qui nous aide à alimenter des sentiments positifs. Rire est non seulement excellent pour la santé, mais aussi pour la ligne ! 10 à 15 minutes de rire nous feraient perdre 50 calories, paraît-il. Mais il n'y a pas que cela : **les endorphines libérées dans notre cerveau par nos éclats de rire agissent comme une armée de missiles pulvérisant les substances chimiques nocives du stress fabriquées par notre organisme.**

Connaissez-vous Norman Cousins ? Norman Cousins était un journaliste américain atteint d'une maladie chronique dégénérative douloureuse, la spondylarthrite ankylosante, qui le condamnait à rester cloué au lit. Ayant remarqué que le fait de rire soulageait ses douleurs, il décida, avec l'accord de son médecin, de quitter l'hôpital pour faire une cure de films comiques et de vitamine C dans une chambre d'hôtel pendant 6 mois. À l'issue des six mois, à la surprise générale, il parvint à se lever et à mener une vie normale. Ce fut le point de départ d'une nouvelle aventure personnelle pour Norman Cousins qui écrivit à partir de cela un livre à grand succès *Comment je me suis soigné par le rire*[*]. Cela marqua aussi le début des recherches sur les endorphines (les substances libérées par le cerveau sous l'effet du rire) et le début de la psycho-neuro-immunologie (les relations entre nos émotions, notre cerveau et notre immunité).

Grâce à lui, nous savons aujourd'hui scientifiquement que rire est excellent pour la santé.

* *Comment je me suis soigné par le rire*, Norman Cousins, Petite bibliothèque Payot.

Ses effets bénéfiques du point de vue médical* sont les suivants :

- reprogrammation positive et attitude mentale plus joyeuse,
- amélioration de l'humeur et libération de la peur, l'angoisse et la colère,
- augmentation de la production d'anticorps et activation de cellules protectrices permettant une immunité cellulaire évitant la formation de tumeurs cancéreuses et d'autres maladies chroniques (diabète, arthrose, maladies auto-immunes...),
- régulation de la pression sanguine et réduction des niveaux de cholestérol dans le sang,
- amélioration de la digestion (par augmentation des contractions des muscles abdominaux),
- augmentation du rythme cardiaque et maintien de l'élasticité des artères coronaires,
- diminution du taux de sucre dans le sang (car il équivaut à un exercice aérobique),
- augmentation du pouvoir de guérison (pour Norman Cousins, une bonne crise de rire pendant 10 minutes avait un effet anesthésiant, qui, lui procurait au moins 2 heures de sommeil sans douleur !),
- réduction du stress (grâce à la diminution du niveau de cortisol), ce qui est excellent pour mieux dormir !

Comme le rire, cette vitamine santé complètement naturelle, est aussi un excellent moyen de communication sociale et de création de liens, ne vous en privez pas : à vos gorges déployées, rions tous ensemble ! C'est bien connu : plus on est de fous, plus on rit !

* http://www.revue-acropolis.fr/le-pouvoir-du-rire/

C'est la même chose pour le sourire. Sourire est inné. C'est l'une des expressions humaines les plus basiques et reconnues biologiquement identiques à toutes les cultures, même dans les peuplades les plus reculées et coupées de notre civilisation aux rituels cannibales de Papouasie-Nouvelle-Guinée. Les bébés sourient dans le ventre de leurs mères. Les aveugles sourient au son d'une voix amie. Sourire est donc un réflexe inné et naturel, réagissant à l'agréable, au doux et à la joie. Extrêmement attractif et contagieux, notre plus beau sourire détient tout autant de bienfaits pour notre santé que le rire à gorge déployée : libération d'endorphines, de dopamine et de sérotonine, antidouleurs naturels, diminution des hormones de stress, stimulation de la santé du cœur avec diminution du rythme cardiaque et de la tension, renforcement de l'immunité, réduction de la production de cortisol.

Ce qui est regrettable c'est que, lorsque nous devenons adultes, nous ne sourions en général pas plus de 20 fois par jour (et encore... c'est beaucoup pour certains !) contre en moyenne 400 fois par jour pour les enfants*. Nous avons donc une belle marge de manœuvre pour rattraper la légèreté de notre enfance. Ce qui est tout à fait possible car **le sourire peut se travailler et devenir un acte volontaire,** que l'on actionne sans raison particulière. L'intérêt ? Sourire « à la demande » produit les mêmes effets positifs dans notre organisme qu'un sourire naturel. Dans les deux cas, il donne un message de bien-être à notre cerveau. Ron Gutman rapporte que des chercheurs allemands ayant utilisé l'imagerie IRMf ont montré que le sourire « modifie le traitement neuronal du contenu émotionnel dans le cerveau

* http://www.activebeat.com/fr/fitness-nutrition/les-6-pouvoirs-du-sourire-sur-la-sante/?streamview=all

d'une manière qui nous aide à nous sentir mieux. »* Il poursuit avec une étude « *from England* » qui a démontré qu'un sourire peut générer le même niveau de stimulation du cerveau que 2 000 barres de chocolat...

Sourire nous rend heureux et être heureux nous fait sourire. C'est un cercle totalement positif et vertueux qui, en plus, ne peut nous apporter que du succès, puisque, selon une étude de recherche de la Penn State University, ceux qui sourient souvent ont plus de succès que les autres...

Tout est bon pour avoir le sourire aux lèvres : s'offrir un croissant, danser dans son salon, échanger avec un ami, regarder les oiseaux dans son jardin, marcher dans la nature ou en ville, croiser un regard sympathique, boire un petit café avec une amande au chocolat... Il existe plein d'occasions de sourire. Facile et gratuit, sourire branche notre cerveau sur une posture générale plus positive, qui entraîne un bon niveau d'énergie, de satisfaction et de paix intérieure, c'est-à-dire de sécurité et de bon sommeil !

« Le rire, comme les essuie-glaces,
permet d'avancer même
s'il n'arrête pas la pluie. »

Gérard Jugnot

* Ron Gutman, « Le pouvoir secret du sourire », at TED 2011.

Le pouvoir du plaisir

Savoir se faire plaisir, provoquer et apprécier les petits bonheurs qui donnent de la saveur à la vie est un vrai entraînement à travailler sans modération ! Se faire plaisir sans culpabilité nous réconcilie avec la joie de vivre, diminue la spirale plombante des émotions négatives, tord le cou au stress, égaye notre humeur et nous aide à vivre chaque jour de manière plus agréable et plus heureuse. Un moment sympa, un succulent repas, une bonne playlist, une soirée avec des amis, une jolie balade, un bon film, une partie déchaînée de Uno avec les enfants, une longue papote à refaire le monde avec notre meilleur(e) ami(e), un bon match de foot… À nous l'agréable, le beau, le bon, le bien !

« À chaque fois que nous rencontrons un plaisir, un système de récompense se déclenche dans notre cerveau, libérant de la dopamine, rappelle le psychiatre et auteur François Lelord*. Cette substance entraîne des sensations agréables, ce qui nous motive à renouveler l'expérience. »** Pour bien savourer notre plaisir, il faudrait savoir faire grandir l'envie, lui donner du temps, sinon il risque bien de n'offrir qu'une courte satisfaction passagère, proche de la distraction, laissant rapidement place à une nouvelle insatisfaction. « Encore ! » Le propre du désir et du plaisir est cette envie de toujours plus qui peut nous faire doucement glisser dans une certaine forme d'errance et des comportements compulsifs. Il ne faut pas confondre recherche du plaisir et quête du bonheur. Le plaisir est la satisfaction

* Auteur du livre *Hector et la recherche du bonheur*, superbement adapté au cinéma par Peter Chelsom. Un film à voir absolument !

** Cité par Bernadette Costa-Prades, in http://www.psychologies.com/Moi/Se-connaitre/Bonheur/Articles-et-Dossiers/De-quoi-avons-nous-besoin-pour-etre-heureux/Se-faire-plaisir-pour-etre-heureux immédiate d'un désir relativement court et éphémère qui se traduit en sensations. Le bonheur évoque un état d'être plus durable, plus mental peut-être, et pas forcément lié au plaisir. Mais il est somme toute difficile de complètement dissocier les deux, dans la mesure où le bonheur ressemble quand même à cette volonté d'additionner les plaisirs et de les faire durer le plus longtemps possible. C'est à chacun de savoir conserver l'équilibre et, pour conserver l'équilibre, il est bon de favoriser plutôt la qualité du plaisir que la quantité des plaisirs.

Dans tous les cas, nous avons besoin de nous faire plaisir, car, même si le plaisir n'est pas vital, lorsque nous en manquons dans notre vie, cela altère notre énergie, notre motivation et notre enthousiasme, cela peut nous faire basculer petit à petit vers la déprime. Les plaisirs donnent de la couleur à la vie de tous les jours. Savoir se faire plaisir et s'octroyer du temps de bonheur est un art que nous ne possédons pas tous. Éducation, conditionnements, jugements, censures, restrictions, culpabilité : nous pouvons passer notre vie à bouder les petits et les grands plaisirs ! Mais, bonne nouvelle, **vous pouvez apprendre à prendre soin de vos plaisirs. Il faut juste oser vous les offrir. Vous le valez bien !**

Le pouvoir de la confiance et de l'estime de soi

Pour se faire plaisir, être heureux, rire, sourire, aimer, jouer, prendre soin de soi, même mieux dormir, il faut que « quelque chose » en nous s'y autorise et se dise que ça en vaut la peine, que nous le méritons ! Ce « quelque chose », c'est l'estime de soi qui amène la confiance en soi, et inversement. Les deux fonctionnent de façon indissociable. Elles sont essentielles pour avancer dans la bonne direction. L'estime de soi est comme un filtre photo à travers lequel nous regardons notre réalité. Avoir une bonne estime de soi permet d'être positif, d'agir selon ses propres choix et ses aspirations, de trouver des solutions qui nous conviennent afin de faire face aux difficultés de l'existence, au-delà de nos systèmes de croyances qui nous limitent et nous freinent. Ce « quelque chose » à l'intérieur de nous est non négociable et se tient droit malgré les hauts et les bas, malgré les avis de vent force 7. Nous sommes prêts à livrer bataille parce que nous nous sentons capables de traverser les turbulences. **L'estime de soi permet l'affirmation de ce que nous sommes, de ce que nous ressentons, et de ce que nous souhaitons vivre pour nous-mêmes. Elle nous permet aussi de savoir mettre des limites.**

Cela nécessite de reconnaître nos qualités, de miser dessus prioritairement, et non de passer notre temps et notre énergie à nous diminuer et à focaliser sur nos défauts. Certes, il est bon de les connaître, de les assumer, de les accepter, mais nous avons aussi la capacité de travailler dessus et de les transformer. Autant ne pas leur donner trop d'importance ! De plus, ce que nous pouvons, nous-mêmes ou les autres, considérer comme un travers un jour, peut devenir un véritable point fort sous un autre angle plus tard. Si, par exemple, on vous reproche d'être trop têtu, cela pourra finalement se révéler comme de la détermination et s'avérer très utile pour la bonne réalisation d'un projet. Comme rien n'est immuable, que tout bouge et que notre cerveau est de la pâte à modeler que nous pouvons façonner, autant ne pas trop focaliser sur ce qui peut ne plus être valable demain et renforcer plus solidement nos assises positives. Mieux vaut alors développer la bienveillance envers nous-mêmes comme si nous étions notre meilleur ami, valoriser nos bons aspects et entrer dans un cycle vertueux d'estime et de tendresse. Nous savons ce qu'il nous reste à faire chaque jour un peu plus : apprendre et progresser, c'est-à-dire vivre ! Cela vaut bien un peu de douceur, de respect et d'encouragements – non, je devrais même dire : cela vaut *beaucoup* de douceur, de respect et d'encouragements ! Parce que, souvenez-vous, notre cerveau étant par nature plus négatif, il va falloir redoubler d'effort pour museler notre petite voix intérieure critique, voire parfois assassine. Pour lui clouer le bec et gagner en estime de nous-mêmes, nous pouvons toujours la contre-attaquer en établissant des actions concrètes, comme une liste de projets que nous aimerions réaliser (réussir à dormir naturellement d'ici trois mois par exemple, mais aussi week-ends, vacances, sport, famille, fêtes, hobbies, etc.). Établir des objectifs permet non seulement de mettre nos doutes de côté, mais, en plus, une fois que nous les avons accomplis, cela nous apporte une sensation de satisfaction et de bien-être (avec la sérotonine qui se libère une fois qu'une tâche est atteinte et bien réalisée).

Ce qui peut également contribuer à faire taire notre petite voix intérieure et à ne pas nous laisser polluer par elle, ce sont nos valeurs, ces boussoles intérieures qui participent de ce qui est « non négociable » en nous : valeur de l'existence humaine, amitié, amour, solidarité, partage, liberté de pensée, justice, bonheur... Vivre avec des valeurs fortes contribue à ce que nous nous sentions « bien », appréciions le « beau » et participions au « bon » pour nous-mêmes et pour les autres.

Ayez confiance en vos goûts, vos ressentis, vos envies, vos choix, travaillez l'aspect positif des choses, entraînez-vous à apprécier les instants présents et, surtout, célébrez toutes vos victoires du quotidien !

Le pouvoir de la méditation, l'agir sans agir

Afin que toutes ces pratiques s'ancrent et effectuent un véritable travail de transformation intérieure, il y en a une qui est la reine de toutes, la méditation. Puissant accélérateur et amplificateur, elle a le pouvoir de faire évoluer notre cerveau vers un mode de fonctionnement plus pacifié et évolué.

Le jour, notre esprit est toujours occupé, affairé et agité. De la même façon que nous permettons à notre corps de se reposer par le repos et le sommeil, la voix royale pour que notre esprit se détende, c'est la méditation. Méditer, ce n'est pas forcément s'asseoir en lotus, les yeux fermés, les pouces et les index rassemblés. C'est essayer de laisser notre esprit se reposer en lui-même. C'est lui offrir de vraies vacances. **Méditer relève avant tout d'une activité mentale qui passe par l'attention au présent, la présence à soi et au monde.** La pratique de la méditation permet à notre système nerveux de se rééquilibrer, préserve notre santé, nous remet en état de sécurité et sème des graines de vertu et de sagesse.

Après avoir éloigné les objets de focalisation externes (notre environnement, les sollicitations et l'agitation du monde en général), on reste concentré sur une focalisation interne, comme en pilotage automatique, sur sa respiration par exemple. Il n'y a rien à faire, rien à atteindre, rien à chercher, juste être connecté à sa respiration, observer et être. Point.

Méditer, c'est comme faire une cure de désintoxication de toutes les émotions « perturbatrices » que sont la colère, la peur, l'angoisse, la tristesse, etc., qui nous permet, au-delà des premiers effets de bien-être, de développer une nouvelle forme de clarté, de distance et de sagesse, un « maximum de bonheur dans le maximum de lucidité »* Quand nous sommes ancrés dans le moment présent, le plus distanciés possible des pensées et émotions du passé ou du futur (nostalgie ou projection), il est possible de ressentir notre énergie vitale, ce flux puissant qui émane de l'intérieur de nous. Ainsi, la confusion, l'opacité et l'agitation de notre esprit se vivent différemment avec une nouvelle marge de manœuvre intérieure. La force de l'esprit, c'est l'agir sans agir. À force de pratique, nous devenons meilleurs, plus solides, et nous rééduquons notre fameux système nerveux de façon à basculer de moins en moins en mode « fuite » ou « combat » devant les mêmes situations du quotidien. Cela revient à mieux savoir régler la sonnette d'alarme afin qu'elle ne se déclenche plus de la même façon ou qu'elle ne reste plus systématiquement enclenchée comme un pied sur la pédale de frein d'une voiture. Ainsi, vous apprendrez à mieux gérer votre bien-être et vos ressources psychiques et physiques pour mieux fonctionner dans votre vie quotidienne...

En ce qui concerne les aspects techniques comme les postures, la respiration, le placement de l'esprit, les astuces etc., il y a de nombreuses possibilités. En dehors de toutes connotations religieuses, la technique de la pleine conscience (ou *mindfulness*) développée par Jon Kabat-Zinn, professeur émérite de médecine, est particulièrement adaptée à la réduction du stress et de la

* André Comte-Sponville, *Dictionnaire philosophique*, PUF.

dépression. En France, cette technique de méditation est intégrée dans de nombreux hôpitaux, dans le monde de l'entreprise, en prison, et dans le monde de l'éducation. J'aimerais saluer au passage le merveilleux travail de Frédéric Lenoir avec la Fondation Sève qui propose déjà des ateliers de méditation et de philosophie dans de nombreuses écoles apprenant à nos jeunes enfants – nos petites « graines d'avenir », dixit une amie – la pratique de l'attention et de la réflexion philosophique, dans le but de mieux les préparer « à devenir des humains et des citoyens confiants, actifs, responsables et respectueux du vivant. »*

Vous désirez avoir un petit avant-goût ? Installez-vous confortablement, fermez les yeux, imaginez que vous êtes une montagne, respirez lentement et ressentez ce sentiment de paix intérieure... Quand la nervosité, l'anxiété, la colère, le stress vous envahiront, imaginez que vous êtes cette même montagne couverte de brumes et de nuages. Quelques inspirations et expirations au ralenti, quelques minutes de méditation, c'est comme offrir à votre esprit un vent léger et frais qui va venir chasser les nuages, dégager le ciel, révéler une nouvelle clarté et un nouvel d'état d'esprit plus apaisé, comme un ciel serein et pur...

Alors... Diesel ou essence ?

Toutes ces pratiques antistress généreuses et agissantes permettent à notre organisme de fabriquer des substances chimiques qui favorisent notre sensation de bien-être, et nous aident aussi à être de bonnes personnes, à mieux vivre, donc à mieux dormir. Notre vie quotidienne nous offre en permanence

* http://www.fondationseve.org/

de nombreuses occasions de stimulation de ces hormones de bien-être. À nous de les provoquer, de nous en imprégner et de les transformer à notre avantage. **Chacun de nous est une sculpture de lui-même. Rien n'est donné par avance. Nous nous construisons en permanence au fur et à mesure que les jours passent**.

Prendre soin de nous nous demande d'être très à l'écoute de ce que nous sommes en train de vivre, de faire l'effort de chercher à en comprendre les causes, de mesurer son impact et ses conséquences sur notre organisme, et de travailler si nécessaire sur ce que nous pouvons changer.

Personnellement, il y a une idée qui m'aide tous les jours à me transformer positivement, c'est que je me considère comme un « véhicule », une fabrique chimique qui produit des hormones qui apportent soit un sentiment de bien-être et de sécurité, soit un sentiment de peur et de survie. Je vous explique. Un jour, comme il est convenu de le faire lorsque la jauge de sa voiture se rapproche dangereusement du zéro, j'ai effectué le plein d'essence de ma voiture. Lorsque je l'ai redémarrée, j'ai fait une trentaine de mètres, puis elle est tombée en panne en plein milieu d'un carrefour déclenchant klaxons et mouvements de colère de la part des personnes bloquées derrière moi. J'ai essayé de la redémarrer calmement mais rien ne fonctionnait, j'ai dû l'abandonner et retourner en courant auprès de l'employé de la station essence afin qu'il puisse me venir en aide rapidement. La panne était toute bête, je m'étais trompée : j'avais fait un plein de diesel alors que ma voiture était à essence. Eh bien, voilà, en ce qui concerne notre énergie, c'est pareil : **notre énergie et notre forme vitale dépendent entièrement de ce que nous**

« ingérons » pour nous ravitailler. Nous remplissons-nous de « positif » ou de « négatif » ? Lorsque je rencontre une situation compliquée, j'essaie de toujours garder à l'esprit que je peux réagir de deux façons. Je peux, soit avoir une réaction de stress, de mécontentement, de peur ou de colère, avec toute la chimie nocive qui va avec, soit arriver à transformer mon regard sur la situation en l'acceptant, en y mettant de l'humour, de la distance, tentant ainsi d'inverser cette même chimie intérieure à mon avantage ! Exemple : en voiture, lorsqu'un automobiliste me fait une queue de poisson, je m'efforce de répondre par un sourire plutôt que par la râlerie ou la colère. D'un côté, je comprends que je m'abîme, de l'autre, je prends soin de moi.

Pour travailler notre mental, patience et réjouissance sont nos deux meilleures alliées. Petit à petit... on se réjouit. Petit à petit... on se réjouit à nouveau. Et ainsi de suite. Il faut lâcher prise le plus possible, accepter ce que nous sommes en train de vivre au moment présent, ne pas lutter contre, ne pas nous identifier à la situation, mettre de côté nos jalousies, nos accusations, nos critiques et notre négativité envers nous-même, développer de bons sentiments, nous réjouir sincèrement pour la réussite, la joie ou le bonheur de nos amis, nous réjouir des petites choses du quotidien, être en adéquation avec ce qui nous entoure... Et, petit à petit, nous vivrons mieux : moral, santé, énergie, sommeil...

Nous avons tous un incroyable pouvoir pour créer notre bien-être ou notre mal-être. Le bonheur est le résultat d'une pratique quotidienne.

LA MAÎTRISE DE VOTRE CORPS

Comme nous l'avons déjà vu, le corps humain est une machine incroyable avec une énergie intérieure intelligente composée de différentes parties et d'un flux énergétique, qui communiquent, interagissent et rendent possible le tour de magie que l'on appelle la vie. Cette intelligence, appelée énergie vitale, contrôle toutes les activités du corps : battements du cœur, analyse du cerveau, souffle des poumons, vision des yeux, mouvements des bras et des jambes, etc. Ce qui est incroyable, c'est que cette merveilleuse machine supra-intelligente effectue toute seule des milliards de fonctions en même temps et en permanence – 24h/24, 7 jours sur 7 –, sans que nous en ayons conscience. Notre corps est le lieu de toutes nos expériences dans ce monde et sans doute notre plus fidèle ami. Tout passe par lui, or nous ne contrôlons pas consciemment tout ce qui se passe à l'intérieur : « Ça roule tout seul ». Cela rend notre aventure à la fois merveilleuse et relativement fragile. Car cette formidable machine n'est pas non plus complètement autonome et ne fonctionne vraiment bien que si nous en prenons soin aussi (autant que de notre petite voiture neuve, notre dernier smartphone ou notre téléviseur high-tech). Or, il faut avouer que, parfois, voire souvent, ou pire, tout le temps, nous le maltraitons un peu en buvant, en mangeant trop ou pas sainement, en le remplissant de substances toxiques (cigarette, drogues, etc.), en ne le reposant pas suffisamment ou en ne le bougeant pas assez… Mais, la plupart du temps, nous avons de la chance : il nous suit tant bien que mal dans nos innombrables envies et périples.

En prendre soin signifie savoir l'écouter et répondre à ses besoins, sinon les douleurs, la fatigue, la déprime, l'insomnie nous guettent. Aussi, pour produire et préserver notre énergie, nous devons mieux comprendre le fonctionnement de notre corps et être à l'écoute de ses messages et de ses signaux, sans devenir hypocondriaques pour autant ! Il faut savoir différencier ce que notre corps aime et qui nous donne de l'énergie, une bonne santé et un bon sommeil, et ce qu'il peut aussi aimer mais qui plombe et gaspille nos ressources d'énergie et nos nuits.

« Il n'est rien dans l'esprit
qui ne soit passé par les sens. »

ARISTOTE

4 RECOMMANDATIONS POUR MIEUX ÉCOUTER VOTRE CORPS

Soyez plus conscient. Devenir plus conscient signifie savoir écouter son corps et entrer en contact avec lui. Savoir accueillir ses différents messages, écouter nos sensations, nos sentiments, nos douleurs, nos tensions physiques et/ou psychiques et connaître nos limites. C'est comme prendre possession et habiter une maison : on l'aménage, on vérifie que les vitres sont propres, que les radiateurs diffusent la bonne chaleur, que la porte est bien fermée... Prendre conscience de son corps, c'est l'habiter et le « checker », sans pour autant le juger.

Sentez et ressentez mieux. Posez-vous cette simple question : « Comment je me sens quand je fais ceci, mange cela, suis dans telle situation, avec untel ou unetelle ? » Pour « sentir », nous avons cinq sens qui nous aident à percevoir, et pour « ressentir », nous avons nos sensations et nos émotions. S'il n'est pas toujours évident de savoir ressentir notre univers intérieur – c'est une question d'éducation émotionnelle que nous avons reçue ou pas –, nous avons des indicateurs de base qui nous disent que tout est « sous contrôle » et que tout va bien, ou, à l'inverse, que nous devrions faire plus attention à ceci ou cela. Tout ce que nous ne voulons pas entendre, et ne voulons pas considérer s'accumule dans notre corps et se transforme en cris muets, en insomnie, en douleur, en insatisfaction, en tristesse, en frustration... « Quand ça ne passe pas par la bouche, les mots, il faut bien que ça passe ailleurs ! », disait Groddeck*, le père de la médecine psychosomatique.

* *Le Livre du ça*, 1923, Gallimard.

Écoutez-vous parler. Souvent, nous le disons à voix haute mais nous ne l'entendons pas. Les mots que nous utilisons pour exprimer nos émotions sont un autre moyen pour devenir plus conscient. Corps, paroles et esprit sont interconnectés, mais le mental est maître. Chaque mot, dit ou pensé, a le pouvoir d'agir directement sur notre corps et de nous blesser au sens propre et figuré. Les mots ne sont pas anodins : « J'ai peur de perdre... » (constipation), « Ça me gonfle ! » (rétention d'eau), « Ça me démange de lui dire » (démangeaisons), « J'en ai plein le dos » (douleurs ou blocage du dos), « Il faut que je tienne le coup ! » (cou), « Ça, je ne le digère pas! » (estomac), « Ça m'écœure ! », « J'en ai le cœur brisé » (cœur), « Je n'y arriverai pas ! » (jambes, hanches), « Il me fait ch... » (diarrhée), « Il me casse les pieds » (chevilles, pieds). Les mots sont à la fois la cause de certains maux, et en même temps de formidables signaux d'alarme qui nous permettent de revenir vers une forme d'équilibre.

Il nous faut apprendre à ouvrir les canaux de communication entre notre conscience et notre corps, et inversement. Et si votre corps n'arrive plus à se reposer ni se restaurer suffisamment, si votre sommeil est troublé, si votre niveau de fatigue est persistant, si votre humeur est instable, si votre insatisfaction est omniprésente, c'est un énorme signal d'alarme : il est en train de vous avertir qu'il faut changer certaines choses dans votre vie ou dans votre façon de vivre. Paradoxalement, c'est un cadeau qui vous offre l'occasion d'une remise en question et d'une transformation positive. Encore une fois, notre corps est notre plus fidèle ami. Il ne souhaite que l'harmonie : il nous prévient et nous parle régulièrement. Il est donc facile de réaliser que tous les subterfuges pour museler ses cris muets (les médicaments, l'alcool...) sont inappropriés pour le maintien de notre énergie vitale. On n'étouffe pas les cris d'un ami qui nous avertit d'un danger !

Observez votre alimentation. Une autre façon de devenir plus conscient des signaux de votre corps est d'observer votre alimentation (voir p. 255). Quand vous mangez, êtes-vous sûr d'avoir faim ou est-ce pour nourrir un autre besoin ? À vous de comprendre ce que vous n'écoutez pas lorsque vous vous remplissez de plus que de ce dont votre corps a besoin pour être en bonne santé.

COMMENT AIDER VOTRE CORPS À REPRENDRE LE POUVOIR SUR VOTRE MENTAL

Chacun de nous dispose d'un stock d'énergie vitale qui augmente ou diminue en fonction de la qualité de notre mode de vie. Les troubles du sommeil, comme nous l'avons déjà dit, sont principalement dûs à nos prises de tête, à notre stress, à notre anxiété et à un dérèglement de notre énergie vitale. Comme le soleil dissimulé derrière les nuages, notre énergie vitale est malgré tout présente, sinon nous ne serions tout bêtement pas en vie ! Est-ce parce que nous nous enfermons dans une pièce obscure qu'il n'y a plus de soleil pour autant ? Non, bien sûr ! Nous ne voyons plus le soleil parce que nous sommes coupés de sa lumière, tout simplement. **Pour retrouver notre énergie vitale, il faut la replacer dans nos priorités, chasser les nuages qui la masquent, et redonner la priorité à notre corps,** terrain privilégié de notre restauration. Et pour retrouver le sommeil, nous devrions accorder la première place à notre corps et relayer notre mental à la seconde. Le soir, il n'est plus temps de penser ! Dans la tradition indienne, le mental est comparé à un singe fou, ivre, piqué par un scorpion et habité par un démon qu'il faut peu à peu apprivoiser. Donc, chaque soir, pour bien dormir, il va falloir inverser les pouvoirs et aider notre corps à faire un coup d'État, à court-circuiter notre mental pour qu'il puisse reprendre les rênes le temps d'une nuit. En effet, si pendant la journée notre mental est roi pour penser, faire, agir et projeter, pour bien dormir et récupérer de l'énergie, notre corps doit devenir roi à son tour, en neutralisant notre tête et en la dé-bran-chant ! Sinon, de mauvaises nuits en mauvaises nuits, notre stock d'énergie vitale diminuera, et, petit à petit, nous basculerons dans la fatigue et la déprime, qui elles-mêmes nous feront à leur tour passer de mauvaises nuits. C'est un cercle vicieux Aussi, pour sortir de cet engrenage destructeur, le soir, il faudra aider votre corps à reprendre le pouvoir sur votre mental, savoir le débrancher, et, le jour, lui donner tout ce dont il a besoin pour bien s'activer et fonctionner puis préparer dignement sa mise en repos. Nous avons une arme fatale pour y arriver : notre respiration !

APPRENEZ À MIEUX RESPIRER

Nous avons un outil formidable, une fonction physique naturelle sur laquelle nous avons une action directe à tout moment et sur laquelle nous pouvons toujours compter : notre respiration ! Elle est l'élément vital qui nous fournit en oxygène, source primordiale de vie sur cette terre. Chaque fois que nous emplissons nos poumons d'air, nous vitalisons notre organisme, tout en aidant à contrecarrer les effets néfastes du stress. L'oxygène, avec son action légèrement euphorisante, facilite la détente et la relaxation. Il est donc très important de prendre conscience de la façon dont nous respirons, comme le font les Orientaux qui enseignent l'art de la respiration aux enfants dès le plus jeune âge. Pour la médecine traditionnelle indienne, l'ayurvéda, l'air que nous respirons est rempli de « *prana* », c'est-à-dire d'« énergie vitale ». Source de vie, le *prana* se trouve partout : dans l'air, l'eau, la terre, la lumière du soleil... Il circule par tous les méridiens de notre corps. Plus l'air que nous respirons est pur, plus le *prana*, l'énergie vitale, est dense et nourrissant.

Il est donc essentiel d'apprendre à mieux respirer, parce que le souffle, c'est la base de la santé et que le type de respiration réflexe qui consiste à inspirer juste assez d'air dans les poumons pour nous maintenir en vie n'est pas suffisant pour nous apporter une puissante et belle énergie. Et comme il y a un lien direct entre respiration et pensées, c'est précisément cette maîtrise qui va nous permettre de mieux dormir. Le fait de savoir bien respirer et de savoir ralentir notre souffle dans nos moments de détente et de repos nous aide non seulement à demeurer calmes et centrés, mais aussi à ralentir le flux de nos pensées. Nos modes de vie qui mêlent stress, fatigue, peur, anxiété, ont des conséquences directes sur notre cerveau. Se sentant en alerte et menacé, celui-ci déclenche une cascade de réactions physiologiques dans notre corps, tel le souffle court. Ainsi à chaque moment de stress, nous respirons mal, avec la partie haute de nos poumons, comme si nous portions un corset, ralentissant ainsi notre niveau de conscience, accentuant nos sensations de mal-être.

Pour viser le mode « détente » plus serein et ancré dans notre corps, il nous faut apprendre à respirer par la partie basse de nos poumons, et nous avons environ 30 000 occasions par jour pour nous entraîner ! C'est le nombre de fois que l'on respire par jour.

« Le souffle est guidé par la pensée,
et la pensée est guidée par le souffle. »

*Le Secret de la fleur d'or**, ANCIEN TEXTE TAOÏSTE

La respiration abdominale, technique de respiration la plus connue

Dans votre lit, quelques longues inspirations et expirations par le ventre vous feront passer du « Je pense donc je suis », qui alimente non-stop votre mental et vous empêche de dormir, à « Je sens et je souffle » – au sens propre et au sens figuré –, qui vous ramènera gentiment à votre corps, une vraie détente et dans les bras de Morphée !

La respiration classique thoracique – dans la partie haute des poumons – ne permet pas de gonfler totalement les poumons et d'utiliser l'entièreté de leurs capacités (avec une respiration thoracique, vous ne remplissez que 30 % de vos poumons), ce qui engendre surventilation et accélération du rythme cardiaque, d'où le souffle court en mode « stress », qui ne permet pas de libérer les tensions. Les conséquences directes sont une

* Ce texte a été introduit en Occident en 1929 par Wilhelm et Jung. Traduit en français par Lu Dingbin et Liu Huayang (Médicis-entrelacs, 1998).

mauvaise élimination des toxines et une mauvaise alimentation des cellules en oxygène, ainsi nous macérons dans un circuit fermé d'angoisse.

En revanche, la respiration abdominale faisant directement descendre notre diaphragme (le principal muscle inspirateur de la respiration) vers le ventre, crée une décélération de certains organes comme le cœur et les poumons. Résultats immédiats : calme, détente et sécurité. D'après le Dr Gonzague de Larocque, précieux ami et médecin addictologue : « Cette respiration est aussi efficace qu'un Valium, sans son effet chimique et son état de dépendance. »

La première actionne plus le système nerveux sympathique en état d'alerte, et la seconde le système nerveux parasympathique en mode « ralentissement et relaxation ».

En résumé, avec une respiration thoracique courte, haletante et irrégulière, notre organisme bascule en mode « anxiété et survie ». Avec une respiration abdominale lente, posée et régulière, notre organisme bascule en mode « sécurité et tranquillité de l'esprit ».

Cette respiration abdominale est naturelle, elle est à la portée de tous. Elle est même tellement naturelle que c'est celle des nourrissons, et celle que nous avons lorsque nous dormons.

Retrouvez la respiration abdominale en 4 étapes.

1. Mettez une main sur votre ventre. Bouche fermée, inspirez profondément par le nez en comptant jusqu'à 10, et essayez d'aller le plus loin possible comme si vous gonfliez un petit ballon de goûter d'anniversaire. Sentez votre ventre se soulever sous votre main.
2. Bouche fermée, gardez les poumons pleins pendant quelques secondes.
3. Puis expirez par la bouche en comptant jusqu'à 20, jusqu'à expiration de tout l'air contenu dans les poumons. Bye, les toxines !
4. Pour finir, bouche fermée, restez les poumons vides pendant quelques secondes.

Essayez de le faire une dizaine de fois, et ce plusieurs fois par jour, toutes les occasions sont bonnes : à l'arrêt devant un feu rouge, dans une situation d'attente, devant la télévision ou son écran d'ordinateur, et bien évidemment avant de dormir ! Petit à petit, avec une pratique régulière, vous arriverez à augmenter progressivement la durée de vos temps de respiration et éprouverez de plus en plus rapidement les effets de détente de la respiration abdominale. Cette technique de respiration est super-simple, extrêmement efficace, et à la base de la méditation.

Autre technique pour court-circuiter le mental, la cohérence cardiaque

Révélée par le Dr David Servan-Schreiber*, la cohérence cardiaque est une « extension » de pratique de la respiration abdominale qui

* *Guérir le stress, l'anxiété et la dépression sans médicament ni psychanalyse*, David Servan-Schreiber, Robert Laffont.

régule en même temps le rythme de nos battements cardiaques. En agissant sur notre cœur, nous arrivons à mieux gérer nos émotions et notre mental et améliorons ainsi notre bien-être physique et psychique. Conseillée par les médecins, la cohérence cardiaque est basée sur une respiration rythmée particulière où l'on inspire sur cinq secondes en gonflant le ventre, et où l'on expire sur cinq secondes en rentrant le ventre. Et ce, pendant 5 minutes. Le rythme recommandé est « 3, 6 5 » : 3 fois par jour, 6 respirations par minute, pendant 5 minutes. À titre de comparaison, lorsque nous sommes dans un état de calme, notre rythme est de 12 à 15 respirations par minute. Quand nous parlons, nous montons au-dessus de 20 respirations par minute, et quand nous dormons, nous descendons en dessous de 10. Le but du jeu, c'est que cette respiration lente, posée et régulière entre en résonance avec notre système nerveux autonome, qui va lui-même appuyer sur le bouton « calme » de notre cerveau et nous faire basculer en mode « sécurité ».

Outre la respiration abdominale classique qui, elle, n'est pas rythmée, la cohérence cardiaque présente plusieurs bienfaits :

- Elle fait baisser le taux de cortisol (l'hormone du stress) dans les 3 minutes, avec des effets qui se prolongent de 4 à 6 heures.
- Elle aide à chasser les pensées et les émotions négatives.
- Elle permet une meilleure gestion du stress et de l'anxiété, un meilleur rythme cardiaque et une meilleure prise de décisions.
- Elle augmente la production des ondes cérébrales alpha. Souvenez-vous : c'est l'état de relaxation et de lâcher-prise de notre cerveau.
- Et le meilleur pour la fin : elle permet d'obtenir un meilleur sommeil !

C'est d'ailleurs cette stratégie qu'utilisent les navigateurs en solitaire pour dormir sur commande et récupérer rapidement pendant leurs courses, ainsi que les joueurs de poker ou d'échec pendant leurs tournois. Alors, si cela fonctionne pour eux, autant essayer ! Il y a de fortes chances que cela marche aussi pour nous.

BOUGEZ

Comment aider notre corps à bien fonctionner et à gagner en énergie vitale ? Le corps a cinq besoins vitaux (la respiration, l'ingestion, la digestion/l'assimilation, l'élimination, et l'activité/le sommeil) Comme j'ai déjà traité le sommeil et la respiration et que je traiterai les besoins physiques et énergiques de notre corps liés à l'alimentation page 251 et suivantes, reste l'activité !

Hop, hop, hop ! Faire de l'exercice a de nombreuses vertus, aussi bien physiques que mentales. Cela permet de se sentir bien dans sa peau, d'être plus positif, de diminuer le stress et l'anxiété, de mieux contrôler sa ligne, de favoriser la digestion, de prévenir de nombreuses maladies comme l'hypertension et l'ostéoporose, de vivre plus longtemps et en bonne santé et d'améliorer le sommeil.

Pour améliorer votre degré d'énergie, vous avez l'embarras du choix, vous pouvez choisir des activités qui vous tonifient, étirent vos muscles, augmentent votre souplesse, votre sentiment de détente : le running, le vélo, la natation, la marche rapide, la marche nordique, le yoga, le fitness, la gymnastique, le Pilates, le qi gong, le tai chi, etc.

Idéalement, pour favoriser la santé et la longévité, il faudrait intégrer dans votre agenda trois à cinq séances d'exercice par semaine pour le reste de votre vie. Le secret : restez constant et privilégiez toutes les petites actions sportives du quotidien comme de monter un escalier plutôt que de prendre un escalator ou un ascenseur. Puis, sortez, promenez-vous, flânez, vagabondez, marchez, marchez, marchez et marchez encore ! Selon le Programme national nutrition santé (PNNS) français, il faudrait marcher 30 minutes par jour en plus de ce que nous marchons habituellement, ce qui fait au total environ 10 000 pas par jour. Cela vous paraît beaucoup ? Pas d'affolement. Tous les jours, alors que vous accompagnez les enfants à l'école, vous déplacez d'un endroit à un autre, allez au travail, faites les courses, etc., vous faites en moyenne environ 6 000 pas. Ces 30 minutes supplémentaires qui nous sont conseillées représentent 3 000 à 4 000 pas supplémentaires à faire par jour. Pour ma part, j'utilise le créneau du matin pour courir une petite demi-heure avant de commencer ma journée pour réussir à le faire. Au moins, ça c'est fait ! Petit clin d'oeil, c'est toute la « Magie du Matin ».

SI BESOIN, PERDEZ DU POIDS

« Être trop gras est l'un des problèmes les plus négligés lorsqu'il s'agit de vouloir mieux dormir. Le surpoids exerce un stress sévère sur vos organes internes et votre système nerveux et il est un des plus grands perturbateurs du système endocrinien (...), celui qui produit les hormones telles que mélatonine, cortisol, cytosine qui, comme vous le savez maintenant, jouent un rôle important dans le sommeil. »*

Chaque fois que vous mangez, votre organisme est inondé d'hormones de stress. Une étude portant sur l'impact du surpoids sur le cortisol présentée par l'université de Deakin en Australie a montré qu'après un repas les personnes en surpoids avaient un taux de cortisol de 51 %, alors que chez les personnes avec un poids de forme, le taux était de 5 %. Comme le cortisol est l'hormone du stress par excellence, il est, de fait, comme nous l'avons déjà vu, l'ennemi numéro 1 du sommeil. Du coup, nous pouvons vite rentrer dans un cercle vicieux : à cause de notre mauvais sommeil, nous sommes plus fatigués, cette fatigue nous incite à rechercher de l'énergie immédiate dans la nourriture, ce qui ouvre le bal aux petits grignotages, sucres et glucides de préférence (carrés de chocolat, biscuits, chips, etc.), cela nous amène à prendre du poids, donc à produire plus de cortisol, donc à moins bien dormir, et ainsi de suite…

FAITES DES CÂLINS

Vous souvenez-vous du film de Coline Serreau *La Belle Verte* ? Les personnages venus d'une autre planète vont dans les maternités faire des câlins aux un nouveaux-nés afin de se recharger en énergie.

* Shawn Stevenson, *14 jours pour bien dormir.*

Moins calorique que les petits en-cas, enlacer, étreindre, prendre dans ses bras tendrement offre une ressource énergétique très élevée. Cela libère des hormones de bien-être comme la dopamine (plaisir et motivation), l'ocytocine (satisfaction), les endorphines et la sérotonine (baromètre de nos humeurs, plaisir et bonheur), et c'est complètement réjouissant, revigorant, stimulant, rafraîchissant, nourrissant et naturel ! Mais ce n'est pas tout. Faire des câlins renforce le système immunitaire, diminue le rythme cardiaque, le taux de cortisol (l'hormone responsable du stress, de l'hypertension artérielle et des maladies cardiaques), la douleur, les symptômes des maladies auto-immunes… et le meilleur pour la fin : avec le sentiment de plaisir, de joie et de confiance qu'ils procurent, les câlins équilibrent notre système nerveux parasympathique et nous aident à revenir en mode « sécurité ».

« Nous avons besoin de 4 câlins par jour pour survivre, de 8 câlins par jour pour l'entretien, et de 12 câlins par jour pour croître. »* Alors à vous les câlins avec votre partenaire, vos enfants, vos amis, votre chat, votre chien, vos poissons rouges !

FAITES L'AMOUR

Les organes sexuels sont le centre d'énergie le plus puissant du corps humain. Dans la culture indienne, ils sont le chakra sacré, départ de la vitalité et siège de nos émotions les plus fortes, comme l'amour, la haine ou le désir. Pour la médecine chinoise, l'énergie sexuelle est considérée comme tellement

* Comme a pu le dire Virginia Satir, psychothérapeute américaine particulièrement connue pour son approche de la thérapie familiale.

puissante qu'elle en devient guérisseuse et est vivement recommandée pour certaines affections. Certaines pratiques sexuelles comme le tantrisme aideraient également à accroître notre force vitale. Nous n'avons pas forcément besoin d'un partenaire pour cela. Cette énergie est accessible en dehors de toutes relations sexuelles. On fait monter le désir en se laissant guider par ses fantasmes, puis, une fois que l'excitation est au top, que l'énergie est là, on calme son esprit tout en maintenant cette vibration, et on la redirige vers notre mental, ce qui permet de doper son énergie vitale de manière générale, et son activité en particulier. C'est excellent pour nos performances professionnelles ! Enfin, l'énergie sexuelle libère, entre autres, de l'ocytocine (calme et bien-être), de la sérotonine (satisfaction et plénitude) et de l'endorphine (particulièrement utile pour un sommeil de qualité). De plus, d'après le tao, l'énergie sexuelle serait un fabuleux élixir de jeunesse.

FAITES-VOUS MASSER

Dans la médecine ayurvédique, l'automassage (Abhyanga), est un rituel important pour cultiver son énergie vitale et préparer le corps au sommeil. Il ne faut en effet que 7 secondes de massage ou d'automassage pour permettre au cerveau de secréter de l'ocytocine produisant un sentiment de bien-être et de satisfaction immédiat. Le massage réduit aussi le niveau d'anxiété, équilibre le système nerveux et offre toutes les chances de mieux dormir !

PROFITEZ DES VERTUS DE LA VITAMINE D, DU MAGNÉSIUM ET DU POTASSIUM

Les vitamines et les minéraux sont indispensables au bon fonctionnement de notre organisme et à notre énergie vitale. Lorsque nous en manquons, notre corps nous envoie des signaux : fatigue, sensibilité au stress, crampes, mauvaise humeur, sommeil perturbé… Même si une quantité de facteurs peut être à la source de ces symptômes, ils peuvent indiquer une carence en vitamine D et/ou un déficit de magnésium ou de potassium. Une déficience en magnésium peut ainsi être la cause de troubles du sommeil comme l'insomnie, un manque de potassium de réveils matinaux, et une carence en vitamine D de fatigue dans la journée. N'hésitez pas à consulter votre médecin pour en savoir un peu plus.

Voici quelques symptômes de déficit en magnésium :

- Hyperémotivité
- Crampes et raideurs musculaires
- Engourdissements dans les bras et les jambes
- Maux de tête
- Tressautements des paupières
- Fatigue matinale
- Difficultés d'endormissement
- Réveils nocturnes
- Stress, anxiété
- Irritabilité

En avez-vous au moins quatre ? Alors vous êtes susceptible de manquer de magnésium. Ne vous inquiétez pas. On estime que 75 % d'entre nous seraient carencés en magnésium, et spécialement, nous, les femmes. Ceci est dû aux facteurs environnementaux, comme la pollution, et à nos habitudes de vie (stress, alimentation déséquilibrée, alcool...).

D'après l'Organisation mondiale de la santé, un adulte a besoin quotidiennement de 460 mg de magnésium. Pour en trouver naturellement, nous pouvons manger des céréales complètes, des légumes verts, des légumes secs, des figues sèches, des dattes, des noix, des amandes, du chocolat noir (de préférence) et boire des eaux riches en magnésium. Lorsque nous prenons des compléments en magnésium, nous choisissons généralement des suppléments par voix orale : cachets, ampoules buvables, etc. Nous pouvons aussi bénéficier des propriétés du magnésium en usage externe, par absorption directe par la peau, sans passer par la voix digestive sans effets secondaires indésirables. Il agit ainsi directement là où notre corps en a besoin.

ÉCOUTEZ DE LA MUSIQUE

Notre oreille a un psychisme. Selon une étude publiée en 2011 dans *Nature Neuroscience* par une équipe de chercheurs de l'Université McGill*, écouter de la musique augmente de 6 à 9 % le niveau de dopamine dans le cerveau. Selon cette même étude, le plaisir musical serait comparable à celui procuré par la cocaïne ! La musique a donc un pouvoir enchanteur et magique sur nos sens et notre psychisme. Elle pénètre directement en nous et fait vibrer nos émotions. Dans cette même étude, il a été

* https://www.nature.com/articles/nn.2726

révélé que le morceau le plus apprécié a été l'*Adagio pour cordes* de Samuel Barber*. Invitation : installez-vous confortablement, écoutez-le, prenez du plaisir, frissonnez et laissez monter en vous ce petit shoot de dopamine !

PROFITEZ AU MAXIMUM DE LA NATURE

Connaissez-vous les bienfaits de la vitamine G ? Non ? Pourtant, elle est gratuite et naturelle. Ce nom a été donné par certains chercheurs pour désigner les bienfaits de la nature. « G » comme « *green* » (vert). Les arbres, les plantes, les fleurs, le vent, le soleil, les oiseaux, les étoiles, la lune, la pluie, les rivières, les champs… Profiter de ces merveilles et se mettre au vert régulièrement aurait des effets bénéfiques pour notre santé. Notre équilibre, notre bien-être émotionnel physique et psychique dépendent de la présence accordée à la nature dans notre vie. Des chercheurs ont démontré qu'une balade de 90 minutes dans la nature impacte positivement notre cerveau en diminuant le cortisol (hormone du stress). Mais ce n'est pas tout. Être en contact avec la nature augmenterait notre concentration et notre créativité et serait un puissant antidépresseur : « Les effets anti-déprime du contact avec la nature ont été sérieusement étudiés, notamment par l'université Stanford aux États-Unis. Il en ressort que les promenades dans la nature font du bien à notre cerveau, nous rendent plus positifs et moins sujets aux

* Américain, Samuel Osborne Barber II était l'un des compositeurs les plus célèbres du XXe siècle. Regardez la vidéo de répétition de l'Orchestre de Paris dirigé par Long Yu avant les concerts de 2014 : https://www.youtube.com/watch?v=ZzexW5EOiFw

ruminations, un facteur de risque important de la dépression, préservant ainsi notre santé mentale. »*

Ce n'est un secret pour personne : bien-être, santé et nature sont liés ! Et comme entre stress, dépression et mauvais sommeil, il n'y a qu'un petit pas à franchir, mettez vos baskets et allez gambader dans la nature, oxygénez-vous, prenez l'air pour débrancher un peu et vous « changer les idées » ! Une autre bonne raison de vous rapprocher le plus souvent possible de la nature pour respirer le bon air est que, si dans nos belles forêts le taux moyen d'oxygène tourne autour de 20 %, il peut chuter à 16 % en ville, et même moins dans les espaces mal aérés. Cela fait réfléchir, non ?

« Pourquoi les vagues, le vent, la faune ou la flore ne sont-ils jamais fatigués, alors que les humains le sont si souvent ? »

DEEPAK CHOPRA

* Sophie Bartczak, http://www.lepoint.fr/sante/comment-la-nature-fait-du-bien-a-notre-sante-mentale-29-07-2015-1953183_40.php
Le Point rapporte également que des chercheurs de l'université de Melbourne en Australie ont démontré que la simple contemplation de la nature augmente la concentration et la productivité au travail et que des psychologues de l'université du Kansas aux États-Unis ont découvert qu'une immersion en pleine nature durant quatre jours pourrait augmenter de 50 % notre créativité.

EXPOSEZ-VOUS AU SOLEIL ET À LA LUMIÈRE

Souvenez-vous, la lumière a un rôle très important : elle est notre premier repère temporel. Elle nous donne l'heure et règle ainsi notre horloge biologique interne, qui régit la synthèse de la mélatonine, l'hormone du sommeil. Le soleil et la lumière sont donc d'autres excellentes bonnes raisons pour flirter avec Dame Nature, d'autant plus que les rayons du soleil sont source de vitamine D et de sérotonine, éléments indispensables à notre bonne humeur et à nos nuits réparatrices. Il n'en faut pas forcément beaucoup : 20 minutes d'exposition à la lumière et/ou au soleil par jour suffisent pour que nous nous sentions plus en forme.

Plan B pour les temps gris, les manques d'exposition au soleil et les coup de blues : la luminothérapie. Alors que nous menons nos vies en grande partie enfermés entre quatre murs, au bureau, devant notre écran d'ordinateur, dans les transports en commun, les salles de sport, au cinéma, la luminothérapie est une bonne alternative pour faire des cures de lumière. C'est idéal pour booster notre énergie, améliorer notre sommeil, réguler notre horloge biologique et aider tous ceux qui travaillent la nuit ou qui voyagent beaucoup à tenir et récupérer. Personnellement, dès que l'automne arrive, j'utilise des lunettes de luminothérapie pendant un petit quart d'heure tous les matins, ce qui me permet de garder mon énergie estivale quasiment toute l'année. J'en suis fan !

« De deux choses l'une. L'autre c'est le soleil ! »

JACQUES PRÉVERT

Prenez-vous du temps pour vous, du temps pour vous faire plaisir et pour vous amuser ? Prenez-vous le temps de prendre soin de vous, de vous reposer sans culpabiliser ? Vous sentez-vous utile ? À votre place ? Aligné dans votre vie ?

Être en harmonie, c'est être en accord avec ce que nous sommes au fond de nous-mêmes et avec ce qui nous relie aux autres et au monde. Quand tout cela est bien clair, en retour, nous sommes récompensés par un sentiment de sérénité. Nous sommes à notre place et l'énergie de vie circule allègrement dans nos veines. Aucune médecine, aucune science ne peut nous insuffler ce capital vital là s'il ne vient pas de notre intérieur, c'est-à-dire de la façon que nous avons de nous nourrir au sens propre et au sens figuré. Personne d'autre au monde que vous ne peut le faire pour vous-même...

« Que ton aliment soit ton médicament. »

UNE **ALIMENTATION** SAINE

Pour faire tourner l'incroyable machine qu'est notre organisme, nous avons besoin de carburant qui va nous donner de l'énergie. Celle-ci nous est principalement donnée par nos aliments, que notre corps va devoir transformer pour fabriquer de l'énergie à sa manière. Pour cela, il va devoir aussi en dépenser. L'un ne va pas sans l'autre. La qualité de nos aliments/carburants et le bon fonctionnement de ce système de transformation d'énergie interne vont avoir un impact majeur sur notre forme en général, et sur notre sommeil en particulier. Il n'y a là rien de véritablement nouveau. Les traditions millénaires indienne ayurvédique et chinoise et la naturopathie provenant de la Grèce antique l'avaient compris depuis des siècles. L'alimentation est un système d'énergie en soi faisant partie d'un tout. Difficile d'en isoler les éléments, qui sont tous interconnectés et interdépendants.

Maintenant, comment « manger énergie » ? « Manger énergie », ce n'est pas manger en comptant les calories, ce qui vous fera passer du 42 au 38. C'est vous alimenter de telle sorte que vous allez avoir plus de tonus, de forme foncière, de bien-être, parce que, oui, le sommeil et le bonheur peuvent se retrouver aussi dans votre assiette !

Dans ce chapitre sur l'alimentation, nous allons donc entamer une nouvelle chasse aux « Pokemon Énergie » avec les aliments qui nous en donnent et le comportement ad hoc. Pour cela, passons par la case « connaissance ».

COMMENT FONCTIONNE LE CORPS HUMAIN ET D'OÙ VIENT L'ÉNERGIE ?

Le corps humain est une turbine à énergie

De manière très simplifiée, le corps est une solide turbine à énergie qui transforme et consomme de l'énergie 24 h/24 h. Les aliments/carburants entrent d'un côté et sortent d'un autre.

Celui qui exécute le travail de transformation, c'est l'appareil digestif. Constitué d'un ensemble d'organes, l'appareil digestif s'occupe de la digestion, ce processus qui, par ses actions mécaniques et chimiques, permet de transformer nos aliments en petites molécules appelées « nutriments » ou éléments nutritifs*, qui vont nous donner de l'énergie.

Comment notre organisme fait-il pour récupérer et redistribuer les nutriments contenus dans nos aliments afin de nous donner de l'énergie ?

* Les nutriments ou éléments nutritifs sont des composants élémentaires contenus dans les aliments, ou issus du milieu naturel, et utilisés par l'organisme pour couvrir ses besoins, notamment de croissance et de développement. Il existe six catégories de nutriments : l'eau, les glucides, les protéines, les lipides, les vitamines et les sels minéraux. Un nutriment peut être directement utilisé par le corps sans aucune modification chimique, ou alors provenir des aliments digérés, qui vont nous donner de l'énergie.

Prenons pour exemple le plus célèbre des fruits, immortalisé par Ève, Newton, Blanche Neige et Apple : la pomme.

Croquons la pomme ! Le travail de digestion commence dans la **bouche**. Pendant que nos dents la broient, nos papilles nous font découvrir les saveurs sucrées ou acidulées de notre Golden. Ses morceaux se mélangent avec la salive et forment ainsi une sorte de bouillie. Il est temps d'une première recommandation importante : si vous faites partie de ces mangeurs qui ont l'habitude d'avaler leur assiette « en moins de deux », essayez de manger plus lentement. Plus nous prenons notre temps pour mâcher, plus nous facilitons le travail de notre estomac, mieux nous « prédigérons » notre pomme, et moins nous fatiguerons notre corps inutilement. Prendre son temps est aussi un geste de mieux-être.

Imaginons notre **estomac** comme un robot de cuisine, dans lequel se trouvent notre pomme « prédigérée », un steak frites, un morceau de camembert, un coca. La totalité de notre repas va se mélanger avec les sucs gastriques, un liquide qui sert à la transformation des aliments. Notre robot stomacal brasse et malaxe tous les ingrédients contenus dans son bol pendant 2 heures, 3 heures, 6 heures, voire plus. La durée de son action dépend principalement de la taille du repas et de ses ingrédients, mais également de la façon que nous avons eue de l'ingérer ! Plus nous prenons du temps en amont pour broyer les aliments dans notre bouche, moins notre robot stomacal utilise d'énergie pour le faire.

Une fois son travail terminé, l'estomac envoie la pomme transformée en pâte semi-liquide dans l'**intestin**. L'intestin est l'étape la plus importante du parcours. Côté énergie, c'est ici que se finalise la transformation de notre pomme en éléments nutritifs énergétiques pour notre organisme. Côté sommeil, c'est ici que nous synthétisons 95 % de notre sérotonine, l'hormone du bonheur et précurseur de la mélatonine, l'hormone du sommeil. Cette « pâte de pomme » va ensuite effectuer un voyage tout au long des 6 m de notre intestin grêle, durant lequel les éléments nutritifs et la sérotonine « libérés » traversent la paroi de notre intestin et sont absorbés par le sang. Admirons au passage le réseau de redistribution : les vaisseaux sanguins d'un adulte mis bout à bout s'étendent sur environ 90 000 km ! Ainsi absorbés, les nutriments se dirigent vers nos nombreuses cellules qui, ravies, les utilisent pour produire de l'énergie.

Au bout d'un extraordinaire voyage de plusieurs heures*, la chaîne de production de notre appareil digestif a ainsi rempli sa mission. Le voyage est fini ! Enfin presque... Parce que ce qui entre d'un côté doit sortir d'un autre. Un liquide contenant les éléments non digérés de notre pomme va poursuivre le voyage dans la deuxième partie de notre intestin, le **côlon**. Il lui faut 15 à 18 heures pour parcourir ces 1,70 m. C'est le temps nécessaire à notre organisme pour, entre autres, réabsorber l'eau contenue dans ce liquide avant son évacuation par les selles.

Il ne faut pas sous-estimer l'importance de l'élimination, la dernière action de notre appareil digestif. Notre corps dépend de l'eau qu'il réabsorbe pour bien fonctionner. Aussi bien d'un point de vue psychologique qu'énergétique, il est essentiel pour

* Si vous souhaitez en savoir plus, je vous invite vivement à lire *Le Charme discret de l'intestin* de Giulia Enders (Actes Sud).

notre forme et notre énergie de ne pas garder en nous ce que nous n'avons pas réussi à digérer...

Sachant qu'il faut environ 10 heures pour digérer une simple entrecôte frites* et qu'un adulte mange en moyenne 500 kg d'aliments par an**, si nous faisons le calcul, nous passons environ 25 jours par an à digérer ! Le temps nécessaire pour transformer et ajuster nos excès se rajoute à ce temps. Manger trop vite, trop lourd, trop tard, etc., fait augmenter les dépenses et vide le compte d'énergie. Vous vous souvenez de mon histoire lorsque je me suis retrouvée en panne au milieu d'un carrefour parce que j'avais fait un plein de diesel au lieu d'un plein d'essence ?

Au final, bien manger, c'est aussi savoir bien gérer son énergie. Et lorsque notre énergie est bien gérée, elle peut circuler en mode « fluidité/sécurité » et nous dormons tranquilles !

D'où vient votre énergie ? Le glucose est la principale source d'énergie de votre corps

La principale source d'énergie de notre corps, c'est le glucose, c'est-à-dire un sucre (glucide). C'est notre carburant « sans plomb 98 ». Notre organisme consomme le glucose en fonction de son besoin immédiat. Il n'en stocke presque pas, sauf quand nous en faisons un trop-plein. Dans ce cas, attention à nos fermetures éclairs car notre organisme transforme cet excédent en graisse ! **Pour fabriquer le glucose, nos cellules vont transformer trois**

* La folle aventure d'une entrecôte frites à travers votre corps : https://www.santenatureinnovation.com/entrecote-frites/

** http://sante.journaldesfemmes.com/magazine/10-infos-insolites-sur-le-corps-humain/chaque-annee-nous-mangeons-500-kg-d-aliments.shtml

grandes familles de nutriments issus de notre digestion : 1) les glucides, 2) les lipides et 3) les protéines.

1) Les glucides

Parlons en premier de la famille des glucides, car, comme nous venons de le voir, ils sont notre principale source de glucose, donc d'énergie. Il en existe deux sortes :

- **Les sucres rapides,** qui court-circuitent le parcours de la digestion, donnent, comme leur nom l'indique, une énergie rapide de courte durée. Mais attention, si le taux de sucre dans le sang monte trop vite (on parle de taux de glycémie), notre organisme entre en mode « survie ». Pour faire le plein de glucides côté Dame Nature, vous pouvez vous tourner vers des aliments au goût naturellement sucré, comme le miel, les dattes, les carottes et les jus de fruits frais... ; et, côté industriel, vers les sucres raffinés (sucre de canne, blanc ou roux), les bonbons et les barres énergétiques.
- **Les sucres lents,** qui portent bien leur nom, sont plus longs au démarrage et nous donnent de l'énergie plus longtemps et de manière constante (sachant que stabilité = sécurité). Les plus connus sont les féculents (pâtes complètes, riz complet, pommes de terres – mais pas frites –), les céréales et les pains complets (pas industriels), les épinards, les avocats et notre célèbre pomme...

2) Les lipides

Quand notre corps a déjà puisé dans le glucose et fabriqué des sucres lents, s'il manque encore d'énergie, il va se tourner vers les lipides, c'est-à-dire les matières grasses (que l'on trouve, par exemple, dans la viande rouge, beurre, fromage, etc.). Mais, attention, si nous ne manquons pas de glucose, notre corps fera des réserves de lipides, ce qui veut dire bye bye, le petit bikini !

3) Les protéines

Last but not least, les protéines assurent la plupart des fonctions cellulaires. Leur importance est telle qu'elle est inscrite dans leur nom : en grec, « prôtos » signifie « premier, essentiel ». Notre corps a besoin des protéines pour se construire, fonctionner de manière générale et se protéger. Les membres de la grande famille des protéines (il y en a une vingtaine) sont appelés « acides aminés ». La plupart des hormones, dont la mélatonine, sont des protéines. Les œufs, la viande, le poisson, le lait, les produits laitiers, les légumes secs, les fruits secs, le soja et la spiruline sont des exemples d'aliments riches en protéines.

Notre carburant ne pourra pas être fabriqué sans l'action des vitamines, des minéraux et des fibres. Bien qu'ils n'aient pas de valeur énergétique à proprement parler, leur rôle est essentiel. Sans eux, la ligne de production d'énergie finirait par s'arrêter. Baisse d'énergie et mode « survie » assurés ! C'est grâce à leurs réactions biochimiques (notre organisme est un sacré réacteur) que les glucides, lipides et protéines sont transformés en carburant « sans plomb 98 » et que les aliments non digérés sont évacués.

1. **Les vitamines B :** Elles sont nécessaires au cycle de production et à la circulation de notre énergie (métabolisme, production des globules rouges, fonctionnement du système nerveux, etc.) et participent à la synthèse du tryptophane. Le tryptophane étant l'un des acides aminés de notre organisme essentiel pour le moral et le sommeil. On en trouve dans le brocoli, les céréales complètes, le cresson, les épinards, le

germe de blé, le foie de veau, la levure de blé, la mâche, les fruits de mer, les légumineuses...

2. **La vitamine C :** Elle est importante pour le métabolisme de notre organisme. Elle a un effet déstressant et défatiguant. On en trouve dans le brocoli, le cassis, le chou vert frisé, le citron, la goyave, l'orange, la fraise, le kiwi, le persil frais, le poivron...
3. **Le fer :** Sans fer, nos globules rouges ne peuvent pas fournir assez d'oxygène aux cellules, ce qui provoque une fatigue chronique, des difficultés à se concentrer et un manque d'énergie. On en trouve dans le boudin noir, les céréales non raffinées, le foie, les haricots blancs, les lentilles, les huîtres, les palourdes, le soja et le tofu, la spiruline, les épinards...
4. **Le magnésium :** Il est indispensable à la production de notre énergie vitale. On en trouve dans les amandes, l'avocat, la banane, l'eau minérale, les céréales complètes, les légumes verts, les légumineuses, les noix, les noisettes, le riz complet, la spiruline...
5. **Les fibres :** Les fibres sont essentielles à la digestion et l'évacuation des selles. On en trouve dans les amandes, l'artichaut cuit, le chocolat noir 70 %, les épinards cuits, les fruits secs, les légumineuses, les olives vertes, le pain de campagne, la pomme...

LE TRYPTOPHANE

C'est un acide aminé essentiel précurseur de la sérotonine qui n'est pas synthétisé par le corps et doit donc être apporté par l'alimentation. Les principaux aliments riches en tryptophane sont les aliments protéinés : la viande, la volaille, le poisson, les produits laitiers, les noix de cajou, le soja, le foie, les graines de citrouille ou de melon d'eau, les amandes, les cacahouètes, la levure de bière. Une alimentation pauvre ou dépourvue de tryptophane accélère et aggrave les tendances dépressives et augmente l'agressivité.

C'EST À VOUS ! ÉVALUEZ VOS HABITUDES ALIMENTAIRES

Et maintenant, prenez un instant pour évaluer vos habitudes alimentaires afin de savoir où vous en êtes niveau énergie. Il y a sans doute des ajustements à faire - de bonnes habitudes à développer et de moins bonnes à corriger –, pour que votre alimentation soit au service de votre énergie vitale et de vos nuits paisibles.

	OUI	NON
Vous prenez votre repas principal le soir.		
Vous mangez rapidement.		
Vous mangez moins de 3 heures avant de vous coucher.		
Vous sautez un repas (petit déjeuner, déjeuner, dîner).		
Vous buvez moins de 1,5 litres d'eau par jour.		
Vous ne mangez pas de légumes.		
Vous ne mangez pas de fruits.		

	OUI	NON
Vous consommez régulièrement des stimulants (café, alcool, boissons énergisantes, boissons gazeuses, chocolat).		
Vous consommez régulièrement des aliments transformés (plats cuisinés, charcuterie, gâteaux, biscuits apéritif, chips, farines blanches, sucres cristallisés, etc.).		
Votre régime est riche en gluten (pains, pâtes, semoule, muesli, gâteaux, etc.).		
Vous mangez régulièrement fast food, kebab, etc.		
Votre indice de masse corporelle (voir l'encadré ci-dessous) est inférieur ou supérieure à la moyenne.		

L'INDICE DE MASSE CORPORELLE (IMC)

Indice validé par L'Organisation Mondiale de la Santé, l'IMC évalue les risques liés au surpoids. Un indice trop faible (on est maigre en-deçà de 18,5 IMC ($kg.m^{-2}$) ou trop élevé (on est en surpoids au-delà de 25 et obèse à partir de 30) est mauvais pour notre santé générale et augmente le risque d'apnée du sommeil.

Pour le calculer, il suffit de diviser votre masse (en kg) par votre taille (en m) au carré. Exemple : une femme pesant 55 kg et mesurant 1,60 m a un IMC de $55/1,60^2 = 21,48$ IMC ($kg.m^{-2}$).

Plus vous avez répondu de « oui », plus le risque de subir des symptômes associés à une alimentation inadaptée augmente.

Poursuivons : combien cochez-vous de symptômes ci-dessous ?

	OUI	NON
Insomnie		
Apnée du sommeil		
Réveil entre 1 h et 3 h du matin		
Encore fatigué au réveil		
Cernes		
Somnolence		
Maux de ventre		
Ventre gonflé		
Bruits similaires à des gargouillements		
Flatulences		
Brûlures d'estomac		
Reflux		
Crampes		
Nausées et/ou vomissements		
Bouche pâteuse		
Mauvaise haleine		
Maux de tête		
Bâillements		

À vous de voir. L'objectif de ce bilan n'est ni de vous faire culpabiliser, ni de vous juger, mais de vous motiver à développer de nouvelles habitudes alimentaires qui privilégieront votre énergie vitale et amélioreront votre sommeil.

LES HABITUDES ALIMENTAIRES QUI DONNENT DE L'ÉNERGIE ET QUI AIDENT À MIEUX DORMIR

Vous avez répondu non aux quatre premières questions du bilan ? Bravo ! Vous avez déjà de bonnes habitudes alimentaires.

En effet, les quatre bonnes habitudes alimentaires de base sont :
1) manger léger le soir,
2) manger lentement (mâcher et savourer pour pré-digérer),
3) manger assez tôt pour laisser le temps à votre robot stomacal de finir son travail avant de vous coucher,
4) ne pas sauter de repas

Côté énergie : à tout moment, notre organisme dispose d'une quantité limitée d'énergie pour faire tourner notre « incroyable machine ». Sa répartition se fait entre les différents organes en fonction des besoins de chacun. Donc, en toute logique, quand, après notre repas, la digestion monopolise une grande partie de notre énergie pour des aliments plus difficiles à digérer, c'est forcément au détriment d'autre chose !

Côté sommeil : dans un premier temps, il est plus compliqué de nous reposer quand notre estomac est plein et en train de digérer. Dans un second temps, une fois endormi, plus notre organisme doit dépenser de l'énergie le soir pour digérer un repas non adapté à son besoin (glycémie, acidité, toxines, etc.), moins il dispose d'énergie pour faire efficacement son travail de réparation et de régénération de nos cellules la nuit. Résultat, le lendemain matin, nous nous réveillerons déjà fatigués parce que nous aurons manqué de ce fameux sommeil réparateur.

Êtes-vous motivé pour faire de petits changements pouvant faire une grande différence sur votre niveau d'énergie ?

10 bonnes pratiques qui favorisent votre forme générale et votre sommeil

- **Commencez par vivre chaque repas comme un cadeau.** Souvenez-vous du pouvoir de la gratitude (voir p. 208) : prendre conscience de la saveur de ce que nous sommes en train de manger augmente notre force vitale.
- Souriez, **faites de votre repas un moment de partage et de joie.** Parlez, échangez avec vos enfants, votre conjoint, vos amis. En plus du plaisir partagé, cela favorise la production de sérotonine, précurseur de la mélatonine, notre hormone du sommeil chérie. Si vous êtes seul, rien ne vous empêche de partager votre repas avec l'un de vos proches par Skype ou FaceTime. Pour ma part, ma fille vivant au Canada, ma meilleure amie dans le Sud et certains de mes amis à l'étranger, malgré la distance, nous prenons, quand même, régulièrement rendez-vous pour grignoter ensemble ! Vive les nouvelles technologies.
- **Buvez de l'eau, de l'eau et encore de l'eau sans modération !** Évitez juste de boire pendant les repas, car cela dilue les sucs digestifs, et, surtout, évitez les colas et autres sodas qui n'apportent que du sucre rapide et de la caféine.
- **Mangez quelque chose environ une demi-heure après votre réveil, même très léger...** Cela signale à votre organisme que vous entrez en mode « sécurité ».
- **Mangez la quantité adaptée à vos besoins.** Une astuce pour les gros mangeurs : manger dans de plus petites assiettes fait croire à votre cerveau qu'il y a plus d'aliments qu'il n'y en a

vraiment ! En mangeant lentement dans de petites assiettes, les petites portions passeront très facilement et votre cerveau vous enverra un message de contentement : « Merci, je n'ai plus faim ! »

- **Évitez les excitants le soir (café, thé, sodas, alcool, etc.).** Parce qu'au moment du coucher, quand vous chercherez à vous décontracter et à vider votre tête, ces excitants continueront leur action et continueront à vous stimuler physiquement et mentalement pendant quelque temps...
- **Évitez les vêtements trop serrés à la taille.** Un ventre comprimé ralentit la digestion. Nous le savons bien intuitivement, puisqu'il nous arrive de desserrer discrètement notre ceinture devenue trop serrée après un bon plat de pâtes carbonara !
- **Restez en position verticale le plus longtemps possible, ou assis bien droit sur votre chaise.** S'allonger et se vautrer tout de suite sur son canapé après le repas va ralentir la digestion. C'est logique : le chemin que prennent les aliments est descendant. Compenser la position horizontale demande un effort à l'organisme, ce qui entraîne une dépense d'énergie supplémentaire (et le risque de remontée des sucs acides).
- **Après le dîner, buvez une infusion de plantes.** La passiflore, la valériane, la verveine et la mélisse aident toutes à la détente et à l'hydratation. De plus, boire une infusion chaude facilite la digestion. C'est même un geste essentiel de nettoyage et de rééquilibrage du corps dans la pratique ayurvédique, qui recommande de boire de l'eau (très) chaude très régulièrement tout au long de la journée pour purifier l'organisme des toxines accumulées. Souvenirs, souvenirs... Le traditionnel lait chaud au miel vous permettra lui aussi

de vous endormir tout en douceur – le lait avec du miel est rempli de tryptophane.

- Puis, dans l'idéal, **faites une courte balade digestive** environ 20 minutes après votre dernière bouchée (c'est le temps qu'il faut à notre robot stomacal pour se mettre en marche). Une petite marche de 10 à 15 minutes accélère la vitesse de notre robot stomacal, ce qui fera que notre repas y restera moins longtemps*. Je dis bien « petite balade » et non « petit running » ! Sinon, l'énergie nécessaire pour un mouvement plus intense sera prioritaire sur celle de la digestion, du coup, celle-ci tournera au ralenti. Notre corps est d'une incroyable et merveilleuse logique !

Retenez une seule chose : **toute l'énergie dépensée par notre organisme pour la digestion n'est pas disponible pour autre chose.** Alors dès que vous vous entendez dire : « J'ai le ventre qui explose », « Je ne peux plus bouger », « Je n'en peux plus » « J'ai mal au ventre », « J'ai mal au cœur », écoutez, ralentissez et à la diète !

Intuitivement, vous faites certainement déjà la différence entre les aliments qui vous donnent de l'énergie et ceux qui vous en prennent. **Écoutez juste votre corps.** Comme vous allez le découvrir, certains aliments sont reconnus pour leur valeur d'énergie et d'autres pour le trouble qu'ils provoquent.

* Really? The Claim: Taking a Walk After a Meal Aids Digestion : https://well.blogs.nytimes.com/2013/06/24/really-the-claim-taking-a-walk-after-a-meal-aids-digestion/

Les aliments qui donnent de l'énergie

Le top

J'ai regroupé pour vous quelques aliments qui ont un bon apport en énergie. Bien évidemment la liste n'est pas exhaustive.
Fruits secs : amandes, dattes, noix de cajou, pistaches.
Fruits : agrumes, pommes, bananes.
Graines : de chia, de sésame, de tournesol, de lin.
Gourmandise : chocolat noir (70 %).
Produits laitiers : fromage blanc (20 % de matières grasses), fromage grec, fromage de chèvre ou de brebis.
Poissons riches en oméga 3 : saumon, sardine, truite, maquereau, etc.
Légumes : avocat, brocoli, chou frisé, patate douce, pomme de terre (pas frite).
Légumineuses : lentilles, pois chiches.
Céréales : avoine, pâtes, pain, riz, céréales complètes, quinoa.
Complément alimentaire : spiruline.

LES OMÉGA-3

Les oméga-3 appartiennent à la famille des acides gras essentiels, ces matières grasses qui jouent un rôle primordial dans le fonctionnement du système nerveux et la formation des cellules. Ils sont essentiels à son bon fonctionnement et à celui de notre corps. Lorsque notre cerveau en manque, notre niveau d'énergie baisse.
Comme notre organisme n'en fabrique pas de lui-même, la seule source naturelle reste notre alimentation. Les aliments riches en oméga-3 sont surtout les poissons gras, mais aussi les poissons maigres, et les fruits de mer. Parmi les poissons

à privilégier figurent : le saumon, le hareng, le maquereau, le thon, les sardines... et les « poissons blancs », comme la sole, la raie, le merlan... L'huile de foie de morue, les œufs (mais pas tous ! seulement ceux provenant de poules élevées en plein air ou nourries aux graines de lin), l'huile de colza, les légumes à feuilles vertes (épinards, mâche, laitue, etc.), les graines de chia et de lin et les noix sont également de bonnes sources d'oméga-3.

L'eau, notre élément vital

Sans eau, il n'y a pas de vie possible ni d'énergie ! Sans elle, c'est la mort assurée ! Alors que nous pouvons survivre assez longtemps sans nourriture, **privé d'eau, le corps ne peut pas tenir plus de 3 jours**. C'est la fameuse règle des trois : on peut survivre environ 3 semaines sans manger, 3 jours sans boire et 3 minutes sans respirer. **En moyenne, 65 % du corps d'un adulte est constitué d'eau*** (ce qui représente 39 bouteilles de 1 l litre d'eau chez une femme qui pèse 60 kg). Plus de trois quarts de notre sang est constitué d'eau (83 %). Nos reins sont constitués d'eau à 81 %, notre cerveau à 76 %**.

Notre organisme ne stocke pas l'eau. Il en perd près de 2 litres par jour (transpiration + respiration + selles). Pour notre survie, l'eau évacuée emporte avec elle toxines et déchets de notre corps. Après 24 heures sans boire, notre corps commence à se déshydrater. Lorsque notre organisme manque d'eau, plus rien

* http://www.cnewsmatin.fr/sante/2016-01-12/quelle-quantite-deau-y-t-il-dans-le-corps-humain-720131

** http://www.cnrs.fr/cw/dossiers/doseau/decouv/usages/eauOrga.html

ne fonctionne et il rentre doucement en mode « baisse d'énergie et survie ». Il faut donc à tout prix refaire régulièrement le niveau d'eau dans notre corps. Il faut s'hydrater, boire, boire, boire de l'eau, encore et toujours !

L'EAU DU ROBINET, L'EAU DE SOURCE ET L'EAU MINÉRALE

L'eau du robinet a subi un traitement et une désinfection pour la rendre potable. Bien qu'en France l'eau de consommation soit de bonne qualité, selon les saisons et les régions, sa qualité n'est pas égale. Recommandation : remplissez votre carafe d'eau le matin, pour la journée. Une simple aération pendant au minimum 1h permettra d'éliminer l'odeur désagréable de chlore.

Les eaux en bouteilles viennent des nappes d'eaux souterraines naturellement consommables. La différence entre l'eau de source et l'eau minérale se situe uniquement dans leur composition en minéraux et en oligo-éléments.

Pour l'eau de source, la faible teneur en minéraux et en oligo-éléments est variable, ce qui fait que les composants ne sont pas stables, et ne peuvent pas être garantis identiques pour chaque bouteille.

Les eaux minérales quant à elles se caractérisent par la stabilité de leur composition.

Pour faciliter la digestion, privilégiez les eaux ayant la plus faible teneur en sels minéraux et en oligo-éléments comme Mont Roucous, Thonon, Volvic et Évian (souvent utilisées dans la préparation des biberons).

Il existe également **des eaux « de luxe »** très haut de gamme : les eaux artésiennes considérées comme les plus pures, comme Voss (« chute d'eau » en norvégien), rolls des eaux minérales, Lynx, Bling, Ogo, ou l'exotique Fiji (qui provient d'un puits artésien situé dans les montagnes du Nakauvadra sur Vitu Levu, une île tropicale appartenant à l'archipel des Fidji).

4 recommandations pour bien s'hydrater

S'hydrater, c'est augmenter notre énergie vitale. Buvez en moyenne 1,5 à 2 litres d'eau par jour. Bien évidemment, augmentez votre consommation en fonction du climat et de vos activités sportives ou physiques (buvez plus quand il fait très chaud ou quand vous faites du sport).

Pour votre énergie, privilégiez les eaux peu minéralisées qui sont plus « *friendly* » pour le travail de la digestion. Tout ce qui est bon pour notre digestion, est bon pour notre énergie vitale.

Pour votre sommeil, sachez que **plus vous buvez d'eau pendant la journée, plus votre organisme est hydraté, et plus il est en mode « sécurité ».** Moins il est hydraté, plus il est en mode « survie » (jusqu'à 24 % de production de cortisol en moins). Attention toutefois à ne pas trop boire le soir afin d'éviter de ne pas vous réveiller 3 fois par nuit pour aller aux toilettes, ce qui est dommageable pour votre sommeil et vos reins qui ont, comme vous, besoin de repos.

Le manque d'eau génère une fatigue générale, une baisse de tension, une augmentation du stress, une perte de mémoire,

voire de la dépression* et un mauvais sommeil ! Eh oui, une déficience d'énergie peut être un « appel à eau » – à ne pas confondre avec une envie de caféine ! Comment savoir si votre corps manque d'eau ? C'est facile. Si vous avez la peau sèche et l'urine foncée, il est fort probable que vous ne buvez pas assez.**

Et pour celles et ceux qui se réveillent avec la gorge sèche pendant la nuit et ont besoin de boire, privilégiez une petite bouteille d'eau à côté de votre lit, plutôt qu'un verre d'eau.

◗ *Vous n'aimez pas l'eau ? Ma stratégie pour y remédier*

Je vous comprends. Moi non plus, avant, je n'aimais pas ! Avant, je ne pouvais pas boire de l'eau toute simple. Je trouvais l'eau fade et j'avais pris le réflexe systématique de boire un Coca zero dès que j'avais soif. Certes, je buvais plus de 1,5 l de liquide par jour entre mes Coca zero, mes nombreuses tasses de thé au lait et un petit verre de vin, parfois, en soirée, mais tous ces liquides n'étaient pas de l'eau. Remplir mon corps de sodas alors que mon corps avait besoin d'eau pour son bon fonctionnement m'est apparu, d'un coup, complètement insensé. Alors, pour retrouver mon énergie et un meilleur sommeil, j'ai éliminé tous les sodas et j'ai opté pour l'eau. J'ai même fini par l'aimer ! Comment ?

Je l'aromatise tout simplement avec des arômes naturels et/ou avec une base d'infusions ou d'huiles essentielles ! Il y en a à foison, je ne m'en lasse pas : feuilles de menthe, gingembre

* Une légère déshydratation peut causer un état dépressif : http://www.lapresse.ca/vivre/sante/201201/25/01-4489132-une-legere-deshydratation-peut-causer-un-etat-depressif.php

** L'insomnie et le manque de sommeil, un sérieux problème de santé : http://www.masantenaturelle.com/chroniques/chroniques2/insomnie.php

(excellent pour la santé, j'adore), concombre, citron vert, chlorophylle, curcuma, fenouil, anis (mon préféré !), etc. Ainsi, boire de l'eau, « mon » eau, est devenu non seulement plaisant, mais également bien plus économique que les Coca zero et que toutes les nouvelles boissons santé aromatisées qui existent sur le marché.

Le soir, je prépare ma bouteille d'un litre en l'aromatisant en fonction de mes envies, et hop ! au frais pour le lendemain ! Comme cela, pas de doute, je sais que je boirai la quantité nécessaire pour le bon fonctionnement de mon corps et de mon énergie. Cela ne m'empêche pas non plus, bien évidemment, de prendre plaisir et réconfort dans la chaleur, l'odeur et la saveur de mes grandes tasses de thé. Le grand changement : j'ai ritualisé ma consommation d'eau. Je ne bois plus « parce qu'il faut », motivation purement extrinsèque venant des injonctions extérieures, mais parce que l'eau est devenue ma petite fée bienveillante, qui nettoie, tous les chagrins, le stress, les tensions, comme par magie...

5 aliments qui dépensent votre précieuse énergie vitale

L'alcool

L'alcool augmente le taux d'acidité de notre corps, ce qui fatigue notre organisme, qui doit alors lutter et se mobiliser pour rééquilibrer – et même parfois réparer –, en fonction de la quantité.

Quant à son effet sur notre sommeil, c'est un mauvais calcul de croire que, parce ce qu'il a tendance à nous ralentir et à nous assoupir, il est l'allié de nos nuits. Que nenni ! Sa présence dans notre sang, nos organes, notre cerveau, etc., modifie nos cycles de sommeil. Au mieux, nous réussirons à nous dormir d'une traite, mais nous nous réveillerons encore fatigués, car il faut en moyenne entre 5 et 7 heures (pour une quantité d'alcool « raisonnable ») pour éliminer définitivement l'alcool de notre organisme. Au pire, l'alcool peut entraîner des insomnies et des éveils à répétition.

La caféine

La caféine est l'un des composants principal du café. Elle est également présente dans le thé (hormis le thé rouge) : le thé contient environ 5 % de caféine, ainsi que dans certains sodas et boissons énergétiques.

Certes, un peu de caféine peut être bénéfique côté énergie, mais il faut veiller à la façon dont on la consomme : prendre son café le matin avant de manger met l'organisme en stress, et en prendre après 15 h a un impact sur le sommeil. En effet, la caféine bloque la production de la mélatonine (ce qui explique notre difficulté à nous endormir) et augmente la production d'adrénaline et de dopamine (d'où son effet de stimulation). Ses effets durent plusieurs heures après la consommation : elle a en effet besoin d'environ 6 heures pour être à moitié éliminée par l'organisme. La conséquence est que nous avons du mal à nous endormir et/ou que notre sommeil est « coupé », ce qui diminue d'autant le temps de sommeil paradoxal. Dans les deux cas, notre organisme entre en mode « mal-être » et « survie ».

Les sucres raffinés

On trouve du sucre raffiné dans les plats industriels préparés, les pains de mie, la charcuterie, les sodas (y compris « light »), les sirops, les bonbons, le riz blanc, les pâtes, etc. Sans le savoir, avec ce type de produits, nous consommons en moyenne 35 kg de sucre par an, c'est à dire 6 fois plus que la consommation recommandée par l'Organisation mondiale de la santé.

Ces sucres rapides d'origine industrielle n'apportent aucun élément nutritif. Non seulement un régime riche en sucres provoque hyperglycémie et aigreur d'estomac, et endommage la flore intestinale*, mais il augmenterait aussi, selon une étude américaine**, le nombre de micro-réveils et diminuerait la durée du sommeil profond. Cela stresse notre organisme, ce qui a un impact sur notre énergie vitale et notre sommeil.

Les matières grasses

Consommées en excès, les matières grasses provoquent des troubles de la digestion, augmentent le cholestérol, font grossir et bloquent nos artères. Chacune des conséquences d'une surconsommation est suffisante à elle seule pour faire basculer notre organisme en mode « survie » !

Citons parmi les aliments à éviter : la peau de la volaille, le poisson pané, le fromage gras (20 % de matières grasses et plus), les frites, les chips, la charcuterie, les pâtisseries, les coupes grasses de viande... Et parmi les aliments à limiter : le beurre, les biscuits, le fromage à pâte dure, certaines graisses végétales telles que l'huile de palme et la margarine, la mayonnaise, le poisson gras, les vinaigrettes, les viandes...

* Sucre : effets méconnus d'un irrésistible poison, *in* http://www1.rfi.fr/fichiers/MFI/Sante/1434.asp

** What you eat can influence how you sleep, St-Onge MP, Roberts A, Shechter A, Choudhury AR. Fiber and saturated fat are associated with sleep arousals and slow wave sleep. J Clin Sleep Med, 2016;12(1):19%u201324. DOI: 10.5664/jcsm.5384

Mon conseil cuisine : remplacez le beurre, la margarine et l'huile de palme par l'huile d'olive, l'huile de colza ou l'huile de coco...

Les produits laitiers

L'estomac humain a du mal à digérer le lait d'origine animale, notamment le lait de vache qui contient du lactose, plus riche en matières grasses que le lait de chèvre et de brebis.

Une consommation sans excès est tout de même bénéfique à notre organisme car le lait et ses produits dérivés sont également sources de lipides et de tryptophane – précurseur de la sérotonine, elle-même précurseur de la mélatonine, notre fameuse hormone du sommeil. Privilégiez plutôt le fromage de chèvre et de brebis, les fromages à pâtes dures et les produits qui contiennent moins de 20 % de matières grasses.

« Petits plus énergie »

Les intolérances au gluten et au lactose peuvent également être à l'origine d'un manque d'énergie et de troubles généraux de votre métabolisme. N'hésitez pas à faire le test de vos intolérances alimentaires auprès d'un laboratoire d'analyse médicale spécialisé et à consulter votre médecin ou un spécialiste en nutrition.

Pour la bonne gestion de votre énergie, **ayez bien en tête également les associations d'aliments.** Quand vous combinez deux aliments ou plus déjà difficiles à digérer seuls (par exemple le café et le lait ou la crème), vous augmentez le travail de votre organisme. La prochaine fois que vous aurez envie de mettre un peu de lait dans votre café, ou de terminer votre repas par un Irish coffee (café, whiskey, crème fouettée et sucre), pensez donc un peu à lui et à la production de votre énergie !

Enfin, dans la mesure du possible, **privilégiez l'alimentation la plus proche de Dame Nature, sans transformation industrielle, et essayez si possible de manger bio.** Sur un plan économique, acheter bio peut stresser le budget mensuel, mais nous sommes gagnants sur le plan énergie : les pesticides et autres produits toxiques utilisés par les grandes productions encrassent et stressent l'organisme.

24 HEURES AVEC VOTRE ALIMENTATION ÉNERGIE

Ce n'est désormais plus un secret pour vous : l'un des meilleurs remèdes à votre baisse d'énergie et à vos mauvaises nuits se trouve dans votre assiette.

Que vous soyez dauphin, lion, ours ou loup, voici les trois règles pour avoir une bonne énergie :

1. **Le matin, mangez quand votre corps le sentira !** Ou dans l'heure qui suit le réveil, ou plus tard. À vous de voir !
2. Tout au long de la journée, suivez le vieil adage : **« mangez comme un roi le matin, comme un prince à midi et comme un mendiant le soir. »**
3. **Le soir, terminez votre dernier repas 3 heures avant d'aller vous coucher.**

LES TROIS TYPES D'ÉNERGIE SELON L'AYURVÉDA

Armanda Dos Santos, thérapeute, formatrice en ayurvéda et fondatrice d'*Ayurvéda Magazine*.

« L'ayurvéda est un système global de santé, incluant de la médecine interne, de la chirurgie, de la pédiatrie, de la psychologie, etc.

L'ayurvéda est né il y a 5 000 ans en Inde et est reconnu pour être le premier système de santé à avoir été inventé par l'Homme afin de se soigner, s'autoguérir, en fonction de sa nature individuelle, mais également en fonction de son environnement social, climatique, familial et affectif. En ayurvéda, il est en effet question de constitution de naissance ou *prakriti* : nous naissons avec certaines prédispositions acquises par les parents, l'hygiène de vie de la mère pendant la grossesse, l'état de santé des deux parents au moment de la conception… ainsi que de la « mission », du choix de l'âme dans cette vie. Puis cette *prakriti* évolue, se modifie, en fonction des expériences de vie, du développement personnel et spirituel de la personne, ainsi que de l'environnement dans lequel elle évolue. Ces éléments vont modifier, ou du moins, influer, sur son état de digestion, de sommeil, de paix mentale, mais aussi de déséquilibre, physique, physiologique et psychologique.

Ce sont tous ces éléments que l'on considère en ayurvéda avant tout diagnostic ou protocole. On cherche avant tout à comprendre l'individu, qui il est, comment il s'est construit, comment il fonctionne, comment il réfléchit le monde, pour mieux comprendre le pourquoi du déséquilibre et le traiter à la source. On parle alors de médecine holistique. »

L'ayurvéda reconnaît trois énergies : Vata, Pitta et Kapha. Ces doshas – en sanskrit « ce qui change » – sont les trois forces de vie présentes dans tout organisme vivant. Nous avons tous un *dosha* dominant avec des propositions différentes selon l'histoire de chacun.

- **Vata** est composée d'air et d'espace, c'est donc une énergie délicate, subtile, sensible et de mouvement.
- **Pitta** est composée de feu et d'eau, c'est une énergie chaude, pénétrante, de digestion et de transformation.
- **Kapha** est composée d'eau et de terre, éléments les plus lourds, lents, stables, c'est donc une énergie de cohésion et de stabilité.

Bien que nous ayons les trois en nous, certains *doshas* vont être plus affirmés que d'autres et influencer notre personnalité et notre fonctionnement physique, physiologique et psychologique[*].

- **Les profils Vata** vont être très créatifs, vifs, dans le mouvement constant. Influencés par le mouvement, l'air, ils peuvent rencontrer des difficultés de gaz, de ballonnements, de sécheresse, avoir des mouvements incontrôlés ou incontrôlables du corps et de l'esprit, ainsi que des difficultés d'ancrage.
- **Les profils Pitta** vont droit au but, comme le feu qui pénètre. Et comme le feu, ils vont avoir besoin de se « nourrir ». Ils ont donc de l'appétit, physiologiquement, intellectuellement et spirituellement. Ce feu s'il n'est pas assez nourri, ou trop nourri,

→

* Il existe des tests qui permettent de connaître son *dosha* dominant. Le plus amusant : http://www.yogitea.com/fr/dosha-test/ Et le plus complet, le tableau des constitutions physiques – *prakriti* – sur le site https://www.ayurveda-france.org

peut provoquer des déséquilibres digestifs, des problèmes de peau, des inflammations diverses, de la colère, un manque de lâcher-prise, du perfectionnisme, voire des burn-out.

• **Les profils Kapha** vont être plus lents et stables car ils sont composés des éléments les plus basiques (l'eau et la terre). Leur stabilité mentale leur donne une certaine confiance sereine, en eux-mêmes et en la vie. On retrouvera chez eux néanmoins des déséquilibres de type œdème, des prises de poids, des lourdeurs, des léthargies, des kystes, etc.

Le principe de soin en ayurvéda est très simple : on utilise le concept des opposés.

Pour équilibrer Vata, puisqu'il est instable, mouvant, sec, froid et sensible, on va privilégier :

• la routine,
• une alimentation chaude, cuite, digeste et grasse,
• les massages à l'huile chaude,
• la concentration du regard sur une bougie pour apaiser le mental par exemple,
• et beaucoup de sommeil pour permettre au corps de se régénérer et à l'esprit de se poser.

Pour équilibrer Pitta, puisqu'il est chaud, pénétrant, « affamé » et passionné, on va privilégier :

• une alimentation douce, rafraichissante, à température tempérée,
• une activité détente, comme la marche, la nature, le jardinage, le contact avec les éléments (vent, terre, eau…), sans compétition ni avec soi ni avec autrui,
• un coucher avant 23 h et une déconnexion de tout digital 1 heure avant le coucher,

• et on fera attention à tous les excès : alimentaires, intellectuels, physiques.

Pour équilibrer Kapha, puisqu'il est stable, lourd, lent, voire léthargique, on va privilégier :
• les massages chauds ou à sec,
• une alimentation chaude, digeste et plutôt épicée, comme les soupes,
• une activité dynamique et régulière,
• et on fera sortir les profils Kapha le plus souvent possible de leur zone de confort en évitant notamment l'excès de table et de sommeil.

À savoir : les saisons sont également gouvernées par les doshas.

Le petit déjeuner

Quand vous vous réveillez après plusieurs heures de jeûne, votre corps a besoin d'énergie pour démarrer correctement. Si vous ne nourrissez pas votre organisme, c'est un peu comme si vous ne lui donniez pas de carburant. Conséquence : il ira en chercher dans vos muscles. Ne pas manger dans l'heure qui suit votre réveil, c'est indiquer à votre cerveau que vous êtes en manque, c'est-à-dire en mode « survie » !

Pour ceux qui n'ont pas faim le matin, comme les loups ou les dauphins, ne répondez pas non plus forcément aux injonctions extérieures, écoutez votre corps et attendez d'avoir faim. Mangez juste quelques amandes, dattes, noix de cajou ou figues sèches...

Ce sont des sources de protéines et de lipides. Elles indiqueront à votre cerveau que tout va bien, et vous aideront à mettre en route votre énergie jusqu'à ce que la faim vous rattrape plus tard.

Le petit déjeuner est traditionnellement connu pour être le repas le plus important. Il devrait vous fournir près d'un tiers de votre quota d'énergie vitale par jour. Mais, encore une fois, pas de règle absolue ! Comme le pensent certains naturopathes, dont Odile Chabrillac* : « Le petit déjeuner n'est pas obligatoire. Il faut manger quand on a faim. Donc pas de règle majeure, ni d'injonction sur le petit déjeuner. Pas de violence infligée au corps, il faut le laisser se mettre dans sa dynamique tout seul… »

Premier bon réflexe à installer : pour hydrater votre corps, buvez un verre d'eau tiède. Si vous voulez aller plus loin, préparez-vous un petit cocktail avec de l'eau tiède, un peu de gingembre et/ou du curcuma pour préparer votre appareil digestif. Et, de temps en temps, faites une petite cure détox de 15 jours avec un verre d'eau tiède et ½ citron pressé… Idéal après les fêtes !

Que faut-il manger ? C'est l'heure des protéines pour vous booster !

Le matin, d'une manière générale, ce n'est pas l'heure de manger des glucides, même si vous avez envie d'un bon bol de céréales ou de bonnes tartines de confiture de fraises ou d'abricots. Les glucides encouragent la fabrication de sérotonine, l'hormone liée à l'humeur et au réconfort. Or lorsque le

* Naturopathe et auteur de *Gérer son énergie même quand on est à plat* (Solar).

taux de sérotonine augmente, le cortisol – l'hormone du stress et du réveil –, baisse.

Donc, plutôt que de vous faire un gros « câlin nutritif »* avec des céréales bien croustillantes et bien sucrées qui vont agir comme des tranquillisants, pour vous booster, **favorisez les protéines.** Elles sont nécessaires pour augmenter la régénération de nos cellules et pour nourrir nos muscles, y compris notre cerveau. De ce fait, elles ont un effet de puissance et de vitalité. À vous donc les œufs à la coque, brouillés, pochés... et le bacon, le jambon, le fromage, les yaourts, une petite quantité de flocons d'avoine, de graines, de noisettes, d'amandes, de baies de goji, de dattes... Régalez-vous !

Pour ceux qui n'ont pas faim le matin, le principe du Docteur Nerina Ramlakhan** – que pour ma part j'ai adopté – est : 8 amandes et 2 dattes. Cette portion très réduite contient « 150 à 200 calories, avec un cocktail parfait de protéines, de graisses et de sucres lents » et suffit à casser le message : « Je suis en état de survie. »

Évitez les stimulants, comme le café, qui excite trop, d'un coup, votre organisme en le mettant dans un état de stress. Dans l'idéal, il faudrait attendre 2 heures après le réveil pour boire votre premier café. Le café ne donne pas d'énergie, il rend nerveux. Grosse différence !

* Selon l'expression de Michael Breus dans son livre *QUAND ? Faites votre révolution chronobiologique et réalisez pleinement votre vie* (Belfond).
** *Bien dormir, Vivre à fond*, Nerina Ramlakhan (Marabout).

Exemple de petit déjeuner énergétique

- 1 verre d'eau tiède
- 1 œuf (poché ou à la coque) et 1 fine tranche de fromage à pâte dure (cantal, brebis, gruyère, gouda, mimolette, tomme de Savoie, etc.)

ou 1 bol de fromage blanc à 20 % de matières grasses saupoudré de 1 poignée d'amandes et de fruit rouges
ou 1 bol de flocons d'avoine avec du lait d'amande et des figues

Le déjeuner

Après une matinée bien remplie, la concentration baisse, votre métabolisme ralentit, la fatigue s'installe. Vous avez besoin de refaire le plein d'énergie pour le reste de la journée. Le déjeuner va vous permettre de le faire. Le déjeuner idéal répond à nos demandes physiologiques générales.

Que faut-il manger ? **Le déjeuner doit comprendre des protéines, des glucides, des lipides, des vitamines, des minéraux et des fibres.** Un moyen mémotechnique efficace pour s'en souvenir, c'est la formule 60/20/20, qui évite carences et prises de poids et qui consiste en un repas composé de :

- 60 % de fruits et légumes crus et cuits,
- 20 % de protéines (viandes, fromages, œufs, poissons, légumineuses),
- 20 % de glucides (céréales, pommes de terre, châtaignes, riz brun, pâtes complètes, pain complet...).

Voici un exemple de repas en application de cette formule : 300 g de fruits et légumes + 100 g de protéines + 100 g de féculents*.

Ayez en tête que, si vous mangez trop gras, ou trop lourd, vous risquerez de piquer du nez dans l'après-midi.

Notez que, d'après les conseils de la naturopathie sur les bonnes associations alimentaires, d'une manière générale, les fruits doivent être pris en dehors des repas.

Et, enfin, une clef pour lutter contre le mode « survie, stress et fatigue » : installez-vous et prenez un vrai moment pour « conscientiser » et savourer votre repas même, et surtout, s'il ne dure que 20 minutes !

Exemple de déjeuner énergétique

- Salade et crudités
- Viande maigre, blanc de poulet, poisson ou fromage à pâte dure
- Légumes verts (haricots, poireau, épinards, brocoli, blettes, etc.)
- Pain, pâtes ou riz complet
- Dessert maison : petite mousse au chocolat noir (+ 70 %) par exemple

* http://www.naturosante.com/rubriques/conseils/conseil.php?23

Le goûter

Un coup de pompe dans l'après midi ? C'est normal ! Votre organisme est en train de vous prévenir que le niveau de votre énergie vitale est bas et qu'il a besoin de sucre. **Planifier une collation légère à base de fruits secs, de fruits frais, de laitages ou de biscuits secs permet de tenir bon jusqu'au dîner sans grignoter n'importe quoi !**

Le dîner

C'est l'heure des glucides pour se réconforter et faire baisser le taux de cortisol. Privilégiez les sucres lents, les bons petits plats de *pasta al dente,* en ne forçant pas sur les portions et les matières grasses, beurre, fromages, etc. bien évidemment !

Un dîner relativement léger et équilibré pris 3 heures avant d'aller vous coucher est la solution parfaite. Ne pas assez manger, c'est priver votre organisme du carburant dont il a besoin pour faire son travail de régénération, de restauration et de réparation, et créer un manque qui risque de vous réveiller la nuit. À l'inverse, trop manger augmente le temps de travail de digestion, donc d'énergie dépensée qui impacte directement sur la qualité de votre sommeil, comme nous l'avons déjà vu. Il faut donc trouver le bon compromis.

En cas d'excédent de sucre et d'alcool dans la journée, privilégiez un dîner « détox » qui réduira l'acidité accumulée dans votre organisme. Dans ce cas, en jus ou en salade, mangez de la pomme, du céleri, des épinards, de la laitue...

Et pour terminer votre repas, **prenez une petite infusion,** qui aide à la digestion et favorise l'endormissement.

Exemple de dîner léger

- Salade de quinoa
ou pâtes et salade
ou tarte aux légumes
ou pommes de terre au four et salade
ou fromage blanc 20 % de matières grasses
ou potage de légumes fait maison
- Infusion de camomille ou de passiflore

QUATRIÈME RENDEZ-VOUS : VOS NOUVEAUX RITUELS ÉNERGIE DU MATIN AU SOIR

« To be happy, in a good health, it's simple :
open your heart, drink water,
have positive thinking, and smile !
Then you will have a good energy and
everything will be OK in your life.
Everything is energy, you know...
Just Be happy ! »

« Pour être heureuse et en bonne santé, c'est simple :
ouvre ton cœur, bois de l'eau, pense positif et souris !
Alors tu auras une bonne
énergie et tout ira bien dans ta vie.
Tout est énergie, tu sais...
Sois juste heureuse ! »

Tels sont les mots plein de fraîcheur et de simplicité que Suryo, un homme-médecine joyeux, aussi rond et doux qu'un caramel, rencontré pendant mes vacances à Bali, m'a murmuré à l'oreille après m'avoir fait un soin énergétique. Bon sang, mais c'est bien sûr ! La recette du bien-être, de la santé et du bonheur est si simple finalement ! Quand j'ai fait appel à ses services, je n'étais pas au mieux de ma forme, mon cœur était triste et mes nuits encore troublées. Ces paroles toutes simples, qui sonnent juste et vrai, aux allures de recette pleine de sens et de sagesse, ont une telle résonance intérieure qu'elles m'ont indiqué très clairement la direction à prendre pour guérir de mon énergie en mode « survie » et de mes nuits troublées. En reprenant mon vélo sur les routes vallonnées de l'« île des dieux », je me suis sentie toute guillerette et « libérée, délivrée », comme si des ailes m'avaient poussé dans le dos, et j'avais un sourire aussi large que celui de Julia Roberts dans le film *Eat, Pray, Love (Mange prie, aime*)*.

* *Mange, prie, aime* est un film américain réalisé par Ryan Murphy d'après le livre éponyme d'Elizabeth Gilbert.

LES **BIENFAITS** DES RITUELS

« Donnez-moi un point d'appui
et je soulèverai le Monde. »

ARCHIMÈDE

QU'EST-CE QU'UN RITUEL ?

Un rituel, c'est une puissante association entre une intention et un acte que l'on va répéter régulièrement et qui va nous relier à une autre dimension de nous-mêmes. Un rituel nous offre un vrai pouvoir d'action, du sens, un ancrage, des repères, et ajoute une forme de réenchantement et de sacré dans notre vie.

Il est différent d'une habitude ou d'une routine, qui ne posent ni la question du sens ni la notion de sacré. En latin, *sacer* vient du verbe *sancire,* qui signifie « rendre inviolable », « interdire ». Cela vous parle-t-il ? Il y a bien des choses, des idées, des êtres, des moments qui sont « sacrés » à vos yeux, protégés par une limite inviolable, au-delà de laquelle il y a affront ou transgression. Introduire un rituel dans votre quotidien, c'est introduire ce moment non négociable pour vous, qui répond aux besoins de votre être profond et de votre liberté existentielle.

Faisons un focus théorique sur la différence entre habitude, routine et rituels.

Une habitude est une manière usuelle d'être, de sentir ou de faire. Par exemple : « D'habitude, je prends ce chemin. » Nous sommes génétiquement des êtres d'habitudes. Notre cerveau les adore. Il aspire à schématiser tout notre comportement à l'aide d'habitudes. Elles représentent 40 % de nos comportements quotidiens*, ce qui signifie qu'elles façonnent notre existence et notre avenir. Ainsi, si nous changeons nos habitudes, nous changeons nos vies. Au passage, elles ont de précieux bienfaits. Elles favorisent le sentiment de sécurité vis-à-vis des événements extérieurs, nous cadrent et nous rassurent en nous donnant plus de contrôle sur nos vies et en réduisant l'anxiété. Elles nous allègent du processus anxiogène de décision, libèrent de l'espace dans notre disque dur interne – notre cerveau –, réduisent notre dose de stress et nous font donc gagner du temps.

La routine quant à elle se définit plutôt comme l'habitude d'agir ou de penser toujours de la même manière, en mode pilotage automatique. Par exemple : « Je me brosse toujours les dents de la même manière ».

Le rituel, à la différence des deux autres, est une « pratique de caractère sacré ou symbolique », que l'on fait en conscience et dans lequel on met du sens. Je vous livre un exemple personnel : méditer tous les matins n'est ni une habitude, ni une routine pour moi, mais bien un rendez-vous sacré, rempli d'un sens particulier qui m'est propre. C'est un mode de préparation et

* Gretchen Rubin, *Better Than Before : Mastering the Habits of Our Everyday Lives*, Crown Publishers, 2015.

de connexion intime, une façon de me relier au monde et de m'ancrer qui me permet de m'entraîner chaque jour à ouvrir et pacifier mon cœur, à me construire un mental plus positif et une force intérieure.

LES RITUELS SONT DES OUTILS DE RÉENCHANTEMENT, DE STABILITÉ ET DE MISE EN CONFIANCE

« Plein de mérites, mais en poète,
l'homme habite sur cette terre. »

HÖLDERLIN

Un rituel, c'est de la poésie en action. L'attitude poétique qu'il apporte dans nos gestes et nos pratiques régulières permet de réenchanter notre quotidien et d'habiter plus poétiquement le monde. Avec conscience, un geste anodin et routinier peut se transformer en petit moment de bonheur, en rituel rempli d'une beauté et d'un sens nouveaux.

Souvenez-vous : la sensation de maîtrise de soi, de sa vie et de son temps est une des conditions nécessaires au bonheur. Ainsi, par leur poésie et leur répétition, les rituels nous apportent la sécurité et le glamour dont nous avons besoin dans nos vies. Je les ai éprouvés et je les garantis ! J'ai pratiqué les rituels à haute dose quand j'ai dû traverser des caps difficiles et que mon sommeil s'en est douloureusement ressenti. À présent que ma vie est dans une période plus douce, ils demeurent de bons compagnons de route qui me permettent de maintenir force intérieure, perspective et stabilité.

Mais, en excluant les gros chocs de la vie, qui de l'œuf ou de la poule… ? Ma vie n'est-elle pas plus douce et mes nuits ne sont-elles pas plus réparatrices aujourd'hui, justement parce que je me suis super-entraînée pour qu'elles le redeviennent en faisant appel à mes capacités d'autoguérison au moyen des rituels ? Nous avons tous en nous un homme ou une femme-médecin qui ne demande qu'à prendre soin de nous. Il suffit de nous faire confiance et de lui laisser la main pour mettre en place de nouvelles habitudes, naturelles et vertueuses. Il faut juste dire un « grand oui » à la vie, être clair et décidé, vouloir vraiment changer, vouloir quitter le mode « survie » et vouloir passer éperdument, ardemment, passionnément, puissamment en mode « sécurité ». Ayez pleinement confiance en votre capacité à réussir ce passage. Tous les rituels qui vont suivre visent le même objectif : retrouver un meilleur sommeil en récupérant une meilleure forme générale, psychique, émotionnelle et physique. Ils vont vous apprendre à lâcher prise sur vos tensions personnelles et sur les tensions accumulées pendant la journée. Ils enverront ainsi des messages à la partie la plus primitive de votre cerveau : que tout va bien, que vous faites de votre mieux, qu'il n'y a pas de pas de fautes, pas de culpabilité à nourrir, et surtout pas de danger non plus ! Il n'y a aucun tigre à dents de sabre dans les parages. Vous êtes en sécurité. Il suffit de ralentir, de sourire et de respirer.

Qui ne tente rien n'a rien, n'est-ce pas ? Faites le pari de Pascal !

LES RITUELS SONT DES OUTILS DE TRANSFORMATION ET DE REPROGRAMMATION DE CE QUE VOUS ÊTES ET DE CE QUE VOUS POUVEZ DEVENIR

Ils sont également des outils précieux et puissants de réappropriation de votre vie. Entendons-nous bien, les néo-rituels ne sont pas magiques. Ils dépendront de la force de votre envie de changement, de votre intention, de la mise en place de nouveaux comportements, de votre régularité, de votre confiance en eux et en vous. Considérez-les comme un phare qui vous éclaire et vous maintient dans la bonne direction, une bouée ou une ancre qui vous rassure dans la tempête, une cotte de maille de chevalier qui vous protège des coups durs, et un vortex qui peut vous ouvrir tout un champ de possibles avec vous-même que vous ne connaissez pas encore ! Mais vous devez d'abord répéter les fondamentaux, « pratiquer », vous entraîner chaque jour comme un « sportif de la vie ». Une question : quelle est la proportion entre le temps d'entraînement d'un athlète et son temps de compétition ? En d'autres termes, d'après vous, combien de temps va-t-il passer à s'entraîner pour un championnat, un match ou un challenge ? Et s'il a le bonheur de gagner, cela sera-t-il dû à la chance, à son talent, ou à son travail ?

Et vous, combien de temps passez-vous à vous entraîner à être heureux ?

LES 4 CONDITIONS DE SUCCÈS DES RITUELS

Petits cailloux de la mémoire et réenchantement du quotidien, les rituels ont de véritables pouvoirs de transformation, mais, pour cela, quatre conditions sont nécessaires :

- **De la conscience et une intention claire.** Votre intention doit évidemment être vertueuse, et pourquoi pas « poétique » ! Pour vous aider, vous pouvez vous fixer de petits objectifs, en gardant toujours à l'esprit la stratégie bienveillante des petits pas. Acceptez d'avancer petit pas par petit pas. Ne vous fixez pas d'objectifs trop élevés ou trop nombreux, qui vous décourageraient trop vite. De la mesure, de la patience, de la confiance et de l'endurance tranquille.
- **Une mise en acte.** Il va vous falloir agir concrètement, vous engager. Je vais vous indiquer plein d'actions concrètes à mettre en place pour réussir votre challenge d'un meilleur sommeil.
- **De la régularité.** Si on n'a ni discipline ni régularité, on peut se perdre en cours de route. Le sentiment de sécurité est lié à la discipline. Comme le dit Michael Breus : « La clef d'un cerveau bien dressé et d'un chronorythme ponctuel, c'est la régularité »* Et puis les rituels du soir, par leur effet de répétition, vont finir par être interprétés par votre cerveau comme un nouveau signal du sommeil. Ils vont agir comme des panneaux de signalisation indiquant à votre organisme qu'il est temps d'aller dormir.

* *Quand ?*, Michael Breus, Belfond.

- **De la gratuité.** Les rituels sont des plaisirs en eux-mêmes. Ils incarnent le sens et la poésie de notre univers personnel. Ils nous font basculer dans un nouvel état d'esprit. Lâcher le mental nous aide à progresser sur ce chemin. Un rituel utilise et joue avec le temps, c'est une porte ouverte vers une nouvelle aventure qui va favoriser des forces bienveillantes que nous ne maîtrisons pas encore mais qui vont agir par elles-mêmes. Nous avons juste à nous concentrer, agir, nous faire confiance, lâcher prise, récolter, et (nous) remercier…

Les rituels qui suivent sont à la fois issus de bonnes pratiques conseillées par la psychologie positive, de transmissions de certaines personnes qui ont su dépasser les difficultés de leurs existences en faisant de leurs angoisses des forces mais également de mes expériences et de mes pratiques personnelles quotidiennes de bonne résiliente ! Ils sont un mix de « bonnes habitudes saines » combinées à un mode opératoire plus sacralisé, plus conscient, plus intentionnel, plus travaillé, dirigé et poétique – ce qui en fait des rituels. Je les ai appelé « néo-rituels », parce que leur réintégration dans notre vie moderne et leur mode opératoire réunissant bien-être psycho et sagesse sont nouveaux. Fini le sentiment d'impuissance et de frustration, vous pouvez agir sur votre vie et sur le monde.

24 HEURES AVEC VOTRE ÉNERGIE VITALE ! MODE D'EMPLOI DES NÉO-RITUELS

POUR CHAQUE MOMENT DE LA JOURNÉE…

Votre mission, si vous l'acceptez…
Le matin : mettez en route votre énergie. Hop, hop, hop !
La journée : profitez et réjouissez-vous le plus possible.
Le soir : délestez-vous et ralentissez votre énergie.
La nuit : restaurez-vous tranquillement et faites de beaux rêves…

En simplifiant énormément, d'un point de vue énergétique, chaque moment a une énergie et une fonction qui lui est propre, qui sollicite et mobilise plus fortement une partie de notre corps :

- **Le matin > le cœur.** Le matin a une place et un pouvoir extrêmement important. Il est le premier moment de la journée, et aussi le seul moment que nous pouvons maîtriser dans la journée. Après, tout sera aléatoire et imprévisible. Le matin a un pouvoir de sécurité (c'est du « sûr »), d'anticipation (on peut se projeter, prévoir, organiser) et de coloration (étant en pole position, il donne le ton du reste de la journée). En effet, les dernières recherches montrent que votre humeur du matin affectera la qualité de votre journée et de votre « productivité ». Le matin est LE moment pour ouvrir la danse et semer des graines pour le reste de la journée. Il permet de se « brancher » tout de suite sur de bonnes énergies qui vous prédisposeront à être moins stressé et plus en harmonie. Ce qui n'est pas planté le matin aura plus de mal à germer et éclore pendant la journée. Comme pour bien dormir tout commence le matin, il est essentiel d'ouvrir son cœur pour réussir à être moins anxieux et plus en confiance : il n'y a pas de sécurité sans ouverture de cœur !

- **La journée > la tête.** La journée, c'est le temps de l'action, de l'opérationnel, du travail. On pense, on réfléchit, on fait de multiples choix, on prend des décisions, on écrit, on élabore des stratégies, on répond à des appels d'offres, on parle, on enseigne, on répare, on assemble... Bref, on fait. Et pour faire et agir, on est bien obligé de faire marcher sa tête !
- **Le soir, la nuit > le corps.** « *No time for thinking* » (« Ce n'est plus le temps de penser »), disent les sages. La nuit est réservée au repos de notre cerveau et de notre corps. C'est un moment unique pour récupérer de l'énergie et se reconnecter à soi. On le sait, pour réussir à dormir, il faut savoir débrancher sa tête, faire barrage contre toutes les ruminations et les pensées parasitaires et polluantes.

L'APPROCHE AYURVÉDIQUE DES ROUTINES QUOTIDIENNES ET DES CYCLES DE LA JOURNÉE

Selon l'ayurvéda, la santé se gagne jour après jour par la façon dont nous mangeons, dormons, nous reposons, travaillons et faisons de l'exercice. Ce que nous faisons chaque jour pour rajeunir compte également. Avec chacune des actions que nous effectuons quotidiennement, nous créons une nouvelle physiologie. À ce titre, **la routine quotidienne est un pilier fondamental de la santé.** C'est l'autoroute de la santé.

La journée est divisée en six cycles de 4 heures, chacun gouverné par un dosha (un profil, une énergie, voir p. 277).

- **De 6 h à 10 h, début de matinée : Kapha**

C'est le moment où tout est lent. Il règne encore un certain calme dans l'atmosphère. La population vaque progressivement à ses occupations. Dormir après 6 h procure de la fatigue. Manger pendant ce moment est très indigeste, il est donc conseillé de faire un petit déjeuner léger.

- **De 10 h à 14 h, fin de matinée et déjeuner : Pitta**

L'activité physique bat son plein, le soleil est au zénith et le métabolisme trouve son apogée autour de midi. La faim se fait sentir. C'est le meilleur moment pour manger le repas le plus copieux de la journée et ingérer les vitamines, car tout est facilement digéré et absorbé.

- **De 14 h à 18 h, après-midi : Vata**

C'est un moment d'activité et de mouvement. Il est bon de privilégier la conversation et les activités mentales. C'est le moment où les meilleurs scores sont obtenus.

→

- **De 18 h à 22 h, soirée : Kapha**

Le soleil s'apprête à se coucher, l'énergie ralentit, la fatigue se fait sentir. Chacun rentre chez soi pour se reposer et dormir. Il est facile de s'endormir mais, passé 22 h, cela devient très difficile de trouver le sommeil.

- **De 22 h à 2 h, nuit : Pitta**

Le soleil étant couché, ce cycle est moins énergique que celui de la pleine journée. Voici le temps des rêves actifs et du sommeil profond. Le feu digestif est tout juste suffisant pour digérer un dîner léger et assurer le travail métabolique qui se met en route lorsque la physiologie est endormie. Si vous ne dormez pas, vous serez tenté de manger et risquez de le regretter le lendemain, parce qu'il n'y a pas assez de feu pour digérer un nouveau repas.

- **De 2 h à 6 h, petit matin : Vata**

La nature s'éveille et se met en mouvement. Cette tranche correspond au courant ascendant universel qu'on emploie pour se connecter au divin par la méditation. En se levant entre 4 et 5 h pour faire des exercices spirituels, on garde une dynamique toute la journée. En dormant après 6 h, on tombe dans la léthargie kapha dont il est difficile de se débarrasser.

18 NÉO-RITUELS « VIVRE ET DORMIR ENFIN ! »

Pourquoi 18 ? Je pourrais vous répondre que c'est le nombre de l'arcane de la LUNE dans le Tarot de Marseille, ou l'âge de la majorité, que ce nombre est chanceux... La vérité est que, initialement, j'avais l'intention de vous en proposer 10 – le confort et le côté sexy du chiffre rond – mais, afin d'être au plus près de l'exhaustivité et de la pertinence, j'ai dû rallonger... un peu... beaucoup... passionnément !

Vos 18 néo-rituels sont libérateurs d'hormones bien-être et répondent au « beau, bien, bon » afin de vous aider à reprogrammer votre énergie vitale et vous encourager à voyager en « première classe »*. Parce que vous le valez bien !

La structure d'un rituel est composée de 3 temps :

- **un temps de préparation** : constitué en partie de 3 grandes respirations conscientes, sorte de « Sésame, ouvre-toi ! » qui ouvre la porte du calme intérieur et de l'apaisement, et d'une grande gorgée d'eau afin de nettoyer les toxines et d'ouvrir un nouveau champ énergétique ;
- **un temps de formalisation et de pratique de votre intention :** consistant en la mise en actes du rituel en lui-même ;
- **un temps de clôture :** constitué de 3 grandes respirations conscientes, 3 « Sésame, ferme-toi », et d'une nouvelle grande gorgée d'eau consciente pour installer un nouvel ancrage positif. Vous pourrez également y rajouter des remerciements particuliers et/ou des dédicaces comme une prière : à vous de voir !

* Comme Philippe Noiret ! Voir p. 190.

IMPORTANT ! Dans la pratique de votre rituel, **c'est la clarté de votre intention, c'est-à-dire la conscience que vous allez mettre dans votre demande et dans vos actes, qui comptera.** Imaginez que vous tenez un arc et une flèche entre vos mains. L'arc et la corde en tension représentent votre envie de changement. La flèche représente votre intention, c'est-à-dire la clarté de l'énergie que vous allez déployer pour atteindre votre cible (votre objectif). La flèche dirige et oriente l'envie. Elle doit être droite, claire et équilibrée pour atteindre votre cible, car, comme vous le savez, une envie est de l'ordre du désir, et le désir, c'est large, général et très fluctuant... Nous avons donc besoin de la puissance de l'intention pour atteindre le mille (il s'agit dans votre cas de récupérer votre énergie vitale pour mieux dormir).

Vos 3 alliés incontournables dans la pratique de vos rituels sont :

- **la respiration,** fil rouge pour reprendre le contrôle de votre corps et de votre esprit ;
- **la visualisation,** faculté naturelle pour reprendre le pouvoir de votre mental et vous brancher à sa puissance créatrice ;
- **l'eau,** l'élément boosteur et purificateur par excellence, qui nettoie, fait circuler et transforme en énergie.

Dorénavant, votre meilleure nouvelle amie pour la vie est votre bouteille d'eau (ou votre mug, ou votre thermos). Vous ne la quittez plus, non pas parce qu'il « faut » boire pour être en forme et en bonne santé, mais parce que, avec elle et grâce à elle, vous allez apprendre à gérer vos tensions et vos émotions autrement. Il suffit de conscientiser ses bienfaits et ses vertus en les associant au travail de nettoyage, d'élimination ou de régénération dont vous avez besoin à un instant t. Adoptez ce nouveau réflexe :

avalez une gorgée d'eau lorsque vous rencontrez un moment de stress, de colère, de tristesse, de jalousie ou de peur, et, en même temps, visualisez que vous êtes train d'éliminer ce stress ou ces émotions – au sens propre et au sens figuré. Votre rapport à l'eau évoluera ainsi de : « Il faut que je boive », qui est une injonction ou une motivation extérieure, à « J'ai envie de boire », qui est un plaisir et une décision personnels. Vous combinerez ainsi la puissance des pensées et les pouvoirs prodigieux de l'eau.

Pour qu'ils soient accessibles à tous et totalement adaptés aux rythmes de vie actuels, les 18 néo-rituels que je vous propose sont très courts, faciles et « portatifs ». Ils sont des « refuges » qui durent entre 1 minute et 10 minutes maximum. Pour enclencher le changement, c'est votre intention qui va compter le plus. C'est votre engagement à tendre vers un nouvel état d'esprit et votre ardeur à pratiquer un nouvel entraînement mental autour du « bon, bien, beau » dans toutes les petites choses du quotidien qui feront toute la différence. Je dis bien ardeur, ou implication si vous préférez, car **les néo-rituels demandent non seulement un maximum de pratique « formelle » – avec des petits rendez-vous réguliers que vous fixez pour vous-même – et « non formelle » – qui consiste à avoir vos enjeux bien-être le plus souvent possible à l'esprit dans toutes vos activités du quotidien. Par « pratique non formelle », j'entends une pratique libre et spontanée en arrière-plan de tous vos gestes, déplacements, rencontres, échanges, qui se fait en dehors de temps dédiés.** Nombre de ces rituels peuvent en effet se pratiquer dès que vous y pensez et n'importe où ! Pensez-y au maximum, augmentez votre niveau de présence et de conscience afin de ne plus vous perdre de vue, opérez une nouvelle « programmation » et profitez mieux des multiples instants qui constituent votre vie.

TRAVAIL DE **PRÉPARATION** EN AMONT DES NÉO-RITUELS

Posez-vous une heure ou plus. Prenez tout votre temps, il s'agit de votre premier rendez-vous. De ce moment où votre vie peut à nouveau basculer dans la direction que vous souhaitez. Procurez-vous un carnet ou des feuilles de papier, une bouteille d'eau et un verre. Vous pouvez aussi allumer une bougie, mettre de l'encens… Faites de ce premier rendez-vous un moment de rencontre, de sacré et de fête. Si vous n'êtes pas sensible au décorum, pas de soucis : nous l'avons dit, c'est votre intention qui effectuera le plus gros du travail de changement.

« Alice : Combien de temps dure «toujours» ?
*Le lapin blanc : Parfois, juste une seconde… »**

* *Les Aventures d'Alice au pays des merveilles*, Lewis Carroll.

ÉCRIVEZ VOTRE OBJECTIF

Mener une vie sans objectifs, c'est comme chercher à atteindre une destination sans GPS. Se fixer des objectifs est un des piliers d'une vie épanouie. Souvenez-vous : les petits objectifs réalisés sont libérateurs de sérotonine et de dopamine, ce qui se traduit par un sentiment de plaisir et de satisfaction. Se fixer des objectifs n'est pas si compliqué et n'est pas non plus uniquement réservé à notre activité professionnelle. Nous le faisons d'ailleurs chaque année pour organiser nos vacances d'été, par exemple.

Comme un objectif bien défini est un objectif à moitié atteint, je vous recommande vivement de le formaliser clairement par écrit. Se fixer un objectif dans le cadre de troubles du sommeil, c'est déjà sortir de la plainte et de la victimisation, c'est agir et prendre le contrôle.

Commencez par écrire la ou les cause(s) de votre mauvais sommeil : mauvaises habitudes, alimentation, télévision, enfants, relation avec votre conjoint, travail, etc. Puis fixez l'objectif que vous voulez atteindre. Évitez de formaliser un objectif général comme : « Je veux retrouver le sommeil. » Déterminez un objectif plus concret : « Je veux arriver à me coucher plus tôt », « Je veux dormir 7 heures par nuit » ou « Je veux dormir trois nuits de suite sans médicaments. » Le mot magique pour préciser votre objectif, c'est « comment ? » « Comment arriver à me coucher plus tôt ? » Eh bien, en programmant une alarme de coucher à 23 h par exemple ! Au passage, voilà un bon objectif !

Mais je sais que pour bon nombre d'entre nous, l'idée d'aller se coucher plus tôt est une vraie difficulté. Extraits d'interviews : « Si je ne profite pas d'un peu de temps tranquille chez moi après le boulot, j'aurais l'impression que c'est juste boulot-dodo ! », « Je sais que regarder des séries tard le soir ne sert à rien et m'épuise juste pour le lendemain, mais, sans cela, j'aurais l'impression de ne pas avoir profité de ma soirée… », « Impossible de me coucher plus tôt, sans avoir eu un peu de temps à moi, sinon c'est juste une vie de dingue ! », « Je retarde le moment d'aller me coucher parce que c'est le dernier rempart avant le recommencement du travail le lendemain. J'ai l'impression que plus je retarde le sommeil, plus je retarde le retour vers le travail ! » Vous vous reconnaissez ?

Sortir d'une habitude de mauvais sommeil peut prendre un certain temps, mais vous n'avez pas d'autre issue que de vous fixer des objectifs raisonnables, atteignables et surtout progressifs. Pour commencer, vous pouvez par exemple envisager de vous coucher à 23 h une fois par semaine, puis deux fois la semaine suivante, etc. Faites preuve de patience, de confiance et de détermination !

C'est dans cette formalisation consciente et écrite noir sur blanc que vous allez trouver vos solutions ! Il existe une application pour vous aider et vous accompagner : l'application Goalmap. Sur cette appli, vous pouvez renseigner vos objectifs, programmer des alertes pour ne pas les oublier et suivre vos avancées. Il y a également des propositions de suivis d'objectifs relatifs à la vie quotidienne, au corps, à l'alimentation, au poids, au sommeil, à la gestion du stress, à la productivité, aux finances, à la créativité et même aux loisirs et au voyage, et un forum sur lequel vous pouvez poser vos questions. Faire partie d'un groupe peut faire que l'on se sente moins seul à essayer de se coucher plus tôt, de se lever le matin, de méditer tous les jours ou de perdre du poids.

RÉALISEZ VOTRE « KIT SÉCURITÉ »

J'imagine que vous connaissez le kit de survie, cet ensemble d'outils de première nécessité préparé à l'avance pour les situations d'urgence. Pour votre cure de reprogammation énergie vitale et bon sommeil, je vous propose de réaliser un « kit sécurité », comprenant vos éléments « *feel good* » vous permettant de passer le plus rapidement et le plus souvent possible en mode « sécurité » et « bien-être ».

Un week-end, prenez le temps de constituer une jolie boîte « kit sécurité », qui vous permettra de vous ressourcer régulièrement ou en cas de baisse de forme : sourires, compliments, talents, mots doux, jolis souvenirs, citations inspirantes, play-list de musique « *feel good* », vidéos, podcasts, photos, SMS d'amour, d'amitié, petits mots, lettres, rêves... Collectez tous vos « bon, bien, beau », ce qui vous procure du plaisir, de la joie, du bonheur, du réconfort, de la force, de l'envie... Tout ce qui vous fait du bien et vous donne la pêche. Écrivez-les sur des petits morceaux de papier et mettez-les dans votre joli « kit sécurité ». Mettez également vos proches à contribution en leur demandant de vous écrire quelques mots : un talent, un joli souvenir partagé, une émotion, un compliment... Piochez régulièrement un de ces petits « bonbons pour l'âme », une de ces petites caresses positives, réparatrices et motivantes. Cela vous requinquera immédiatement en libérant le petit shoot de sérotonine si cher à notre bien-être et à nos nuits paisibles.

LA VISUALISATION

La visualisation est une technique qui vise à mettre en œuvre les ressources de l'esprit, de l'imagination et de l'intuition pour améliorer le mieux-être, les performances et même la guérison. Concrètement, cela consiste à se faire son cinéma dans sa tête, à faire marcher son imagination, à savoir se représenter une situation, une émotion ou une sensation, qui, selon son intensité, pourra déclencher plus ou moins les mêmes effets physiologiques que le ferait la réalité. C'est tout son intérêt ! Le cerveau ne fait pas la différence. Lorsque vous regardez un film d'action au cinéma, par exemple, vous ressentez la même peur ou le même stress que si vous aviez vécu réellement les situations représentées dans le film. Pourtant, vous êtes confortablement installé dans un fauteuil moelleux... La visualisation permet de mieux se préparer aux situations que l'on va vivre, de gérer le stress, de garder la motivation sur le long terme et de dépasser les appréhensions et les peurs. Si vous avez du mal à le faire, ne vous inquiétez pas, restez simplement à l'écoute de votre corps et de vos sensations. Votre ressenti, l'émotion et l'énergie qu'il va déployer seront moteurs dans la pratique de votre rituel.

→

Exercice pour vous exercer à la visualisation

Cet exercice tout simple stimulera vos capacités de visualisation en faisant fonctionner vos deux hémisphères cérébraux ensemble.

Installez-vous devant une table dégagée de tout objet.

« Pour de vrai », déposez 5 objets différents, comme un livre, votre portable, un stylo, un carnet, un verre… Puis enlevez-les un par un en commençant par le dernier objet posé. Fermez les yeux.

Mentalement, voyez-vous en train de poser les objets. Puis, toujours dans votre esprit, retirez-les un à un comme vous l'aviez fait quelques minutes auparavant.

Cet exercice est issu de la méthode Vittoz. Médecin suisse, Roger Vittoz était l'un des premiers psychosomaticiens proposant une thérapie psychosensorielle dont la spécificité est la rééducation du « contrôle cérébral ». Il ne s'agit pas d'une autocensure rigide, du genre : « Je me contrôle », mais d'une faculté destinée à équilibrer le cerveau inconscient et le cerveau conscient.

EFFECTUEZ UN PREMIER RITUEL PRÉLIMINAIRE POUR AMORCER LE CHANGEMENT

#RITUEL PRÉLIMINAIRE

Intention :

Je mets en marche une nouvelle énergie et j'affirme ce nouvel engagement. Ça y est, je suis décidé à me reprendre en main, à me façonner un nouvel état d'esprit, à travailler une reprogrammation de mes habitudes mentales, émotionnelles et corporelles et à opérer un gros changement dans ma vie.

Durée :
20 minutes ou plus si besoin

#Écriture, visualisation & eau
Ce rituel est structuré autour d'un temps de formalisation sur le papier, d'un temps de transformation avec la visualisation, et d'un temps de nettoyage.

Préparation : Asseyez-vous confortablement, buvez une grande gorgée d'eau en conscience, fermez les yeux, suivez le parcours purificateur et vivifiant de l'eau dans votre corps, puis prenez 3 grandes respirations, ralentissez votre rythme cardiaque et ouvrez les yeux.

Temps 1 : Formalisez et dites au revoir !
Écrivez en quelques lignes toute l'anxiété et le passé de mauvais dormeur dont vous voulez vous séparer : vos mauvaises habitudes, vos mauvaises excuses, vos médicaments, vos freins, vos peurs liées à ce changement, vos croyances, vos pensées négatives... Bref, écrivez tout ce que vous voulez laisser derrière vous !

Temps 2 : Visualisez, tranchez net et ressentez votre réussite !
1. Respirez calmement et fermez les yeux à nouveau. Pensez à vous et visualisez toutes les fois où vous avez subi des nuits

difficiles, vos situations de stress et d'anxiété, vos mauvaises habitudes, vos médicaments, votre fatigue, votre manque de forme, vos tristesses, vos déceptions... Tout ce que vous ne voulez plus. Ressentez les sensations que ces images provoquent en vous.

Dites-vous stop et décidez le changement ! Engagez-vous dans cette nouvelle aspiration à progressivement changer ces situations défavorables en nouvelles habitudes vertueuses et porteuses de bien-être. Décidez l'énergie vitale, la joie de vivre et le bon sommeil.

Puis imaginez un objet tranchant, un couteau, un sabre, une paire de ciseaux... Prenez une grande inspiration. À la prochaine expiration, vous allez trancher net le passé, les anciennes croyances et les vieilles façons de fonctionner, les mauvaises nuits, le stress, l'anxiété, tous ces états et ces situations qui ne vous apportent que du mal-être, vous empêchent de dormir et d'être heureux. Expirez profondément, évacuez avec votre souffle toute cette ancienne vie de mauvais sommeil et de fatigue !

2. Reprenez une respiration normale et laissez reposer votre esprit quelques secondes. Ressentez vos sensations intérieures, ce que cela vous fait. Puis imaginez-vous dans un joli lieu extérieur que vous aimez : mer, montagne, campagne...

Visualisez une cible en plein milieu de ce paysage. Concentrez-vous. Ressentez tout ce qu'il peut y avoir autour de vous : l'ambiance du lieu, les personnes présentes ou pas, etc. Concentrez toute votre attention sur le centre de la cible et visualisez votre objectif personnel écrit en majuscules à l'intérieur, comme :

« ÉNERGIE VITALE », « SOMMEIL », « SÉCURITÉ », « JOIE », « SÉRÉNITÉ », etc.

Imaginez que vous tenez un arc. Votre main tient la corde tendue. L'arc et la corde sont votre désir de changement. Voyez aussi votre flèche magique, celle de votre intention, elle est chargée de votre puissance de clarté et de décision. Regardez votre cible, vos objectifs. Voyez vous en train de vous concentrer fortement, de marquer un temps d'arrêt pour prendre une grande respiration et de tirer votre flèche. En plein dans le mille ! Vous avez atteint votre objectif ! Bravo ! Ressentez la joie et la fierté.

Visualisez maintenant votre vie plus saine et joyeuse, vos nuits plus douces pleines et réparatrices. Visualisez-vous, heureux, léger, libéré. Imaginez votre nouvelle vie avec moins d'anxiété et de stress. Et imaginez votre forme le matin au réveil, le soleil qui se lève, et une nouvelle vie qui commence !

L'important dans ce rituel est à la fois de visualiser votre réussite mais aussi, et surtout, de la ressentir avec tous vos sens, ce qui démultiplie sa puissance d'action. C'est le fait de ressentir qui permettra la manifestation, c'est-à-dire la concrétisation, de votre réussite. Votre inconscient adore ce langage d'images et de sensations : cela limitera sa résistance et il vous suivra plus facilement dans vos nouvelles orientations de changement.

Avez-vous entendu parler de la loi de l'attraction ? Elle part du principe que tout ce qui nous arrive, positif ou négatif, a été attiré par nous-mêmes, d'une manière ou d'une autre. Nous sommes nos pensées. Même si cela n'est pas magique non plus, nous avons, de toute façon, plutôt intérêt à visualiser notre réussite et notre bien-être que l'inverse ! Et puis notre organisme apprécie beaucoup ces sensations de satisfaction et de fierté ! Hop, libération d'hormones de bien-être au passage.

Temps 3 : Nettoyez !

Pour inscrire cette nouvelle intention symboliquement et « énergétiquement » dans votre corps et votre esprit, il vous faut effectuer un nettoyage énergétique, un grand ménage général, purger et nettoyer votre ancien fonctionnement, au sens propre et figuré. La meilleure façon de nettoyer, de purifier, de régénérer, c'est de boire de l'eau ! Lorsqu'on la conscientise, l'eau a vraiment des vertus magiques et puissantes.

Servez-vous un nouveau verre d'eau et buvez lentement en imaginant qu'un nettoyage subtil s'opère dans tout votre corps jusqu'à la plus petite de vos cellules. À l'aide de votre respiration, ressentez son passage dans votre bouche, votre gorge, votre poitrine, votre ventre, etc. Et ressentez sur son passage comme elle nettoie, purifie et illumine tout à l'intérieur de votre corps, jusqu'à ce que vous vous sentiez entièrement purifié et neuf comme au premier jour !

Pour ma part, j'utilise ce pouvoir purificateur de l'eau à chaque moment de stress, de colère ou de peine que je peux rencontrer. Dès que l'émotion négative monte et commence à m'envahir, hop, je stoppe l'invasion négative avec une grande gorgée d'eau : je la visualise comme une rivière purificatrice se propageant dans mon corps et diluant sur son passage les émotions négatives dans mon organisme. J'en profite pour faire en même temps quelques lentes respirations abdominales pour ralentir mon rythme cardiaque et diminuer le stress. Les bonnes énergies rentrent avec l'eau et chassent les moins bonnes qui ressortent forcément physiquement par une petite pause toilettes. L'élimination naturelle favorise aussi la détox émotionnelle !

Joignez vos mains sur votre cœur ou sur votre ventre, selon ce que vous préférez, prenez une grande respiration, souriez et remerciez-vous. Si vous le sentez, remerciez également l'élément eau pour sa force vitale et sa force de guérison. Sans elle, il n'y a pas de vie possible.

Profitez aussi de ce premier rituel de changement et d'engagement pour ranger, nettoyer, laver, éliminer tout votre passé de mauvais dormeur. Profitez-en pour faire le ménage à fond dans votre maison ; aller chez le coiffeur ; faire un gommage complet de votre corps ; prendre un bain ou une douche ; vous faire masser, etc. Bref, faites du beau, du bien, du frais et du neuf !

LES DONS MAGIQUES DE L'EAU

Dans son livre *Pour s'ouvrir à la magie de la vie,* Naty Davillars détaille les nombreux dons magiques de l'eau.
Sur le plan physique, l'eau purifie, hydrate, détoxifie et fluidifie le sang.
Sur le plan émotionnel, l'eau éteint le feu de la colère, libère les peurs et facilite la circulation des émotions.
Sur le plan relationnel, l'eau favorise l'échange, l'adaptabilité, la bonne entente et la sensualité.
Sur le plan spirituel, l'eau favorise l'empathie et nous relie à la guérisseuse ou au guérisseur qui se trouve en chacun de nous.

LE MATIN

« Le ciel, je ne sais pas ce que c'est,
mais c'est ce que je salue chaque matin,
et je me sens mieux après l'avoir fait. »

CONFUCIUS

L'ENJEU DU MATIN : LA MISE EN ROUTE. BIEN DORMIR COMMENCE DÈS LES PREMIERS MOMENTS DE VOTRE RÉVEIL !

Vous vous souvenez ? Le matin, c'est l'énergie du cœur, le moment des pensées positives et de l'optimisme. Le principal enjeu de ce premier moment est de se préparer à une bonne remise en route psychique et physique après la nuit de sommeil et d'ouvrir son cœur afin de créer un espace intérieur vous permettant de passer une journée en étant à la fois plus en forme et plus détendu, en accueil, en ouverture et en confiance. D'après certaines études, nous aurions environ 60 000 pensées par jour. À nous de faire en sorte d'avoir un maximum de pensées positives et confiantes pour passer le plus possible en mode « sécurité».

Le matin est le moment idéal pour semer les graines de votre reprogrammation « Vivre et dormir enfin ! ».

5 ASTUCES POUR ALLIER LA FORCE DES RITUELS ET LA MAGIE DU MATIN

Nul besoin de vous lever à 5 h 30 pour pratiquer vos rituels. Tout commence par un petit geste facile : avancez votre réveil de quelques minutes seulement.

L'idée n'est pas d'apprendre à se lever tôt dans une idée de performance, mais simplement de se lever un peu plus tôt que d'habitude dans l'idée de prendre un temps pour soi, pour se faire du bien et enclencher un nouvel état d'esprit positif. 5 minutes plus tôt peuvent suffire. Ne mettez pas la barre trop haut pour commencer. Optez pour la stratégie des petits pas. Soyez bienveillant avec vous-même. N'ajoutez pas de pression ou de culpabilité dans votre quotidien déjà bien chargé*.

1. La veille, préprogrammez-vous. Le meilleur moyen pour cela, c'est de « faire comme si » mentalement. Comme si vous vous étiez toujours levé à cette heure, comme si vous aviez toujours été plus matinal, comme si vous aviez toujours médité, ou couru, ou écrit, ou...

* Si vous êtes à la recherche d'idées de nouveaux rituels matinaux, je vous invite à lire mon livre *La Magie du matin* aux Éditions Leduc.s.

2. Le matin même, réveillez-vous avec un bon vieux réveil des familles installé dans une autre pièce. Loin ! Il y a deux avantages à cette petite stratégie de Sioux. D'abord, en éloignant votre portable de votre chambre, vous faites une détox digitale, plus cohérente avec une meilleure qualité de sommeil. Ensuite, comme votre réveil sera loin de vous, vous serez obligé de vous lever pour l'éteindre.

3. Hop ! Bondissez ! Le meilleur moyen pour se lever, c'est de ne pas réfléchir et de couper le mental. Ne vous posez pas de questions, hop ! Ça sonne ? Sautez hors du lit ! C'est tout. Fini le snooze. Cette mauvaise habitude est tout sauf vertueuse. On donne des messages contradictoires à notre cerveau : « Réveille-toi, debout ! Non, en fait, rendors-toi... Réveille-toi, debout ! Non, rendors-toi... » Bref, on fait alterner les coups de frein et d'accélérateur. Au bout du compte, on se réveille encore plus fatigué et stressé !

4. Écrivez en grand votre premier rendez-vous avec vous-même sur votre mur ou votre frigidaire. C'est un moyen habile de ne pas oublier et de marquer votre engagement. Vous pouvez aussi le dire à des personnes de confiance qui pourront ainsi vous encourager en cas de démotivation.

5. Pour le premier matin de votre premier rituel, offrez-vous la meilleure expérience qui soit. Un max de « *flow* ». Faites de ce premier rituel du matin un petit moment de fête, car une première expérience positive pourra enfanter une nouvelle croyance positive.

PETIT RAPPEL DES BONNES PRATIQUES DU MATIN

Se lever à heure régulière et plutôt matinale permet d'avoir du temps pour soi, même le week-end. Évitez les grasses matinées. Vous ferez de petites siestes à la place.

- Un verre d'eau fraîche ou tiède avec du citron.
- Un petit déjeuner, même très léger (dattes, etc.). Pour indiquer à votre cerveau que vous n'êtes pas en mode « survie ». Cela peut aussi devenir un rituel.
- De l'oxygénation et des exercices physiques pendant 3 minutes chrono. Pour déclencher le cocktail magique cortisol + adrénaline et insuffler à votre mental pulsion de vie et mouvement.
- Une exposition à la lumière. Ouvrez vos volets, regardez le ciel, la lumière du jour en été. En hiver, utilisez la luminothérapie.
- Faire votre lit, ranger a minima vos affaires. Les petites tâches bien accomplies libèrent de la sérotonine et de la dopamine, qui vous délivrent une sensation de bien-être dès le matin. Un maximum de cases cochées « Fait ! » nous apporte satisfaction et fierté pour toute la journée.

« J'ai décidé d'être heureux
parce que c'est bon pour la santé. »

VOLTAIRE

#1RITUEL NIVEAU 1
Bonjour moi, bonjour la vie !

Intention :
J'apprends à être en lien avec moi-même pour savoir ensuite me rappeler à moi-même quand j'en aurai besoin. J'apprends à me connecter en conscience avec moi-même grâce à mon souffle. J'augmente mon niveau de conscience, mes sens, mon regard, mes émotions, mes sensations... Avec le plus de bienveillance possible et en développant ainsi mes capacités de bien-être, de sécurité, d'énergie vitale et de bonheur.

Durée :
1 minute

En lien avec la libération de :
sérotonine

#Respiration consciente
Dans tout exercice de respiration, inspirer donne de l'énergie et de la force et expirer apaise et rend plus serein. Ce rituel est le premier rituel fondamental qui va vous servir pour l'ensemble de votre bien-être. C'est LE rituel « couteau suisse », qui va vous servir en toutes circonstances, du matin au soir. Il est la base de tout. Il va vous apprendre à vous connecter à votre respiration, qui est le fil rouge de votre conscience, dès les premiers moments de votre réveil. Il n'y a pas de bonheur sans prise de conscience de ce que nous sommes en train de vivre. Donc plus

on s'entraîne à être conscient et présent à soi-même, plus on augmente son capital bien-être.

Préparation : Dès les premiers instants de votre réveil, pour commencer la journée en amitié avec vous-même, de bonne humeur, et faire le plein de vitalité, adossez-vous contre le mur.

Rituel : Prenez le temps de 3 grandes respirations conscientes et dites-vous « Bonjour moi, bonjour la vie ! » intérieurement, avec tendresse. C'est simple comme « bonjour », le premier mot de politesse universel. On se salue partout dans le monde, on salue même le soleil ! Commencez par vous saluer avec attention et bienveillance comme si vous disiez bonjour à votre meilleur ami.

À l'inspiration, emplissez-vous de sourires, de choses qui vous font du bien et vous réjouissent. Ressentez le plaisir et la joie de vivre qui vont avec et laissez diffuser ces sensations de bien-être dans tout votre corps, dans toutes vos cellules. Injectez du positif dans votre corps.

À l'expiration, avec un souffle au ralenti, imaginez que vous évacuez tout ce qui vous encombre dans votre vie, tout ce que vous ne voulez plus : stress, peur, ras-le-bol, anxiété, impatience, tristesse, solitude, etc.

Faites cela 3 fois avant de poser le pied par terre. C'est votre moment à vous, votre temps de connexion et de respiration – au sens propre et au sens figuré –, avant le rush de la journée.

Clôture : Souriez-vous et, si vous le sentez, souriez à la vie avec gratitude pour cette nouvelle journée de vie qui vous est donnée. Si vous êtes croyant, enchaînez avec votre prière et votre cœur sera complètement ouvert. Puis levez-vous et allez boire votre premier grand verre d'eau fraîche de la journée pour nettoyer les toxines de la nuit et marquer votre premier geste de santé et de bienveillance pour votre corps. Dans la pratique ayurvédique, il est même conseillé de boire carrément 1 litre d'eau pour commencer.

Dès les premiers instants de la journée, vous branchez ainsi immédiatement le « *positive thinking* » et la bienveillance envers vous-même. Cela vous paraît peut-être simple, mais c'est le plus important des rituels. C'est comme le premier petit caillou blanc du Petit Poucet ou le fil d'Ariane. C'est votre première prise de contact avec vous-même entre le moment où vous dormez et celui où vous courez partout. Ce geste est non seulement le marqueur de reconquête d'un territoire : votre moment à vous, que vous allez instaurer fièrement chaque matin, comme le drapeau symbolique de victoire que l'on pose sur la montagne lorsqu'on l'a gravie. C'est vous d'abord ! Mais ce geste est également un ancrage puissant que vous vous donnez dès le début de la journée. Il vous permettra de mieux garder le lien avec vous-même et de moins vous oublier au fur et à mesure des événements du jour. Vous pouvez aussi le refaire dans la journée afin de vous remettre d'équerre avec vous-même. Une astuce : amusez vous à compter combien de fois vous y arrivez dans une journée et augmentez au fur et à mesure.

Personnellement, j'aime beaucoup ce petit rituel qui me permet de me sentir vivante et capitaine de mon bateau dès les premiers instants de la journée. En me donnant ce dont j'ai besoin, comme de bonnes vibrations, de la douceur, de la joie, du lien avec ce que je crois, il me permet de me sentir actrice de mon bien-être et moins dans l'attente de ce qui pourrait se passer dans la journée, ou pas. Je n'attends pas, je me donne ! Les études scientifiques le confirment : plus on entraîne son esprit vers le positif, plus on devient une personne positive ! Nous sommes ce que nous pensons.

L'IMPORTANCE DE LA RESPIRATION EN AYURVÉDA

Armanda **Dos Santos** :

« Prāna, c'est l'énergie vitale, comparable au *qi* en médecine chinoise. Prana, c'est le souffle qui donne la vie. Sans Prāna, c'est la dégénérescence, qui peut entraîner la mort.

En ayurvéda, la respiration a donc une place essentielle dans le maintien de la santé, l'oxygénation des cellules, du cerveau, l'irrigation du cœur et le fonctionnement correct de Vata, Pitta et Kapha (voir p. 277) dans l'organisme. Tout est basé sur notre respiration. Lorsque le souffle devient superficiel, voire se bloque, le corps commence à envoyer des signaux tels que des contractions, des raideurs, de la douleur, des épaisseurs… qui peuvent se propager ensuite un peu partout dans l'organisme et devenir la source de la maladie.

Il est par conséquent primordial de savoir respirer. Apprivoiser et maîtriser son souffle permet de mieux gérer les émotions qui nous traversent, mais aide aussi le corps à se libérer, se décharger, se détoxifier, se régénérer naturellement et mieux dormir ! »

#2RITUEL NIVEAU 2
Il y a de l'énergie dans l'air !

Une fois que le rituel 1 est bien installé, vous pouvez passer au rituel 2 de respiration simple incluant une visualisation supplémentaire. À faire le matin et autant de fois que nécessaire jusqu'au soir.

Intention :
Je prends conscience de ma respiration et me remplis de belles énergies. J'évacue mes tensions grâce à l'attention que je porte sur les bienfaits de l'air. J'amplifie mon énergie vitale et fais circuler le positif en moi.

Durée :
1 à 3 minutes

En lien avec la libération de :
sérotonine et dopamine

#Visualisation
Préparation : Asseyez-vous confortablement, buvez une grande gorgée d'eau, fermez les yeux, prenez 3 grandes respirations en suivant le parcours vivifiant de l'eau dans votre corps.

Rituel : Imaginez qu'à l'intérieur de votre corps, tout près de votre cœur, se situe une source de lumière. Imaginez que l'air qui flotte autour de vous est de l'énergie pure, positive et remplie de multiples bienfaits. Prenez une grande inspiration et remplissez-vous d'une grande gorgée de cet air pur et fortifiant. Plus l'air pénètre dans votre poitrine, plus la lumière à l'intérieur de votre corps s'intensifie et élève votre niveau d'énergie général. Quand vous expirez évacuez tout le sombre, le mauvais sommeil, les tensions, l'anxiété, le ras-le-bol et la fatigue. Recommencez sur 3 respirations en le ressentant le plus fortement possible.

Petit à petit, vous devriez vous sentir réoxygéné, plus lumineux, en joie, en vitalité et en confiance.

Variante : Mettez de la couleur ! Vous pouvez colorer votre air d'une jolie couleur apaisante ou énergisante. La chromothérapie l'affirme : « Couleur rime avec humeur ». À chaque couleur ses énergies, ses émotions et ses états d'âme. Le rouge est la couleur de l'énergie, du dynamisme et de l'activité ; l'orange celle du mouvement et de la joie ; le jaune celle de la faculté de discernement et d'analyse ; le vert celle de l'équilibre et de la stabilité ; le bleu celle du calme et de la paix ; le blanc celle de la pureté et de la loyauté... Le matin, c'est à vous de décider en fonction de vos besoins. Le soir, privilégiez un air bleuté : son action modérera le stress et les tensions et favorisera la détente pour une bonne préparation au sommeil.

Clôture : Souriez-vous. Si vous le sentez, adressez un sourire à la vie avec gratitude pour cette nouvelle journée de vie qui vous est donnée et que vous avez la possibilité de rendre belle. Et remerciez l'élément air, premier élément avec lequel nous entrons en contact lorsque nous naissons, invisible, inodore, impalpable, incolore et pourtant fondamental et vital. Buvez un grand verre d'eau pour vous donner de la vitalité.

LES DONS MAGIQUES DE L'AIR

Sur le plan physique, l'air donne de l'oxygène, purifie le sang, régénère le corps et dénoue les tensions.

Sur le plan psycho-émotionnel, l'air clarifie l'esprit, donne de l'amplitude et de l'altitude, offre un sentiment de légèreté et de liberté et aide à la rêverie et à l'imagination.

Sur le plan relationnel, l'air facilite les échanges et la communication et permet de résoudre plus facilement les problèmes. Bon vent !

Sur le plan spirituel, l'air, intermédiaire entre le corps et l'esprit, nous permet de nous connecter à notre conscience. Dans le yoga indien, le travail avec l'air par les respirations est la base de toutes les pratiques. Intimement relié à la respiration lorsqu'il circule librement dans notre corps, nous pouvons vivre avec plus de joie et de légèreté avec un corps dénoué de tensions musculaires ou mentales.

Pour s'ouvrir à la magie de la vie, Naty Davillars.

« Nous sommes ce que nous pensons.
Tout ce que nous sommes résulte de nos pensées.
Avec nos pensées, nous bâtissons le monde. »

BOUDDHA

#3RITUEL
Le pouvoir de l'intention et de l'affirmation

Intention :
Je formalise clairement ce que je souhaite vivre, changer, ou devenir. Je renforce mon nouvel état d'esprit. Je me projette et garde le cap sur ce qui m'est important.

Durée :
3 minutes

En lien avec la libération de :
sérotonine

#Pensée, écriture & visualisation
L'intention est à la base de toutes les réussites. C'est une résolution, un vœu, une attention particulière, que nous formalisons pour créer ou accompagner un changement en nous-mêmes, dans notre vie ou dans notre manière d'interagir avec les autres. L'intention, c'est une attention et un état d'esprit à cultiver en permanence. L'énergie subtile qui anime l'intention est la racine de l'action. Poser une ou des intentions pour la journée qui commence, c'est réaffirmer sa direction, son éthique de vie, ses engagements, sa conduite, sa volonté d'atteindre ses objectifs. C'est préparer sa flèche chaque matin comme tout bon archer, vérifier la bonne posture à adopter, se concentrer, maîtriser son geste, ne pas perdre de vue le centre de la cible...

Poser ses intentions pour la journée, c'est aussi poser des jalons, des panneaux de signalisation, nous permettant soit de mieux nous préparer à nos enjeux, soit de mieux répondre aux aléas.

Préparation : Asseyez-vous confortablement, buvez une grande gorgée d'eau, fermez les yeux, prenez 3 grandes respirations en suivant le parcours vivifiant de l'eau dans votre corps.

Rituel : Pensez à la journée qui commence avec les enjeux personnels ou professionnels qu'elle contient. Selon ce que vous préférez, continuez en pensée ou prenez la plume. Prenez 3 grandes respirations et identifiez un ou deux enjeux sur lesquels vous posez une intention particulière. Cela peut être : « Pour ma présentation, je vais être le plus authentique possible pour ne pas me sentir jugé et stressé », « Je vais faire en sorte d'avoir plus de disponibilité d'esprit avec mes enfants et d'échanger de façon plus qualitative avec eux », « Ce soir, je vais tout faire pour me coucher à 23 h plus serein »... Formalisez clairement votre intention, projetez-vous de façon positive dans cette réalité tangible que vous pouvez anticiper et orienter, et couchez-la par écrit ou continuez de l'exprimer mentalement.

Clôture :

- Prenez 3 grandes respirations conscientes, souriez et dédicacez ces intentions à vous-même et aux personnes pouvant être concernées, afin que tout se passe pour le meilleur.
- Comme le prônait le bon docteur Coué avec son fameux « Tous les jours, à tout point de vue, je vais de mieux en mieux », finissez en disant de manière claire, à voix haute, une affirmation positive. À force de répéter vos affirmations, vous finirez par les intégrer, y croire et enclencher un changement.

Le matin, le midi et le soir, ou à tout autre moment de la journée, répétez 10 fois de suite avec conviction une phrase comme : « Aujourd'hui, je vais croquer la vie à pleines dents ! » Ressentez les effets de cette affirmation dans votre corps et dans votre esprit. Savourez les effets positifs de cette affirmation en train de se matérialiser dans votre corps. Comme de petites bulles d'oxygène pur qui vous font du bien, vous boostent et vous rassurent…

Voici d'autres exemples de phrases contre le stress et l'anxiété : « Je me sens en forme et de plus en plus positif », « J'ai de l'appétit pour la vie et je vais bien », « Je suis en sécurité », « J'ai confiance en moi et en ma vie », « La vie est belle » ; ou pour prendre soin de vous et de votre énergie : « Je prends soin de mon énergie », « Je me porte de mieux en mieux », « Je me veux du bien et je me respecte », « Ce que je mange me renforce en énergie », « Je sais prendre bien soin de mon sommeil », « Je dors profondément d'un sommeil réparateur et je me réveille en forme », « Je regorge d'énergie vitale », etc.

- Puis buvez un grand verre d'eau pour vous remplir de vitalité et d'énergie, du pouvoir nourricier de l'eau.

En amorçant cette pratique de l'intention et de l'affirmation dans votre quotidien, vous ressentirez petit à petit une nouvelle énergie plus dense et concentrée naître en vous. La formalisation claire de votre intention ouvrira des voies nouvelles qui s'éclaireront d'elles-mêmes. À vous de garder les yeux bien ouverts ! Dans l'idéal, certaines traditions recommandent deux moments d'intention : « une au début, une autre à la fin ». On commence sa journée en affirmant son intention. Et lorsqu'on se couche le soir, on la formule comme une aspiration pour le lendemain. En plus de donner le sens et la direction, l'intention va agir toute seule sur les évènements à venir, sans que vous en ayez conscience.

#4RITUEL
Vos images et vos citations inspirantes

Intention :
Je suis « ma meilleure pom-pom girl » et je me donne ma dose de « *boost* » et de confiance avant le rush. Je prends des ressources, de l'inspiration, des forces et de l'énergie dans les images ou les mots qui me nourrissent, m'apaisent, éloignent le stress et me font du bien.

Durée :
1 minute ou plus si vous en avez envie

En lien avec la libération de :
sérotonine et endorphines

#Shoot de sensations positives
De manière générale, notre esprit fonctionne beaucoup à partir d'images. Que sont nos souvenirs si ce ne sont des images et des sensations stockées dans notre mémoire ? Notre inconscient aime le langage des sensations, des émotions, des images, des

sons, de la poésie et des jolies phrases inspirantes. Pour Jung, les images sont l'une de nos plus grandes ressources pour explorer notre cerveau et le reprogrammer. Profitez alors de ce pouvoir des images ou des mots pour vous détendre, vous énergiser et vous connecter à ce qui vous fait du bien.

Préparation : Avant de quitter votre maison ou pendant votre temps de transport (sauf si vous prenez la voiture évidemment), prenez une grande inspiration consciente et accordez-vous juste 1 minute pour vous faire du bien. Buvez une grande gorgée d'eau.

Rituel : Regardez une image qui vous inspire – souvenirs joyeux, personnes ou personnages qui vous inspirent, nature, grands espaces, endroits où vous rêvez d'aller, animaux, etc. – ou lisez une citation qui vous « booste » ou un mantra pour faire baisser votre stress ou vous relier à votre objectif, votre bien-être, une envie, un rêve à réaliser... Concentrez-vous sur cette image ou cette citation en silence pendant quelques minutes.
Inspirez, mettez l'image ou la citation à l'intérieur de votre esprit, ressentez leurs effets d'ouverture de cœur, de confiance et de plaisir et faites voyager ces sensations dans toutes vos cellules. Laissez-vous imprégner de cette petite dose de bonheur qu'elles vous procurent. Bloquez votre respiration pendant quelques secondes et gardez cette douce énergie le plus longtemps possible. Expirez, souriez, videz-vous de votre stress ou de votre anxiété, de votre manque ou de votre baisse d'énergie, de votre tristesse...

Clôture : Souriez-vous, essayez de ressentir de la gratitude pour ces belles images ou ces citations inspirantes qui vous accompagnent dans votre confiance et votre mieux-être. Buvez un grand verre d'eau en vous nourrissant consciemment de la vitalité et des particules de joie qu'elle vous apporte. L'idée, c'est de vous connecter rapidement au « beau, bien, bon », au plaisir et à une forme d'espoir et de confiance grâce au pouvoir des images ou des belles phrases positives et inspirantes. C'est possible. Pour ma part, ce qui me fait du bien chaque matin pour me mettre joliment en route, ce sont des photos de nature, ces émouvants spectacles de brumes, de levers de soleil, d'animaux libres... Ces images me relient à quelque chose de plus grand et de plus beau qui m'émeut, me donne du sens, me met en joie et en confiance instantanément.

Vous pouvez répéter ce rituel autant de fois que vous en ressentez le besoin pendant la journée, dès que vous êtes en baisse de forme ou en état de stress.

« La confiance en soi doit venir de l'intérieur.
Le renforcement extérieur et les coups peuvent aider,
mais vous devez construire votre propre confiance...
Rappelez-vous, personne ne peut vous défendre ou faire
en sorte que cela se produise comme vous le pouvez.
Vous devez être votre meilleure pom-pom girl !
Vous devez croire en votre propre succès, et cela signifie
que si la bonne opportunité ne se présente pas,
vous devez créer votre propre opportunité. »

STEVE JOBS*

* Cité sur le site d'Arianna Huffington : www.thriveglobal.com

Voici quelques citations inspirantes pour la route :
« **Ils ne savaient pas que c'était impossible, alors ils l'ont fait.** » (Mark Twain), « **Accomplis chaque acte de ta vie comme s'il devait être le dernier.** » (Marc Aurèle), « **Vous ne trouverez jamais ce que vous ne cherchez pas.** » (Confucius), « **La vie, c'est comme une bicyclette. Il faut avancer pour ne pas perdre l'équilibre.** » (Albert Einstein), « **Il y a deux façons de penser. L'une est de croire que les miracles n'existent pas. L'autre est de croire que chaque chose est un miracle.** » (Albert Einstein), « **Fais de ta vie un rêve et d'un rêve une réalité.** » (Antoine de Saint-Exupéry), « **Il y a plus de courage que de talent dans la plupart des réussites.** » (Félix Leclerc).

#5RITUEL
Vos priorités

Intention :
Je garde le cap sur mes objectifs et ne me perds plus de vue ! Je réaffirme mes priorités afin de mieux maîtriser ma vie et ne plus laisser les évènements décider pour moi, ce qui est source de mal-être, de frustration et d'anxiété.

Durée :
5 minutes

En lien avec la libération de :
dopamine

#Écriture
Évoluant dans un monde de sursollicitation numérique, nous avons toujours plus d'informations à gérer au quotidien, il devient alors difficile de distinguer l'essentiel de l'accessoire, le devoir du plaisir. C'est pourquoi il est important de faire des pauses, de prendre du recul, de respirer pour savoir où l'on est et où l'on veut aller. Il est essentiel de savoir reprendre les commandes de temps à autre pour maintenir le cap vers notre bien-être. Pour cela, il faut savoir définir nos priorités, l'une des bases essentielles pour trouver l'équilibre. La plupart d'entre nous avançons en évitant ce qui nous dérange et ce qui nous fait peur. Certes, cela peut nous permettre d'éviter les pièges de la vie, mais la médaille a son revers : cela nous enferme aussi dans une zone de confort pas si confortable... Nous sommes dans un mode défensif type « survie ». Tout cela est très fatiguant et demande beaucoup d'énergie. C'est pourquoi fixer nos priorités, prendre le temps de comprendre ce qui nous motive et le mettre en haut de notre liste, c'est avancer positivement en nous donnant toutes les chances de maîtrise et de réussite.

Préparation : Fermez les yeux, prenez 3 grandes respirations conscientes.

Rituel : Réfléchissez à trois habitudes de votre quotidien : une que vous avez envie de changer, une autre que vous pouvez améliorer et une dernière qui vous correspond bien, que vous souhaitez cultiver. Prenez un papier et un stylo. Écrivez-les.

Par exemple :
Priorité n°1 à changer : « Je veux arrêter de regarder trop d'épisodes de ma série préférée le soir. »
Priorité n°2 à améliorer : « Je veux manger plus léger le soir. »
Priorité n°3 à cultiver : « Je veux me coucher plus tôt 3 fois par semaine. »
Rayez la première et dites-vous que vous allez tout faire pour ne plus l'encourager.
Faites une flèche à partir de la deuxième et écrivez ce que vous allez faire pour l'améliorer à partir de maintenant.
Enfin, entourez la troisième, celle qui vous correspond, et félicitez-vous de la cultiver.

Clôture : Reprenez 3 grandes respirations conscientes, ressentez la confiance en vous et la réussite de vos priorités et souriez-vous. Vous êtes votre meilleur gardien. Buvez un grand verre d'eau consciemment pour bien inscrire dans vos cellules ce nouveau cap que vous vous donnez. Rangez ce papier soigneusement comme un petit trésor à préserver.

Variante : Dans le même esprit, si le cœur vous en dit, écrivez une liste de vos envies. Vous faites bien une liste de courses, j'imagine, alors pensez aussi à faire la liste de vos envies ou de vos rêves… L'objectif, c'est de toujours avoir en ligne de mire ce qui peut constituer votre bonheur.

#6RITUEL
Ouvrez votre cœur, donnez et recevez de la joie !

Intention :
J'apprends à ouvrir mon cœur. Je transforme ma vulnérabilité en force vive, joyeuse et aidante pour les autres. Je fais un énorme câlin mental à toutes les personnes en mal d'être. Je pratique l'ouverture de cœur, je me relie aux autres avec ce que j'ai de meilleur, je pratique l'empathie, le partage, l'humanisme et je gagne en énergie, en sérénité et en joie !

Durée :
3 minutes

En lien avec la libération de :
ocytocine, sérotonine

#Respiration & méditation
Si nous voulons nous transformer en profondeur, nous sentir moins anxieux, plus heureux, en joie et en sécurité, nous devons ouvrir notre cœur. Pour nous éloigner du mode « survie », il nous faut nous relier et nous soucier d'autrui. La paix du cœur, le dépassement des peurs, du sentiment de solitude et du vide existentiel (et donc du bon sommeil) passent par notre capacité à nous relier aux autres. Si nos armures et nos barrières nous ont aidés à nous construire pendant un certain temps, ils deviennent contreproductifs pour notre sommeil. Le sentiment de sécurité

ne peut pas passer autrement que par la tendresse, l'empathie pour l'autre et la reconnaissance de notre vulnérabilité. Pour renverser notre tendance à nous refermer et à nous durcir face à l'adversité, un ancien rituel tibétain très puissant, la pratique de méditation du Tonglen, nous aide en nous permettant de cultiver l'amour et la compassion à l'égard de nous-mêmes et d'autrui. Au lieu de rester focalisés sur nos problèmes personnels, nous nous relions à tous nos semblables dans le même cas, compatissons et envoyons du réconfort et de la joie. Notre côté autocentré, source de tensions et de souffrance, se dissipe, notre cœur s'ouvre à nouveau et un sentiment de mieux-être et de douceur peut prendre place.

Préparation pour la pratique formelle : Posez-vous, installez-vous confortablement. Prenez 3 grandes inspirations conscientes et ralentissez le rythme de votre respiration.

Rituel : Pensez à tout ce qui vous pèse, vous contrarie et vous empêche d'être bien : mauvais sommeil, fatigue, solitude, découragement, stress, cœur blessé, peur, insécurité, soucis financiers, tracas professionnels… Quand vous serez au centre de ce qui vous fait mal, inspirez, pensez et rappelez-vous immédiatement la foule d'autres personnes sur la planète qui souffrent de la même façon (vous pouvez même essayer de les visualiser : l'un en Inde, l'autre aux Canada, un autre encore en Afrique, etc.). Ressentez l'empathie, la compassion et l'envie de les aider afin qu'ils soient délivrés de cette souffrance que vous ressentez vous aussi. Expirez en leur envoyant du soulagement, de la joie et de la guérison. Une vraie joie sincère et profonde. Prenez quelques secondes pour bien ressentir l'ouverture et le baume d'apaisement que cela vous procure. Ce souhait de la tendresse du cœur vous fera profondément du bien et fera également du bien à tous ceux qui seront en contact avec vous pendant les moments qui suivent…

Clôture : Prenez trois grandes et profondes respirations. Dès que vous vous sentez bien, ouvrez doucement les yeux puis buvez un grand verre d'eau.

Idée + pour pratiquer la générosité : Vous pouvez aussi profiter de ce moment de méditation pour offrir ce soleil de réconfort que vous avez fait éclore à ceux que vous aimez et qui en ont besoin, ou plus largement à tous ceux qui en ont besoin.

Pratique informelle : Vous pouvez pratiquer ce rituel dans de multiples situations concrètes de tous les jours. Essayez aussi de le pratiquer lorsque vous vivez des choses agréables. Ou bien dès que vous voyez quelque chose qui éveille votre compassion. Arrêtez-vous pendant un instant, inspirez la souffrance que vous voyez et expirez un sentiment de guérison et de soulagement. L'idée est d'inclure autrui dans vos souhaits. Ouvrez, partagez, transformez ! Vous trouvez cela utopiste ou « Bisounours » ? Souvenez-vous : seules deux émotions « racines », la peur ou l'amour, préexistent à chacune de nos pensées, à chacun de nos gestes, actes ou paroles. Et, à choisir, il vaut assurément mieux être guidé par l'amour…

*« En vérité, il n'y a que deux mots
dans le langage de l'âme : la Peur et l'Amour.
La peur est l'énergie qui contracte, referme,
attire, court, cache, entasse et blesse.
L'amour est l'énergie qui s'étend, s'ouvre,
envoie, reste, révèle, partage et guérit. »*

Dalaï-Lama

#7RITUEL
Réveillez, boostez votre corps
et ancrez-vous !

Intention :

Je remets mon corps en route tout en boostant mon énergie. Je m'ancre solidement dans ma vie pour renforcer un sentiment de forme et de sécurité pour toute la journée. Finis la fatigue, l'anxiété, le stress, les « j'ai pas envie », « il faut bien », « je suis obligé », « je n'ai pas le choix »... Je prends soin de moi.

Durée :

5 minutes

En lien avec la libération de :

sérotonine, dopamine et endorphines

#Do In ludique et énergétique

À force d'être constamment connectés à nos écrans, à nos magazines, à tout ce qui se passe dans nos têtes, nous pouvons facilement perdre le contact avec le plus essentiel de nos outils : notre corps. Il n'y a rien de plus réel que ce lien au corps, qui nous rappelle parfois douloureusement à l'ordre. Moment de la remise en route de notre énergie, le matin est important pour établir cette première connexion. Mettez votre corps en mouvement pour activer vos hormones surrénales et réduire « l'inertie du sommeil », qui est parfois difficile (surtout pour les loups !), à tel point qu'on la compare souvent à la « gueule de bois »... Une petite montée de stress pour votre corps le matin, c'est bon pour votre énergie vitale. Tous les matins, je fais 7 minutes d'exercices physiques simples et super-efficaces avec mon application chouchoute, *7 min workout*. Yoga, pompes, abdos, tai-chi, qi gong, Pilates, marche rapide, marche nordique, running, etc. : toutes ces activités peuvent devenir votre rituel matinal, à vous de choisir !

Préparation : Buvez un grand verre d'eau consciemment en visualisant une action détox. Tenez-vous debout et prenez 3 grandes respirations conscientes.

Rituel :

1. Ouverture. Frictionnez vos mains jointes jusqu'à ce que vous ressentiez de la chaleur. C'est toute votre énergie vitale.

2. Premier tour. Frictionnez vos bras du haut vers le bas comme si vous vouliez vous dépoussiérer, enlever cet engourdissement du sommeil et réveiller votre énergie. Faites cela de votre épaule jusqu'au bout de vos doigts. Évacuez vers le sol, dans la terre.

Puis faites la même chose sur votre torse, frottez, frottez, dépoussiérez les flancs, les reins, le bas du dos, les lombaires, les fessiers, les cuisses, descendez en frottant jusqu'à l'extrémité de vos orteils. Puis remontez le long du corps et frottez vous au niveau du visage, de votre nuque, vos cervicales, votre crâne. Ressentez comme l'énergie et la chaleur montent en vous et circulent. Refaites un second passage plus vigoureux, et un troisième. Frictionnez, frictionnez pour stimuler l'ensemble des méridiens énergétiques de votre corps. Réveillez et actionnez tout le système ! Allez chercher votre énergie !

Et sur une grande expiration, évacuez tout : le sommeil, peut-être un léger stress qui monte, vos pensées en ébullition, etc. Évacuez tout cela et restez sur votre respiration.

3. Deuxième tour. Refaites le même trajet avec des petits tapotements pour dénouer et agir plus en profondeur. Tapotez, tapotez les bras, le torse, etc. Terminez par une grande expiration pour tout, vraiment tout, évacuer !

4. Sautillez gaiement sur place. Sautillez doucement au début, puis accélérez petit à petit, sautillez, sautillez et accélérez à fond comme si vous passiez une ligne d'arrivée ! Bravo, vous avez réussi ! Votre énergie vitale est en route ! Vous allez pouvoir en profiter durant toute la journée. Vous pouvez ralentir. Ralentissez, calmez votre respiration.

5. Faites vous grand en prenant bien appui sur vos deux jambes, levez les bras en l'air avec un large sourire, hissez-vous sur la pointe de vos pieds comme si vous désiriez grandir, étirez-vous en grand de la terre jusqu'au ciel... Visualisez cette nouvelle énergie qui circule en vous...

6. Ancrez-vous. Reposez bien vos pieds en ayant conscience qu'ils sont solidement ancrés, qu'ils vous apportent stabilité et sécurité, à l'image des racines d'un arbre. Visualisez mentalement cette énergie venant de votre corps et allant vers le sol de plus en plus profondément en prenant racine. Puis sentez-la remonter, vous immerger et traverser tout votre corps, jusqu'au bout de vos membres et de votre tête. Vous vous tenez droit.

Vous êtes cet arbre, cet être vivant, fier, digne et solide. Restez fermement ancré dans le sol, comme si vous ne faisiez qu'un avec lui, de vos pieds jusqu'à votre tête. Vous êtes majestueux. Remplissez-vous de cette puissance.

Clôture : Debout et bien droit, prenez 3 grandes respirations conscientes, avec un large sourire, ouvrez vos bras en V en signe de victoire comme un sportif qui vient de gagner son enjeu, et prenez une grande inspiration de joie, restez les bras en l'air en souriant le plus longtemps possible avec enthousiasme. Dites un grand « oui » à la vie ! Éventuellement, amusez vous à faire un haka comme les All Blacks, l'équipe de rugby néo-zélandaise. Et c'est parti pour une bonne journée !

#8RITUEL
La douche enchantée et les pouvoirs de l'eau

Intention :
J'utilise en conscience les bienfaits et les pouvoirs de l'eau. Je fais de ce moment de contact avec l'eau un moment de soin, d'énergie et de sécurité.

Durée :
5 minutes ou plus, en fonction de chacun

En lien avec la libération de :
dopamine

#Eau & visualisation
Nous sommes composés d'eau à environ 70 %. L'eau a des pouvoirs miraculeux, elle régule la température de notre corps et permet une meilleure oxygénation et, comme elle est notre principal composant, elle est une vraie source d'énergie vitale. Avec elle, nous pouvons à la fois nous détoxifier et nous booster. Le moment de la douche peut-être une occasion pour se connecter aux bienfaits de l'eau : on profite le matin de ses capacités de « boosteur » d'énergie et le soir de ses capacités de détox et de purification des soucis. Le sommeil étant aussi affaire de métabolisme, idéalement, il faudrait faire monter la température le matin et la diminuer le soir. En conséquence, prenez une douche chaude le matin, et une douche tiède le soir.

Préparation : Entrez sous votre douche et savonnez-vous comme d'habitude.

Rituel : Fermez les yeux et imaginez-vous sous une cascade dans un lieu paradisiaque où tout est lumineux, doux, serein, joyeux. Vous pouvez même entendre des oiseaux chanter... Respirez et gardez en vous ce beau paysage. Au moment du rinçage, prenez conscience que chaque goutte d'eau qui tombe sur votre visage et sur votre corps a un pouvoir de « boosteur » d'énergie, ou de purification et de détox. Imaginez que cette eau vous nettoie de tous les soucis, du stress, de toutes les tensions émotionnelles, physiques et mentales. Cette eau qui provient d'une cascade synonyme de beauté et de puissance, est puissante et miraculeuse. Elle pénètre dans toutes vos cellules, vous ressource, vous hydrate et vous purifie. Vous vous sentez nettoyé, léger, libéré, relaxé, dynamisé.

Clôture : Avant de prendre votre serviette pour vous sécher, essuyez les gouttes d'eau en surface avec vos mains en imaginant que ce geste crée un film protecteur qui va protéger votre corps contre toutes les agressions de l'extérieur. Buvez un grand verre d'eau.

« Un sourire coûte moins cher que l'électricité mais donne autant de lumière. »

ABBÉ PIERRE

#9RITUEL
Souriez à la vie !

Intention :
J'ouvre mon cœur et je me programme dans l'énergie et la joie de vivre. Dès les premières heures de la journée, je donne à mon cerveau des messages de plaisir et de bonheur. À force, je le reprogramme positivement et il finira bien par le croire !

Durée :
2 minutes

En lien avec la libération de :
sérotonine, dopamine, endorphines et baisse de cortisol

#Sourire
Souriez pour élever votre niveau d'énergie dès le matin, nourrir vos hormones bien-être et redonner du pep's à votre vie. Des études scientifiques ont prouvé que, si nos émotions ont une action sur notre corps, inversement, notre corps a un impact direct sur notre cerveau. Cela veut dire que si vous souriez, vous envoyez des messages de joie à votre cerveau. Sourire est l'un des fondamentaux des moines taoïstes pour aspirer à une vie harmonieuse. Le sourire n'est pas seulement la conséquence d'une émotion positive, il est aussi leur déclencheur : il faut sourire d'abord, pour que la vie puisse vous sourire ensuite !

Préparation : Munissez-vous d'un crayon. Faites 3 grandes respirations conscientes pour vous connecter avec vous-même. Buvez une grande gorgée d'eau pour nettoyer les émotions négatives

Rituel : Placez le crayon entre vos dents tout au fond de votre bouche. Regardez-vous dans le miroir et voyez comme cela fait systématiquement marcher vos zygomatiques, les fameux muscles du sourire. Maintenez-le une minute en pensant à quelque chose de sympathique afin que votre cerveau ait le temps de libérer de la dopamine. Souriez aussi avec vos yeux puis propagez ce sourire dans tout votre corps, vers votre cœur, le long de votre colonne vertébrale...

Clôture : Buvez un grand verre d'eau rempli de particules de bien-être, regardez-vous et dites-vous avec conviction la phrase toute simple du Dr Coué : « Tous les jours, à tout point de vue, je vais de mieux en mieux. »

N'oubliez jamais que rien ne dure et que tout change en permanence. La roue tourne. Peut-être êtes-vous aujourd'hui dans une période basse, mais cela ne durera pas puisque, par nature, tout bouge ! De la même manière qu'on ne reste jamais en haut, on ne reste jamais en bas non plus... Surtout avec des rituels réguliers dans votre vie. À force, vous vous reprogrammerez doucement vers la remontée... « Bonjour la vie, j'enfile mon sourire et j'arrive ! »

Variante : Vous pouvez aussi effectuer ce rituel avec un éclat de rire. Pour votre bien-être mental et physique, il faudrait rire au moins 15 minutes par jour. Rire libère chimiquement des hormones de bien-être, dopamine, endorphine, etc., et vous redonnera de la joie de vivre. Pour rire chaque jour, jouez avec vos enfants, avec votre chat ou votre chien, visionnez des vidéos, écoutez des sketches de comiques, multipliez les échanges avec des personnes voyant plutôt la bouteille à moitié pleine... et surtout riez de vous-même ! Face à certaines situations compliquées, autant choisir d'en rire ! Dans ces moments, j'aime bien me rappeler une expression d'un grand maître tibétain, Chögyam Trungpa Rinpoché : « *It's a big cosmic joke* ! » (« C'est une blague cosmique ! »). L'abus d'autodérision est fortement conseillé pour la santé.

« La faculté de rire aux éclats
est preuve d'une âme excellente. »

JEAN COCTEAU

LA JOURNÉE

L'ENJEU DE LA JOURNÉE : L'ACTION. BIEN DORMIR SE FABRIQUE AVEC LE BON ÉTAT D'ESPRIT CORRESPONDANT À TOUTES VOS MISES EN ACTE !

Comme nous l'avons déjà dit plus haut, la journée, c'est la tête qui entre en jeu, après l'ouverture du cœur du matin et avant la reprise de l'ascendant du corps du soir et de la nuit. Les principaux enjeux de la journée sont d'abord de conserver l'élan d'énergie vitale impulsé le matin et de la maintenir la plus ouverte et la plus positive possible tout au long de la journée, puis d'apprendre à lâcher prise sur les difficultés rencontrées et de savoir mieux gérer les émotions négatives et le stress.

PETIT RAPPEL DES BONNES PRATIQUES DE LA JOURNÉE

- Ne vous pressez pas et évitez la spirale du stress. Vous n'êtes plus en mode « survie » mais en mode « sécurité ». Aucun tigre à dents de sabre ne vous pourchasse. Vous êtes maître de votre rythme, de vos limites et de votre temps, même lorsque vous êtes en retard. Cela nous arrive à tous !
- Ne mangez pas trop vite et sans la conscience de ce que vous êtes en train d'avaler.
- Ralentissez le rythme de votre respiration le plus souvent possible.
- Réalisez de petits actes de gentillesse et de générosité par-ci par-là.
- Souriez, souriez, souriez...
- Oxygénez-vous. Allez prendre l'air, prenez contact avec la nature (à défaut, dans un parc, un square, sur une terrasse, etc.) et exposez-vous le plus possible à la lumière.
- Bougez ! Si vous disposez d'une salle de fitness sur votre lieu de travail, faites du sport entre midi et deux. Privilégiez au maximum de monter les escaliers à pied, finis les ascenseurs, montez, descendez, marchez, baladez-vous. Tous les moyens sont bons pour bouger ! Cela permet de s'aérer l'esprit et de fabriquer de la sérotonine pour mieux dormir le soir.

#10RITUEL
Lâchez prise en 1 minute chrono !

Intention :
Au fur et à mesure de la journée, je reprends le contrôle de mes émotions négatives, j'évacue le stress et je pose mes limites.

Durée :
1 minute

En lien avec la libération de :
endorphines, sérotonine et baisse de cortisol

#Respiration
Il existe une triste façon de piéger les singes. Comme ils raffolent des bananes, les braconniers glissent une banane dans une noix de coco ou un panier avec une petite ouverture. Attiré, le singe introduit sa main dans le piège mais, une fois qu'il s'est emparé de la banane, il ne peut plus retirer sa main. Ne voulant pas lâcher ce qu'il a saisi, il se rend ainsi prisonnier tout seul et finit par se faire attraper. Pour nous, c'est la même chose, savoir lâcher prise, c'est savoir « lâcher la banane », lâcher ce à quoi on s'agrippe afin de nous rendre libre à nouveau. Qu'avons-nous à lâcher ? Les tensions, les attentes, les manques, les colères, le blues, les illusions... La liste est longue.

Certes, l'incivilité d'un automobiliste qui vient de nous faire une queue de poisson, la remarque désagréable d'un supérieur hiérarchique, la mauvaise humeur de notre conjoint, les provocations de nos enfants peuvent légitimement faire monter en nous une colère et un stress, mais, pour notre santé et notre bien-être, il faut absolument savoir lâcher prise. Sinon, nous entrons dans une spirale infernale : tous ces états émotionnels de stress augmentent notre rythme cardiaque et enclenchent des mécanismes physiques en lien avec la peur, comme la montée du taux de cortisol.

Apprenez à ne pas céder à l'impulsivité ou au refoulement et à préserver votre énergie afin de vous rendre plus libre des situations. Concrètement, pour lâcher prise, il faut déjà que vous soyez conscient de ce qui est en train de se passer, que vous puissiez le voir et l'observer en ayant cette capacité de distanciation entre vous, la situation et les émotions volcaniques qui peuvent vous traverser. Puis sachez reconnaître et respecter vos limites, dites-vous « stop », calmez votre respiration. Lâchez la tension. Rendez-vous à nouveau libre intérieurement plutôt que de vous faire du mal et de vous rendre malheureux tout seul ! Lâcher prise, ce n'est pas s'en moquer, baisser les bras, feindre l'indifférence, ou ne pas affronter la situation en mettant sous le tapis ce que vous ressentez vraiment au fond de vous... Lâcher prise, c'est savoir ouvrir une main crispée, l'esprit clair, le cœur pacifié, et retrouver un vrai calme et une vraie liberté intérieure. « Ne prenez pas de décision permanente à partir d'une émotion temporaire. » Respirez et lâchez !

Préparation : Quand vous sentez qu'une tension monte en vous, arrêtez-vous, décidez de faire un break d'une minute. Buvez un grand verre d'eau en conscientisant ses vertus de purification et posez-vous.

Rituel :

1. Reprenez tout d'abord le contrôle de votre souffle. Ralentissez votre respiration, posez une main sur votre ventre et respirez plus amplement. À l'inspiration, répétez mentalement : « Je suis calme. » Bloquez votre respiration, comptez jusqu'à 10, puis relâchez en expirant. Sur l'expiration, imaginez diffuser cette affirmation positive dans chacune de vos cellules. Sentez que votre corps laisse sortir les toxines accumulées. Le fait de retenir votre souffle pendant 10 secondes vous permet de donner le temps à l'air d'énergiser une quantité maximum de sang. Faites cela trois fois et ressentez le calme intérieur revenir. Vous commencez à reprendre le contrôle.

2. Puis afin d'indiquer à votre cerveau la différence entre tension et relaxation, ce qui l'aidera à lâcher prise, portez votre attention sur une partie de votre corps comme votre bras, votre main, ou même vos fessiers et contractez-cette partie de votre corps. Contractez-la en augmentant progressivement, jusqu'à contracter vos muscles le plus fort possible. Restez une dizaine de secondes contracté puis relâchez la tension, en commençant doucement, tout doucement, et en laissant les muscles se détendre jusqu'à la relaxation totale. Détendez-vous, lâchez vos tensions et reprenez le contrôle.

3. Buvez une grande gorgée d'eau pour vous hydrater et évacuer toutes les tensions restantes.

Clôture : Prenez 3 grandes respirations conscientes, puis, afin de protéger cette nouvelle belle énergie retrouvée, imaginez que vous enfilez une combinaison ou une armure de lumière – de la couleur qui vous plaît –, comme un film protecteur sur tout votre corps. Cette nouvelle protection fera barrière, elle empêchera les agressions extérieures, les pensées et les émotions négatives de vous atteindre.

Personnellement, quand je rentre dans un univers qui peut me stresser, je me couvre immédiatement de cette armure, ce halo lumineux, bienveillant et puissant afin de me sentir en sécurité.

SMARTPHONES : OÙ EN ÊTES-VOUS ?

Nouvelles technologies et globalisation ont créé de nouveaux comportements. Grâce à nos smartphones, nous pouvons être connectés en permanence, à toute heure, aux quatre coins de la planète, pour parler, commenter, visionner, travailler, faire nos courses ou réserver nos vacances. D'après une étude commanditée par Nokia, nous aurions les yeux rivés sur notre cher smartphone « 150 fois par jour, soit en moyenne toutes les 6 minutes et 30 secondes, au cours d'une journée de 16 heures »… et, d'après une autre étude réalisée par Microsoft, à force de zapper et de survoler un flux incessant d'informations, notre capacité de concentration actuelle serait passée à 8 secondes par info, contre 12 en 2000, cette même étude nous rappelant ironiquement qu'un simple poisson rouge a quant à lui une capacité de concentration de 9 secondes !

Il ne s'agit pas ici de dresser un réquisitoire contre les nouvelles technologies et le nouveau mode de vie qu'elles ont initié. Personnellement, j'en suis fan, tout est devenu tellement plus pratique et plus rapide. Elles nous facilitent objectivement la vie. Le seul bémol, c'est que nous ne savons peut-être pas suffisamment poser de limites à leur consommation ultra-séduisante, accaparante et addictive, non ? Où en êtes-vous avec votre smartphone ?

#11RITUEL
Un lieu de refuge, de silence et de paix

Intention :

Je me détends et je reprends des forces. J'élabore l'image mentale d'un lieu dont la beauté et le silence m'apaisent, et dans lequel je me sens en sécurité pour venir me détendre, me ressourcer, lâcher prise et m'ancrer à nouveau.

Durée :

1 minute

En lien avec la libération de :

endorphines, sérotonine et baisse de cortisol

#Visualisation

Certes, avec ses 60 000 pensées par jour, notre mental est comme un petit singe qui s'agite dans notre tête sans cesse et dans tous les sens. Mais, grâce à lui, nous pouvons aussi emmener notre corps vers plus de calme et de sérénité. Pour vous apaiser, faire redescendre le stress et les émotions négatives, il suffit de ralentir le rythme de votre respiration et d'amener votre mental à retrouver un joli souvenir ou un lieu imaginaire dans lequel vous vous sentez en joie, et en sécurité. Accéder à ce refuge intérieur ne vous prendra que quelques secondes mais cela aura des effets réjouissants et positifs pendant des heures ! En évoquant tous les détails de ce lieu, votre cerveau va progressivement se plonger dans un mode « confiance ». Imaginer les sons, les images, les odeurs vous fera accéder à la sérénité, au calme et au bien-être.

Entraînez-vous et vous arriverez de plus en plus facilement à atteindre ce refuge mental, qui vous permettra de mieux vivre les tensions du quotidien. Souvenez-vous : le cerveau ne fait pas la différence. Ce qui compte, c'est l'expérience vécue et ressentie. Alors si on ne peut pas demander à un organisme de passer d'un état d'anxiété à un état de sérénité en quelques minutes, on peut en revanche bel et bien contribuer à l'apaiser, à changer de direction et à poser les bases d'une nouvelle dynamique plus plaisante.

Préparation : Installez-vous confortablement, buvez une grande gorgée d'eau consciente en visualisant son parcours dans votre corps et ses vertus purificatrices, fermez les yeux et prenez 3 grandes respirations.

Rituel : Remémorez-vous ou imaginez un lieu et un moment bénis, remplis de calme, de sérénité et de plénitude, et dans lesquels vous vous sentez bien. Cela peut juste être une petite sieste tranquille dans un hamac au fond d'un jardin par exemple, ou un moment tranquille dans un bel endroit lors de vos dernières vacances à la campagne ou au bord de la mer.

Remémorez-vous ce moment en détail. Commencez par vous rappeler l'ambiance, la chaleur, les odeurs, les sons, les saveurs, vos sensations... Activez tous vos sens, les uns après les autres, et surtout les « sens du cœur », toutes ces émotions agréables éprouvées dans ce lieu...

Reconnectez-vous progressivement à toutes les sensations corporelles associées à cet instant de petit bonheur et de calme profond. Vous étiez si bien, en paix, en sécurité... Un moment hors du temps. Réinjectez ces douces sensations dans tout votre corps et dans la moindre de vos cellules, là, ici et maintenant. Faites le plein de toutes les hormones de bien-être et de bonheur qu'elles vous procurent et qui rééquilibrent la chimie de vote corps... Prenez le temps qu'il vous faut pour les ressentir pleinement et en profiter longtemps. Rappelez-vous : « Combien de temps dure «toujours» ? Parfois, juste une seconde ! »

Clôture : Lorsque vous avez retrouvé le calme et la sérénité, prenez 3 grandes inspirations conscientes. Souriez... À cet instant, vous êtes à nouveau heureux. Buvez une grande gorgée d'eau consciente pour booster les nouvelles particules de bien-être en vous.

LES BRUITS QUI NOUS PROCURENT UNE SENSATION DE BIEN-ÊTRE*

Certains bruits peuvent nous procurer une sensation de bien-être. Cette sensation a un nom : « ASMR » *(Autonomous Sensory Meridien Response)*, qui évoque même un « orgasme du cerveau ».

Le bruit de la pluie sur un toit procure un sentiment de sécurité lié au fait que l'on se sent soi-même bien à l'abri de celle-ci et au chaud.

Le ronronnement d'un chat est, avec ses vibrations apaisantes, un anti-stress naturel, voire même une thérapie. Vous pouvez en effet calmer ainsi anxiété et insomnies. Essayez mynoise.net si cela vous tente…

Les vagues font partie des sons qui nous inspirent calme et sentiment de sécurité.

L'eau qui coule, comme un ruisseau, rend l'ambiance propice à la sérénité et à l'endormissement.

Le crépitement d'un feu nous procure une sensation de plaisir, de chaleur et de bien-être immédiate.

Les bruits de la forêt nous reconnectent à notre Mère Nature.

Le craquement des feuilles d'automne nous rappelle nos origines naturelles et nous apaise.

Les bruits blancs, en nous rappelant une ambiance intra-utérine, présentent des propriétés hypnotiques qui peuvent faciliter un véritable apaisement allant jusqu'à l'endormissement, comme pour les bébés. Vous pouvez vous en procurer avec certaines apps comme Kitefaster White Noise, etc.

* https://www.passeportsante.net/

#12RITUEL
Générosité et happiness

Intention :
L'ouverture du cœur est la clé du bonheur. Parce qu'il y a un lien direct entre générosité et bonheur, et que la simple intention d'être généreux provoque une modification neuronale positive, je me fais du bien en ouvrant mon cœur, en m'exerçant à la générosité, en œuvrant à rendre le monde meilleur et en renforçant les liens avec Autrui.

Durée :
1 minute

En lien avec la libération de :
ocytocine, endorphines, sérotonine et dopamine

 # Attitude cœur ouvert
La générosité est un sentiment qui nous permet de développer notre propre bonheur et celui de ceux qui nous entourent. Son effet est bénéfique dans les deux sens : plus vous enverrez du positif aux personnes qui vous entourent, plus vous en retirerez du positif dans votre vie. Il s'agit d'un cercle vertueux très puissant et facile à initier.

Si ce n'est pas forcément inné en chacun de nous, nous sommes tous capables de nous tourner plus ou moins vers les autres. Nous pouvons cultiver cette qualité en nous, par de petits gestes simples, ou même, dans un premier temps, juste par des pensées. Savoir orienter son esprit vers la générosité est déjà un acte merveilleux en soi. Notre salut passe par là. Notre vie n'en sera que plus riche humainement, et nos nuits plus sereines. Le rituel qui suit peut vous paraître assez proche d'une « bonne pratique », mais, en l'inscrivant dans une nouvelle discipline de l'esprit avec conscience et confiance en son véritable pouvoir, il se charge de sens et se ritualise comme une prière.

Choisissez votre rituel parmi les trois registres qui suivent en fonction de celui qui vous parle le plus : 1, 2 ou 3. La générosité est une intention pure à développer à l'intérieur de votre cœur, tout au long de votre vie et de votre chemin de conscience.

Préparation : Fermez les yeux, buvez une grande gorgée d'eau consciente en imaginant que toutes ses petites particules circulent en vous et ouvrent votre cœur comme une fleur qui éclot ou une porte qui s'ouvre – à vous de voir ce qui résonne le plus –, puis prenez 3 grandes respirations conscientes pour enclencher un nouvel état d'esprit.

Rituel :
Registre 1. Exercez vous à l'observation de la générosité. Quand on cherche, on trouve ! La vie peut être remplie de moments jolis et délicats mais, le plus souvent, on fonce sans les voir. La première partie du rituel consiste simplement à être attentif aux actions de générosité autour de vous : dans le métro, le train, le restaurant, au travail, etc. Il peut s'agir du geste simple d'une personne aidant très gentiment une maman à porter sa poussette dans les escaliers, d'un autre qui tient une porte, donne une pièce à un mendiant, fait un sourire, un

compliment, etc. Il s'agit de remarquer et d'apprécier tous ces gestes généreux et de faire le souhait qu'ils se répandent plus encore, comme une bienveillante contagion. Plus on s'adonnera à ce rituel, plus on se réjouira de ces petites perles du quotidien qui nous font du bien à l'âme.

Registre 2. Exercez-vous à la générosité par la pensée. Vous pouvez continuer à cultiver la générosité par votre esprit. Ainsi, à chaque fois que vous vivrez un joli moment, comme une belle journée de printemps, un délicieux repas, un bon moment entre amis, avec vos enfants, vos parents, une douce douche chaude, un rayon de soleil, un animal tout mignon, une bonne tasse de thé, un bon livre, tous ces petits plaisirs tout simples qui vous procurent de la joie et de la tendresse, offrez-le et partagez-le mentalement avec tous ! La prochaine fois que vous dégusterez un bon fondant au chocolat ou de succulentes framboises, savourez-les et dites-vous intérieurement : « Je partage ces gourmandises avec tous et fais le souhait que tout le monde puisse avoir ce même petit bonheur… » Chérissez ces instants et offrez-les !

Registre 3. Exercez-vous à la générosité par des actes. Une fois par jour, avec authenticité et gratuité, faites une action toute simple pour exprimer votre générosité : faites un compliment sincère, écrivez un petit SMS bienveillant, appelez une personne juste pour lui faire plaisir, aidez une autre personne sur un projet, écoutez plus attentivement les autres, le cœur ouvert et sans jugement, ayez de petites attentions, des petites délicatesses, pour votre entourage…

Si vous désirez aller plus loin dans vos actions de générosité, faites du bénévolat, aidez des associations, donnez un peu de votre temps, de vos talents, de votre sang, de votre argent... Auparavant, rendez-vous sur http://www.infodon.fr/ le portail collectif sur le don et les urgences, qui vous permettra de faire votre choix parmi toutes les causes.

« Il n'y a pas d'enthousiasme sans sagesse,
ni de sagesse sans générosité. »

Paul Éluard

Clôture : Après avoir effectué votre action généreuse, prenez un temps pour vous honorer et accueillir les sensations corporelles et les émotions de joie qui en découlent. Buvez une grande gorgée d'eau pour offrir toutes ces sensations au plus grand nombre. C'est bon de se sentir quelqu'un de bien, non ? Donnez-vous du temps pour que cette nouvelle orientation de votre esprit et la succession de vos actions finissent par influer sur votre vie. En réalité, pour un long sommeil en paix, c'est à approfondir jusqu'à la fin de vos jours...

LE SOIR

« Attardez-vous sur la beauté de la vie.
Regardez les étoiles,
et voyez-vous courir avec elles. »

Marc-Aurèle

L'ENJEU DU SOIR : LE RALENTISSEMENT.
BIEN DORMIR, C'EST SAVOIR COUPER ET DÉBRANCHER LA « MACHINE À PENSER » ET REDONNER LA PRIORITÉ À VOTRE CORPS !

Le soir, c'est le temps de la souveraineté du corps et du ralentissement de l'activité mentale, des ruminations des soucis du jour et du lendemain, afin de se préparer à passer une nuit de récupération et de restauration.

PETIT RAPPEL DES BONNES PRATIQUES DU SOIR

- Engagez-vous à vous coucher avant minuit au moins 3 fois dans la semaine.
- Essayez de vous réveiller et de vous coucher toujours à la même heure pour ne pas contrarier votre horloge interne qui « programme » le moment de votre lever et de votre coucher.
- L'heure idéale de coucher varie selon les profils chronobiologiques. Pour les lions, elle sera aussi proche que possible de 22 h, pour les ours de 23 h, pour les dauphins de 23 h 30, et enfin pour les loups de minuit. Si vous êtes en couple, c'est comme pour le reste, plus vous serez assorti à votre partenaire, plus confortable sera votre sommeil. En effet, la cohabitation entre les dauphins au sommeil agité, les ours qui ronflent, les lions aux réveils matinaux et les loups aux soirées étirées n'est pas toujours très évidente...
- Précaution spéciale pour les loups : programmez deux réveils plutôt qu'un seul. C'est plus prudent !
- Ne laissez pas les soucis et le stress entrer chez vous. Fermez-leur la porte ! (voir #13Rituel p. 369) !
- Ralentissez. La journée est finie. Vous êtes tranquillement installé chez vous, bien au chaud. Il n'y aucun tigre à dents de sabre dans les parages, il n'est donc nullement besoin d'être en mode « survie ». Faites baisser la pression de la journée, forcez-vous à ralentir vos gestes, à respirer plus lentement pendant quelques instants, à manger plus doucement et consciemment, à bien mâcher, savourer, prendre le temps... Écoutez votre conjoint et vos enfants. C'est votre grand moment de détente de la journée. Goûtez-en chaque seconde. Profitez au

maximum de cette authentique halte plaisir avant la mise en sommeil et le redémarrage de la journée suivante.

- Ne faites pas de sport 3 heures avant l'heure du coucher.
- Favorisez la pénombre. Pourquoi pas un dîner aux chandelles ?
- Trois heures avant de dormir, dînez léger. Faites un repas sans viande, sans sauce, sans charcuterie, avec, si possible, des sucres lents et de la salade.
- Prenez une douche tiède pour faire baisser la température de votre corps.
- Ne vous mettez pas devant des écrans, fuyez la lumière bleue. Si vous devez travailler sur votre ordinateur le soir, téléchargez un logiciel gratuit F.lux, diffusant une lumière rouge au fur et à mesure que la luminosité du jour diminue.
- Si vous regardez un film ou une série, privilégiez les « *feel good movies* », les comédies ou les séries gentillettes. Écoutez des musiques classiques ou relaxantes.
- Privilégiez une température fraîche dans votre chambre.
- Profitez des vertus des plantes et des tisanes.
- Au coucher, ne placez pas de téléphone près de vous qui ne soit pas en mode avion. Détox digitale oblige ! Éteindre votre portable à un moment précis de la soirée peut devenir un nouveau signal de sommeil.
- Évitez les scènes de ménage. Attendez le prochain week-end ou réconciliez-vous sur l'oreiller : la libération d'endorphines vous enverra dans les bras de Morphée…
- Écoutez un bruit blanc (en mode avion bien sûr !). Cela pourra favoriser votre endormissement.
- Pratiquez la relaxation, la méditation, l'autohypnose, la cohérence cardiaque, etc.

- Et surtout, si vous vous réveillez pendant la nuit, ne regardez pas l'heure, arrêtez de compter le temps qu'il vous reste et de contrôler (vous réactiveriez votre cerveau dans les ondes bêta de la pensée active). Restez le plus possible à demi-endormi avec les ondes alpha.

« Souris, respire et avance doucement. »

THICH NHAT HANH

L'EFFET MOZART

Certaines compositions de Mozart sont propices à un effet de détente et préparent efficacement l'organisme au sommeil. Une étude de l'École de Médecine de Harvard a confirmé qu'écouter pendant une heure avant le coucher de la musique relaxante, abaisse le taux de cortisol dans le sang et favorise le sommeil. Selon le Professeur Tomatis, l'un des plus grand spécialiste dans ce domaine, la musique de Mozart possède un pouvoir libérateur, curatif et même guérisseur. Depuis les recherches du Professeur Tomatis plusieurs chercheurs de différents pays ont pu constater cet effet Mozart.

#13RITUEL
Bye, soucis du jour ! Videz votre sac !

Intention :
J'identifie les soucis qui encombrent mon esprit et volent mon énergie, et je m'en vide ! Je fais barrage à la contamination du stress. Je me défais de mes tensions et contrariétés du jour et de celles que je peux déjà anticiper pour le lendemain.

Durée :
4 minutes

En lien avec la :
baisse de cortisol

#Rédaction & visualisation
Du matin au soir, le cerveau analyse et anticipe tout ce qui pourrait nous arriver, moulinant, ressassant et cherchant des solutions pour tel ou tel problème. Les pensées qui tournent dans la tête, les ruminations, les fixations, les trop-pleins, les doutes, les crispations sont nos pires ennemis. Ils nous maintiennent en état d'éveil et freinent notre entrée dans le sommeil. Le soir, il faut donc faire la chasse à l'agitation mentale et aux idées grises, il faut apaiser votre mental. Concrètement, laissez vos soucis à la porte ! Pour cela, avant de rentrer chez vous (au bureau, dans les transports, etc.), vous allez écrire sur un petit morceau de papier toutes les tensions accumulées durant le jour et/ou les potentiels « enjeux de prise de tête » du lendemain, puis vous

le déchirerez en mille morceaux et le mettrez à la poubelle. Cela vous fera le plus grand bien !

Préparation : Posez-vous, buvez une grande gorgée d'eau consciente pour hydrater votre corps. Imprégnez-vous de l'énergie de soulagement et d'élimination des tensions de l'eau. Prenez 3 grandes respirations conscientes et soufflez, expirez très fort comme pour évacuer un ras-le-bol. Prenez un stylo et du papier ou, si vous le préférez, munissez-vous de votre smartphone pour écrire et préparez-vous à faire un exercice d'écriture spontanée.

Rituel :
1. En repensant à votre journée, notez un mot ou une phrase qui vous vient tout de suite à l'esprit. Cela peut aller de « Ahhhhh... », « Hmmm... » à « Je ne sais pas quoi dire. », de « Ras-le-bol ! », « Quelle journée de m... ! » à « Quelle belle journée constructive ! »

Écrivez ce qui vous passe par la tête sans réfléchir. Ne portez pas de jugement. N'essayez pas forcément de faire des phrases. Allez-y, lâchez-vous ! C'est une porte ouverte qui va permettre l'évacuation de vos émotions, un espace entièrement dédié à tout ce qui se passe dans votre tête, sans retenue ni censure. Cela peut être très créatif, surprenant et libérateur. Essayez et amusez-vous !

2. Notez alors tout ce qui vous a tracassé, énervé, tendu, mis en colère ou en état d'insécurité durant la journée, comme une liste des doléances : « J'en ai marre d'untel. Il m'énerve ! », « J'en ai ras-le-bol de passer autant de temps dans les embouteillages... »,

« J'ai peur de ne pas avoir assez bien répondu sur ce dossier. » Écrivez tous vos agacements et vos craintes.

3. Puis identifiez une crainte particulière plus forte que les autres. Nos émotions négatives nous poussent à imaginer les pires scénarios de manière désordonnée. Bien souvent, nos anxiétés et nos ruminations proviennent de nos peurs sur l'avenir. Que va-t-il se passer si je fais ce choix ? Comment vont-ils réagir si je fais cela ? Les questions tourbillonnent et nous nous sentons pris au piège. Comme, par nature, nous avons tendance à voir le verre à moitié vide, il est crucial de mettre en place des stratégies pour remplir notre verre, de changer de regard, d'être plus positif et confiant. Pour mieux dormir, essayez de voir le verre à moitié plein. Allez-y gaiement et commencez par imaginer le pire. Rédigez le pire scénario qui puisse arriver. Si besoin, faites une pause et buvez un grand verre d'eau pour éliminer une potentielle petite montée d'angoisse.

Rédigez les plans A, B et C qui vous permettront de surmonter ce scénario du pire. « Que puis-je faire pour me sortir de cette situation ? »

La prise de conscience allant de pair avec la rédaction de vos craintes est un premier pas qui pourra vous permettre de sortir des limbes émotionnelles de l'angoisse. Le fait de chercher des solutions et de les écrire fera appel à votre cortex qui va vous aider à rependre le contrôle et vous rassurer. Vous serez ainsi plus en mesure d'identifier de vraies solutions apaisantes. Élaborez un plan A, B, C... autant que vous voulez ! Il y a forcément une solution ! Mettez l'anxiété de côté. Redonnez place à la raison, au positif et à l'espoir. En mettant la lumière sur des soucis clairement identifiés ou latents, vous réaliserez que ce « pire » n'est pas une fatalité, qu'il est juste une possibilité... Vous pourrez ainsi plus aisément lâcher prise et profiter de la soirée en vous détendant !

Clôture : Fermez les yeux, prenez 3 grandes respirations et ralentissez votre rythme cardiaque : imaginez à l'inspiration que vous vous redonnez sérénité et douce sécurité, puis, à l'expiration, visualisez tout le négatif qui s'éloigne de votre corps et se dissipe dans le néant. Faites cela 3 fois, consciemment, tout en ressentant ce qui se passe dans votre corps. Rouvrez les yeux, déchirez la feuille et jetez-la à la poubelle ou brûlez-la !

Puis buvez un grand verre d'eau fraîche pour éliminer (au sens propre et au sens figuré) tous ces tracas. À présent, et pour quelques heures, ils n'existent plus ! Vous terminez ainsi la journée l'esprit libéré et le corps nettoyé.

Ce rituel est important pour marquer le passage du temps des préoccupations diurnes, tournées vers l'extérieur, l'activité, le travail, au temps de l'intime et du retour à soi.

#14RITUEL
Pourquoi un pyjama à rayures, à fleurs ou à pois ?

« Pourquoi un pyjama
À rayures, à fleurs ou à pois ?
Pourquoi un pyjama
En coton, en fil ou en soie ? »

Serge Gainsbourg

Intention :
Tel un super-héros ou une super-héroïne de la nuit, je m'équipe de mon habit de nuit pour bien dormir. C'est le signal par excellence de mon rendez-vous avec Monsieur Sommeil.

Durée :
2 minutes

En lien avec la libération de :
sérotonine

#Habit de nuit
Batman, Wonder Woman, Superman, Spider-man... Que font les super-héros lorsqu'ils ont rendez-vous avec leur destin ? Ils

ont un rituel : ils s'équipent de leurs costumes de super-héros ! Que serait Batman sans sa cape, Superman sans son « S » sur le torse ou Spiderman sans ses petits collants rouges et bleus ? Eh bien, pour notre grand rendez-vous avec Morphée, empruntons le même rituel, marquons le signal, équipons-nous de nos habits de nuit, tels des chevaliers protecteurs de notre sommeil. Pour cela, il faut commencer par nettoyer le corps, se libérer physiquement de nos tensions accumulées, évacuer l'énergie du dehors et prendre notre habit du dedans.

Préparation : En premier lieu, privilégiez une bonne douche ou un bain pour vous nettoyer des soucis et des énergies négatives et faire baisser la température de votre corps. Souvenez-vous de l'activité de l'horloge biologique qui gère, entre autres, la température du corps accompagnant le sommeil ou l'éveil, et ne faites pas l'erreur de vous endormir au moment où votre température corporelle est maximale. Cela équivaudrait à vous endormir avec de la fièvre. Voir #8Rituel p. 346.

Rituel :

1. Enfilez votre habit de nuit, que ce soit un « pyjama à rayures, à fleurs ou à pois, en coton, en fil ou en soie », en visualisant ses effets de protection sur votre sommeil et vos jolis rêves. C'est votre « costume de héros ou d'héroïne de la nuit ».

2. Faites-vous un automassage avec des huiles essentielles, du magnésium externe en gel ou en huile, de l'huile de massage... Les huiles essentielles présentent un triple avantage : elles agissent chimiquement sur l'induction du sommeil, rassurent et apaisent, réenchantent et renforcent joliment le rituel du

coucher. Privilégiez les parties de votre corps qui sont tendues ou simplement celles auxquelles vous êtes le plus sensible.

Voici un exemple d'automassage proposé par Chico Shigeta*.

Frottez vos mains avec l'huile essentielle – si c'est cela que vous avez choisi – et faites monter la chaleur dans vos mains. Une fois que vos mains sont chaudes, mettez-les sur vos yeux sans passer au-dessus de votre nez. Respirez profondément.

Puis massez-vous du bout des doigts en petits mouvements circulaires dans le sens des aiguilles d'une montre :

- le point central en haut de la tête pour calmer le mental, puis mettez vos mains sur l'ensemble de votre crâne et faites bouger le cuir chevelu comme si vous vous laviez la tête et les cheveux ;
- le point entre vos deux yeux à la racine du nez, qui calme l'esprit et permet la concentration, puis les tempes ;
- toujours dans le sens des aiguilles d'une montre, le plexus solaire, notre centre nerveux situé sous le sternum ;
- les mains sur la première ligne du poignet, à la base de la paume, sur le point du cœur « la porte de l'esprit » ;
- les pieds, depuis la voûte plantaire, en remontant, puis en étirant chaque orteil...

* Masseuse de stars, Chico Shigeta a développé des massages simples à faire chez soi à l'aide d'huiles de soin et de massage. Voir www.shigetablog.com

Clôture : Prenez 3 grandes respirations : imaginez à l'inspiration que vous vous donnez une vraie sérénité pour bien dormir, puis expirez profondément par la bouche en évacuant tous les scénarios d'anticipation de mauvais sommeil ou d'insomnie. Visualisez toute l'anxiété qui s'éloigne de votre corps. Buvez un grand verre d'eau ou une tisane du soir pour vous remplir de bonnes ondes et de joie à l'idée d'aller dormir dans votre bel habit de nuit.

... À moins que vous ne fassiez comme Marilyn Monroe et que vous ne dormiez en costume d'Ève (ou d'Adam !). Vous connaissez certainement sa fameuse réponse au journaliste qui lui demandait « *Marilyn, what do you wear to bed* ? » (« Marilyn, que portez-vous pour dormir ? ») : « *So I said I only wear Chanel N°5* » (« J'ai répondu que je porte seulement du Chanel N° 5. »).

#15RITUEL
Les mercis du jour et le replay du positif

Intention :

Je m'entraîne au bien-être psychologique et physique, au contentement, à l'optimisme, à la magie de la vie avec deux mots prodigieux : « Merci ! » et « Replay ».

Durée :

2 minutes

En lien avec la libération de :
endorphine, sérotonine

#Écriture et visualisation
Pour élever son niveau de bien-être et de satisfaction, réduire les états d'anxiété, de stress et d'épuisement psychologique, il n'est pas forcément besoin de suivre de grosses formations. Il suffit de s'entraîner à ressentir le plus possible un sentiment de reconnaissance envers les petits moments et les petites choses du quotidien, et de s'exercer à « graver » leur effet positif dans notre cœur et notre mémoire. C'est prouvé : pratiquer la gratitude est excellent pour le corps, l'esprit et la qualité de nos nuits ! Et puis c'est une manière très maligne de tirer avantage de ce que les psychologues nomment la « *peak-end rule* » (littéralement « la règle du pic/l'apogée et de la fin »), selon laquelle on évalue chaque expérience de vie sur son « pic », c'est-à-dire le moment le plus intense, et sur sa « fin ». Seule la façon dont on se sent au « pic» et à la « fin » de l'expérience est fondamentale, on ne juge pas l'expérience sur son ensemble. Par exemple, en amour, on aura beau avoir vécu trois ans de bonheur, si l'histoire s'est mal terminée, nous garderons surtout cette note finale ! Notre cerveau est ainsi fait : il privilégie le négatif. Il faut donc l'entraîner et le muscler afin qu'il puisse voir les aspects positifs. Une formidable façon d'y parvenir, c'est de considérer sa journée comme une expérience, de regarder ses points positifs, et de remercier, d'être en gratitude.

Préparation : Prévoyez un petit carnet si besoin. Installez-vous confortablement, buvez un grand verre d'eau et prenez 3 grandes respirations conscientes en visualisant le parcours de l'eau dans votre corps qui chasse les particules de stress, de fatigue et d'anxiété.

Rituel :

1. Fermez les yeux quelques instants et repensez à votre journée. Identifiez trois bons moments. Remémorez-vous ces moments mentalement le plus longtemps possible ou écrivez-les dans votre petit carnet.

Inspirez profondément, remplissez-vous, nourrissez-vous mentalement de ces petits cadeaux qui ont illuminé votre journée, et, à l'expiration, remerciez avec une vraie ouverture de cœur, en diffusant ce merci à la vie, à vous-même, aux autres.

2. Le temps de quelques secondes supplémentaires (20 à 30 secondes), « gravez » intérieurement les sensations de plaisir et de bonheur ressenties lors de ces bons moments qui vous ont fait du bien. Retrouvez l'ambiance, les odeurs, la chaleur et le sentiment d'unité que cela vous a procuré… Faites un large sourire intérieur.

L'idée est de vous réchauffer l'âme – votre âme que vous ressentez parfois triste, anxieuse, seule, désemparée –, et de vous entraîner à voir le bon côté de la force, le côté positif et lumineux, afin de contrecarrer la tendance naturelle de votre esprit à voir le côté négatif. C'est comme mettre du petit bois dans un feu de cheminée. Entendez le crépitement de ces bons moments qui vous procurent une douce sensation de bien-être, qui vous réchauffent profondément et vous rassurent. Vous pouvez relâcher, souffler et dormir. Vous êtes en sécurité.

Ce rituel est très important pour gagner la bataille du positif et de l'optimisme contre le négatif, le découragement, la déprime, l'ennui, le spleen, le désenchantement...

Clôture : Fermez les yeux, prenez 3 grandes respirations conscientes, buvez une gorgée d'eau en visualisant toutes ces petites particules détendues et joyeuses qui se propagent dans votre corps.

Si ce rituel est une des dernières choses que vous faites avant de vous endormir, vous programmerez de meilleures conditions pour un bon sommeil.

Idée plus : Le rituel d'écriture de gratitude peut également être une belle idée à souffler à l'oreille de nos enfants pour un cadeau d'anniversaire, de Fête des mères, des pères, des grands-parents, ou autre ! Écrire des « Mercis pour... », « Si tu n'étais pas dans ma vie, je n'aurais pas pu ou su... », « Tu m'as permis de... », etc., nous entraîne à l'ouverture de cœur et à la générosité, valorise la profondeur et la qualité des relations, renforce l'authenticité et la sincérité... et est le plus économique des beaux cadeaux !

#16RITUEL
Rejoignez les bras de Morphée avec confiance…

Intention :
Je m'endors sereinement avec un état d'énergie positive et de belles images mentales et qui me rassurent et m'apaisent.

Durée :
5 minutes

En lien avec la :
baisse du cortisol, augmentation de la production des ondes cérébrales alpha

#Autohypnose
Notre mental est notre plus grand hypnotiseur. Il fabrique notre vision de la réalité de toutes pièces. L'autohypnose est une technique maligne pour savoir utiliser notre mental et son armada de pensées en notre faveur. En activant votre état modifié de conscience avec l'autohypnose ou une méditation active, vous recréez une cohérence cerveau-corps, qui va ralentir la dispersion et l'agitation mentale, réguler la libération des messagers chimiques propices au bon sommeil, et favoriser l'installation d'un sentiment de sécurité, ingrédient indispensable et capital pour une nuit paisible. Des podcasts audio à télécharger peuvent vous aider a accéder aux ondes cérébrales alpha vous ouvrant ainsi la porte du sommeil réparateur.

Préparation :

- **Pendant la journée.** Entraînez-vous en répétant des affirmations comme : « La nuit, je dors du soir jusqu'au matin dans un sommeil profond et réparateur. » Vous commencez ainsi doucement à programmer votre cerveau en vue de votre délicieux rendez-vous avec Morphée. Si vous le pouvez, rajoutez une visualisation de vous en train de dormir profondément et paisiblement, bien au chaud, en sécurité sous votre couette. Comme c'est bon de vous abandonner dans ses bras. Ressentez ces sensations le plus possible, car ces images mentales imprègneront votre subconscient. Pour que cet exercice fonctionne, il faut en faire une habitude de tous les jours et ne pas attendre l'insomnie.
- **Le soir.** Lorsque vous êtes prêt à aller dormir dans votre joli habit de nuit, prenez 3 grandes respirations conscientes avec l'intention de vous endormir et/ou de dormir paisiblement. Buvez une gorgée d'eau consciente en visualisant une armée de particules joyeuses et sereines qui se diffusent dans tout votre corps et chassent la moindre particule restante d'anxiété. Vous êtes nettoyé de tout stress et prêt à bien dormir. C'est votre rituel du soir pour vous endormir serein.

Rituel :

1. Fermez les yeux.

Prenez 3 grandes respirations avec l'intention de vous laisser glisser dans les bras de votre amant ou ami nocturne, le beau Morphée...

Ralentissez votre respiration tout doucement. À l'inspiration, remplissez vos poumons de calme et de paix, à l'expiration, chassez toute tension et toute anxiété.

2. S'il vous reste encore quelques tensions, imaginez que vous les mettez toutes dans un grand sac imaginaire que vous allez déposer sur le pont d'un grand voilier prêt à partir en mer. Regardez ce grand voilier flotter sur une mer bleue et s'éloigner vers l'horizon sous un ciel d'azur avec votre sac imaginaire.

3. Puis revenez à votre corps. Visualisez votre souffle qui apporte une sensation de douceur et de sécurité dans chacune de ses parties. Commencez ce voyage par les pieds par exemple, et remontez le long du corps, les cuisses, le bas du corps, le ventre, etc., jusqu'à la pointe de votre crâne et le bout de vos doigts, en vous intéressant à chaque sensation : froid, chaud, lourd, tendu, sans sensation, etc. Essayez de distinguer tout ce que vous pouvez ressentir.
À chacun de vos passages en revue, apportez un petit souffle de calme intérieur.

4. Puis imaginez un jardin paradisiaque. Déjà, vous sentez le subtil parfum des fleurs et entendez le gazouillis des oiseaux. Un petit escalier de pierre donne accès à ce jardin.
Imaginez que vous descendez une marche, puis deux, puis trois… jusqu'à dix marches, pour aller jusqu'à ce jardin paisible où l'on se sent en sécurité et où il fait bon rêver et oublier le temps qui passe. À chaque marche descendue, vous devenez de plus en plus calme.
Dans ce jardin paradisiaque, posez-vous, détendez-vous et ressentez comme cet environnement est tranquille et sûr. Regardez les couleurs de la nature. C'est comme un tableau dont les fleurs et les feuilles sont les pinceaux… Regardez les arbres,

entendez les petits bruits d'un ruisseau, ressentez la brise... Tout est si magnifique.*
Puis, entre les feuillages, vous découvrez une petite porte. C'est la « Porte du Sommeil ». Ouvrez-la. Elle vous mènera directement dans un beau sommeil profond et réparateur. Un autre monde fascinant mystérieux et onirique, celui de vos rêves et de vos possibles.

Clôture : Chuuuut... Faites de beaux rêves !
Au fond, cette technique n'est pas si éloignée des belles histoires que l'on raconte le soir à nos petits...
À la place de ce rituel, vous pouvez aussi faire, au choix, la méditation guidée qui suit.

« Être bien assis,
c'est trouver sa place sur la Terre. »

Elisabeth Couzon

* Une étude publiée dans le *New Scientist* révèle que les insomniaques s'endormant avec des pensées contenant des images apaisantes de cascades d'eau, de lacs de montagne, de paysages ensoleillés, etc., s'endorment 20 minutes plus rapidement que s'ils ne le faisaient pas.

#17RITUEL
Soleil couchant…

Intention :
Je me recentre, me rassemble, me relie à ce qui me fait du bien, je retrouve une vraie assise et une vraie sécurité intérieure afin de revenir sur mon axe. Je lâche prise pour me renforcer et lutter contre le stress, l'anxiété, le sentiment d'impuissance. Je cherche le calme et le trouve en moi puisque la solution est en moi.

Durée :
5 minutes

En lien avec la :
baisse du cortisol

#Méditation guidée, respiration & visualisation
Le mot « méditer » vient du latin « *mederi* », qui signifie « prendre soin ». Les mots « médecin » et « médicament » ont d'ailleurs la même racine. Méditer, c'est savoir débrancher le pilote automatique, s'arrêter, prendre le temps de s'asseoir pour ne rien faire, ne rien chercher, prendre soin de soi. C'est respirer, inspirer, expirer, faire silence pour s'entendre et s'écouter. C'est mettre son cerveau au repos. C'est expérimenter sa conscience, prendre contact avec ses sens, ses pensées, ses émotions, tout ce qui nous entoure. C'est apprendre à se gérer autrement. Ainsi, passant moins d'énergie à chercher à l'extérieur ce que nous avons à l'intérieur, petit à petit, nous gagnons une véritable

capacité de lâcher-prise et une meilleure qualité de vie. Un bon mental et un cœur ouvert sont la base de notre santé mentale et émotionnelle. Plus vous vous exercerez à cette pratique de l'esprit, moins vous risquerez le burn-out et la dépression. Nous le savons, les bienfaits de la méditation sont nombreux ; elle agit sur trois plans : le mental, le physique et l'existentiel.

Et non, méditer n'est pas « narcissique ». C'est une idée reçue que vous pouvez dès maintenant mettre à la poubelle ! Comme a pu l'écrire fort justement Youki Vattier : « Dans un premier temps, méditer, c'est effectivement faire attention à soi. Ce qui est le meilleur moyen de pouvoir ensuite s'intéresser aux autres. Car tant que j'ai des souffrances ou des incohérences, je reste scotché à moi-même. Et je ne peux que difficilement voir l'autre, l'écouter vraiment, aller vers lui... Mais une fois que j'ai commencé à retrouver un certain accord avec moi-même, cela me fait prendre conscience du lien plus profond qui m'unit avec tout ce qui m'entoure. »*

Préparation : Installez-vous si possible dans un lieu calme où vous ne risquez pas d'être dérangé. Positionnez-vous confortablement sur votre chaise, dos bien droit, épaules relâchées et décontractées. Vous devez rechercher une posture propice au confort et sans tension. Le but du jeu de la posture est d'« oublier » le corps grâce à l'immobilité.

* *Méditer puis agir. Je passe à l'acte,* Youki Vattier, Actes Sud.

Rituel :

1. Prenez 3 grandes respirations amples et profondes et ralentissez votre respiration. Fixez d'abord toute votre attention sur votre souffle. Inspirez, expirez... Votre respiration est au premier plan de votre attention et tout ce qui vous environne (bruits, odeurs, etc.) est au second plan. Détendez-vous. Comptez 5 cycles d'inspiration et d'expiration. Au début, dans l'ébullition de vos pensées, votre esprit peut s'échapper du focus de votre respiration pour aller vagabonder vers vos soucis. Il suffit de ne pas vous en préoccuper, de ne pas faire de commentaires et de revenir à l'immédiateté de votre souffle. C'est cela, rentrer en amitié avec soi-même sans jugement. Et c'est cela méditer.

2. Puis, une fois que votre esprit est un peu plus stabilisé, visualisez un chemin dans un paysage que vous aimez : au bord de la mer, à la montagne, à la campagne...

Marchez en prenant tout votre temps. Ressentez les odeurs, les caresses et la douceur de l'air, les bruits, le chant des oiseaux... Au bout de ce chemin, vous découvrez un magnifique soleil couchant. Ce soleil est votre énergie intérieure. Concentrez-vous sur lui. Les rayons et l'énergie qu'il émet sont les vôtres. Il est toute votre force intérieure et ne dépend de rien d'autre. Rien à l'extérieur ne peut le recouvrir, le cacher ni le gâcher.

3. Une partie de ce beau soleil va venir se placer dans votre plexus et sa douce chaleur va rayonner dans tout votre corps. Sentez-la qui se diffuse dans votre ventre, vos jambes, vos pieds, puis votre torse à nouveau, vos épaules, votre cou, vos bras, vos mains, votre tête... Toute votre énergie solaire circule dans l'ensemble de votre corps. Vous êtes centré, serein, en paix, prêt à dormir.

Reprenez doucement le fil de votre respiration. Inspirez, expirez… Comptez 5 cycles lents.

Clôture : Prenez 3 grandes et profondes respirations. Buvez un grand verre d'eau consciente diffusant de douces particules d'énergie de sommeil dans votre corps et laissez-vous glisser doucement de l'autre côté, comme le soleil couchant derrière l'horizon.

Idée + pour pratiquer la générosité : Vous pouvez offrir ce petit moment de méditation à ceux que vous aimez, ou plus largement à tous ceux qui ont besoin de la douce chaleur de ce soleil réconfortant.

« Ayant médité la douceur et la compassion, j'ai oublié la différence entre moi et l'autre. »

Milarépa, saint tibétain du XIe siècle

LE WEEK-END ET LES TEMPS « OFF »

Le week-end et les temps « *off* », essayez d'offrir de vraies vacances à votre cerveau ! Essayez de vous extraire quelques instants de la notion du temps afin de vous ressourcer profondément et de vous déconnecter des enjeux de votre vie sociale, professionnelle...

#18RITUEL
Hors du temps

Intention :
J'ai envie de me libérer de la notion du temps et des tensions qui vont avec, de détacher mon esprit des tic-tac, des réveils, des montres, des horloges, des horaires, des rendez-vous, des plannings, des retards, des obligations… et de me détendre enfin !

Préparation : Pendant quelques minutes, isolez-vous dans un endroit calme. Prenez 3 grandes respirations conscientes et buvez un grand verre d'eau en visualisant qu'elle a le pouvoir de vous déconnecter de tout.

Rituel :
1. Le temps de quelques inspirations et expirations, visualisez toutes les choses qui vous ramènent au stress du temps (votre agenda, vos rendez-vous, votre téléphone, votre montre, etc.). Ressentez l'émotion qui va avec : stress, tension, ras-le-bol, fatigue ? Mettez tout ceci dans un grand sac et rangez-le dans un grand placard fermé à double tour, que vous rouvrirez, ou pas.

2. Visualisez mentalement une grande et jolie bulle d'isolation sensorielle lumineuse qu'aucun élément extérieur ne peut venir perturber et dans laquelle vous allez pouvoir rentrer, prendre du recul, vous détendre et lâcher tout rapport au temps. Cette bulle est votre bulle magique hors du temps. Sa température est idéale. La lumière est blanche, vaporeuse. Il n'y a aucun bruit… Votre rythme cardiaque se calme, tous vos sens sont mis au repos, et vous flottez en apesanteur hors du temps et de l'espace,

sans repères. Vous oubliez tout, retiré du monde, recentré sur vous-même, et vous vous relaxez très profondément.

Pour vous aider à entrer rapidement dans votre bulle, vous pouvez utiliser une technique d'association. Associez votre isolation sensorielle hors du temps à un geste physique qui vous procure un sentiment positif. Mon astuce : je porte un petit bracelet à l'un de mes poignets, et je forme un « canevas virtuel » autour de lui à l'aide du pouce et de l'index de l'autre main afin de fermer une porte symbolique de protection, ainsi je laisse le stress du temps disparaître.

Clôture : Une fois distancié de tout rapport au temps, sortez de votre bulle d'isolation, détendu, souriant, prenez 3 grandes respirations, buvez un grand verre d'eau et reprenez doucement vos activités.

« Vous voyez l'ombre en moi
et moi je contemple les astres.
Chacun a sa manière
de regarder la nuit. »

Victor Hugo

CINQUIÈME RENDEZ-VOUS : RENDEZ-VOUS AVEC VOUS-MÊME

« Vous ne trouverez pas
ce que vous ne cherchez pas. »

Confucius

Avec les néo-rituels, vous disposez désormais d'une boîte à outils toujours accessible, naturelle et ludique, qui vous aidera à retrouver une belle énergie de vie pour un meilleur sommeil. Il s'agit maintenant de vous en servir et de commencer à l'intégrer dans votre quotidien. Cela ne dépendra bien évidemment que de vous. Rappelez-vous le pari du philosophe Blaise Pascal : vous n'avez rien à perdre à essayer et tout à y gagner !

Vous pouvez utiliser tous les néo-rituels à votre convenance et au gré de vos besoins. Pour vous aider à les mettre en place dans votre quotidien, j'ai imaginé le programme « Vivre et dormir enfin ! ». Vous aurez chaque jour l'occasion de goûter et d'expérimenter un rituel inspiré par la relaxation, la méditation, l'autohypnose, la nature, le partage, etc. Prenez le temps de vous initier à ces différentes pratiques qui vous mèneront vers un nouvel état d'esprit. Une fois que vous l'aurez suivi, vous pourrez piocher des inspirations ici ou là, combiner les rituels qui vous conviennent le mieux et créer votre propre programme journalier. Il vous faudra certainement une petite phase d'apprentissage et d'adaptation, c'est normal. Et si un jour vous perdez le rythme, n'hésitez pas à reprendre le cadre structuré du programme. L'effet énergie sera à la clef !

21 JOURS AVEC VOTRE ÉNERGIE VITALE ! MODE D'EMPLOI DU PROGRAMME « VIVRE ET DORMIR ENFIN ! »

LA STRATÉGIE DES PETITS PAS

Pour vous accompagner dans ce nouveau voyage avec vous-même, j'ai conçu le programme « Vivre et dormir enfin ! » sur 21 jours. 21 jours, c'est le temps nécessaire pour amorcer un changement et ressentir les premiers effets positifs. Ensemble, nous n'allons pas chercher à monter au sommet de la montagne d'un coup en mettant immédiatement tout en place.

Adepte de la stratégie des « petits pas », j'ai développé un programme simple, léger, graduel, et progressif.

Ayez toujours en tête que « *chi va piano va sano* » (« qui va doucement va sûrement »). Si vous voulez aller trop vite, vous enclencherez un système de défense qui vous plongera dans le doute, le découragement, le ras-le-bol, qui vous démotivera et vous fera abandonner la démarche. Tout simplement parce que notre cerveau n'aime pas du tout le changement. Pour lui, changement équivaut à danger, confrontation avec l'inconnu et peur. Et comme nous le savons, la peur engendre aussitôt des réactions de résistance et de blocage. Alors qu'au contraire, si vous avancez tranquillement, l'air de rien, le nez au vent, en suivant la stratégie des petits pas, vous tromperez votre système nerveux, qui ne déclenchera pas de résistances, vu qu'en apparence, les changements annoncés sont de moindre importance. En apparence seulement !

Nous allons donc y aller progressivement et, progressivement, nous allons apprendre à devenir de plus en plus intentionnels. Au début, nous nous concentrerons sur les premiers petits pas, en apprenant à respirer plus lentement ou à prendre 3 grandes respirations conscientes le matin avant de démarrer quoi que ce soit, et nous ne ferons rien que cela. Vous verrez, si vous réussissez à le pratiquer tous les matins, ce sera déjà beaucoup et vous pourrez être fier de vous-même !

Comme l'a dit Lao Tseu : « Un voyage de mille lieues commence toujours par un premier pas. » Petit pas après petit pas, il n'est pas impossible que vous vous retrouviez un jour en haut de la montagne sans vous en rendre compte !

LE TRAVAIL DE PRÉPARATION EN AMONT DU PROGRAMME « VIVRE ET DORMIR ENFIN ! »

Avant le démarrage de votre programme, commencez par vous mettre doucement en condition. Profitez par exemple du week-end précédent pour réaliser quelques préparatifs.

- **Installez des rideaux opaques** dans votre chambre si vous êtes sensible à la lumière.
- **Préparez votre « kit sécurité »** (voir p. 310).
- **Effectuez votre premier rituel préliminaire** (voir p. 312). La veille de votre premier rituel, donnez-vous la meilleure expérience qui soit, un max de *flow*. Faites de ce moment une fête !
- **Engagez-vous avec vous-même et formalisez cet engagement par des signaux et des actions concrètes :**
  - **Déjà, engagez-vous à vous coucher plus tôt au moins 1 fois par semaine pour commencer !** Puis 2, puis 3...
  - **Offrez-vous un nouvel habit de nuit** (tee-shirt, pyjama, etc.). C'est un signal que vous donnez à votre cerveau. Nouvel habit = reconquête = nouveau rendez-vous avec le sommeil.
  - **Offrez-vous une plante** pour célébrer votre nouveau rendez-vous et accompagner vos nouveaux rituels : un philodendron, un jasmin, un Aloe vera, un lys de paix, de la lavande, une fougère de Boston... Elle prendra soin de vous à tous les niveaux : sommeil, stress, purification de l'air...
  - **Rappelez-vous les bonnes pratiques alimentaires :** « Mangez comme un roi le matin, comme un prince à midi et comme un mendiant le soir ». Et privilégiez les aliments nourrissant votre énergie vitale et favorisant le sommeil (voir p. 263).

– **Comme un marathonien, soyez clair sur votre objectif.** Pour rappel : « À partir d'aujourd'hui, je m'entraîne à être plus positif et confiant en mode « sécurité » afin de récupérer un bon sommeil. »

Et surtout, très important : considérez chaque journée comme une « expérience » à part entière !

« Vivre chaque jour
comme si c'était le premier
et le dernier ! »

RAPPEL DES ENJEUX

L'enjeu du matin

Le matin, c'est « ON » ! Soyez tout de suite INTENTIONNEL (voir p. 319). Soyez clair et, avec votre intention, donnez la direction dès les premières heures du jour en mode « ouverture » et « sécurité ». Commencez par vous connecter à vous-même, sinon vous rateriez des opportunités.

« On rate une grosse opportunité si on laisse simplement la journée venir à soi. »

Caroline Webb

L'enjeu de la journée

Faites en sorte que vos intentions du matin restent intactes tout au long de le journée malgré les multiples sollicitations de l'extérieur (les collègues, les clients, les enfants, etc.) et la tentation de rentrer dans un mode « fermeture » et « survie », comme un bernard l'hermite. Il vous faut rester concentré au maximum sur votre objectif prioritaire : la récupération d'une meilleure énergie pour un meilleur sommeil. Aussi, par exemple, les néo-rituels 10 et 11 (« Lâchez prise en 1 minute chrono ! » et « Un lieu de refuge, de silence et de paix) » sont la touche « pause » de votre télécommande personnelle. Ils vous permettront de mieux gérer les situations difficiles et les montées de stress qui vont avec, ennemies numéro un de vos nuits !

« Si vous traversez des crises,
si vous êtes assailli de doutes
et de questions sur votre vie, le meilleur conseil
que je puisse vous donner est le suivant :
revenez corporellement là où vous êtes. »

FABRICE MIDAL

« Revenir corporellement là où vous êtes » veut dire revenir à la conscience, à la jouissance et la réjouissance de son propre corps, respirer en conscience, marcher en conscience, manger en conscience, etc., et en présence avec soi-même !

L'enjeu du soir
Le soir, c'est simple, c'est « OFF » ! Débranchez votre tête, finissez sur une note positive et remerciez !

LE QUESTIONNAIRE DE SUIVI

Dés à présent, pour vous permettre de faire un bilan de votre sommeil et commencer votre programme, répondez aux 10 questions suivantes.

Vous retrouverez ces 10 questions en fin de chaque semaine. Vos réponses vous permettront de suivre votre progression au cours des 21 jours et de voir si votre sommeil ou votre manque de sommeil suit un schéma particulier. Si, par exemple, vous remarquez que vous dormez mieux le mercredi et le dimanche, essayez d'identifier ce que vous faites de différent ces jours-là et ajustez vos néo-rituels en fonction de vos observations...

1. À combien estimez-vous la qualité de votre sommeil actuellement ?

1	2	3	4	5	6	7	8	9	10

Mauvais Excellent

2. Combien de temps vous faut-il pour vous endormir ?
   Moins de 5 minutes
   De 5 à 15 minutes
   De 15 à 30 minutes
   Plus de 30 minutes

3. Combien de temps avant de vous coucher finissez-vous de dîner ?
   Moins de 1 heure
   De 1 à 2 heures
   De 2 à 3 heures
   Plus de 3 heures

4. Combien d'eau buvez-vous par jour ?
   Moins de ½ litre
   De ½ litre à 1 litre
   De 1 litre à 1½ litre
   Plus de 1½ litre

5. Combien de fois estimez-vous vous réveiller pendant la nuit ?
   Jamais
   1 fois
   2 à 3 fois
   4 à 5 fois
   Plus de 5 fois

6. Combien de nuits par semaine estimez-vous mal dormir ?
   Lesquelles ?

L	Ma	Me	J	V	S	D

7. Combien d'heures estimez-vous dormir en moyenne par nuit ?
   Moins de 2 heures
   De 2 à 4 heures
   De 4 à 6 heures
   De 6 à 8 heures

8. À combien estimez-vous le niveau de votre moral le matin ?

1	2	3	4	5	6	7	8	9	10

Mauvais Excellent

9. À combien estimez-vous votre énergie physique le matin ?

1	2	3	4	5	6	7	8	9	10

Mauvais Excellent

10. À combien estimez-vous votre énergie durant la journée ?

1	2	3	4	5	6	7	8	9	10

Mauvais Excellent

BUVEZ DE L'EAU !

LE PROGRAMME « VIVRE ET DORMIR ENFIN ! »

SEMAINE 1 : DÉCOUVERTE

JOUR 1

Citation inspirante : « **Rappelle-toi, l'unique personne qui t'accompagne toute ta vie, c'est toi-même ! Sois vivant dans tout ce que tu fais !** » (Pablo Picasso)

Matin

#1Rituel Bonjour moi, bonjour la vie ! (p. 323) + Buvez un verre d'eau à jeun en conscience + #9Rituel Souriez à la vie ! (p. 348).

Journée

#10Rituel Lâchez prise… (p. 353) + D'une manière générale, soyez à la recherche des belles choses qui vous entourent, accumulez le maximum d'expériences positives afin de contrecarrer vos états de négativité.

Soir

#13Rituel Bye, soucis du jour… (p. 369) + #14Rituel Pourquoi un pyjama… (p. 373) + #15Rituel Les mercis du jour… (p. 376).

LES RITUELS DU SOIR D'ARMANDA DOS SANTOS

« Je commence par changer mes habits de la journée. Je prends une douche ou un bain et je visualise dans l'eau qui coule sur mon corps que je m'allège du poids de la journée, qu'elle apaise mon système nerveux. Si j'ai le temps, je me mets de l'huile parfumée sur le corps, en insistant sur la plante des pieds, le bas du dos, le ventre, et je finis en posant la paume de mes mains sur mes paupières. Puis je réduis la luminosité de l'appartement, en ne laissant qu'une pièce éclairée. J'allume une bougie, et de l'encens si nécessaire.

Je transmets le message à mon cerveau qu'il fait nuit, que le rythme a changé, est au ralenti. Et j'écoute de la musique douce, suave, jusqu'à sentir que mon nerf optique devient moins agité, que mes yeux piquent de sommeil. À ces premiers signaux naturels, je cours me mettre au lit pour éviter de manquer… le train ! »

JOUR 2

Citation inspirante : **« Faites que le rêve dévore votre vie afin que la vie ne dévore pas votre rêve. »** (Antoine de Saint-Exupéry)

Matin
#1Rituel Bonjour moi, bonjour la vie ! (p. 323) + Buvez un verre d'eau à jeun en conscience + #9Rituel Souriez à la vie ! (p. 348).
Journée
#10Rituel Lâchez prise… (p. 353).
Soir
#13Rituel Bye, soucis du jour… (p. 369) + #14Rituel Pourquoi un pyjama… (p. 373) + #15Rituel Les mercis du jour… (p. 376).

JOUR 3

Citation inspirante : « **Tous les hommes pensent que le bonheur se trouve au sommet de la montagne alors qu'il réside dans la façon de la gravir.** » (Confucius)

Matin
#1Rituel Bonjour moi, bonjour la vie ! (p. 323) + Buvez un verre d'eau à jeun en conscience + #3Rituel Le pouvoir de l'intention... (p. 330).
Journée
#10Rituel Lâchez prise... (p. 353).
Soir
Couchez-vous 1 heure ou ½ heure plus tôt.
#13Rituel Bye, soucis du jour... (p. 369) + #14Rituel Pourquoi un pyjama... (p. 373) + #15Rituel Les mercis du jour... (p. 376).

JOUR 4

Citation inspirante : « **Ils ne savaient pas que c'était impossible alors ils l'ont fait.** » (Mark Twain)

Matin
#1Rituel Bonjour moi, bonjour la vie ! (p. 323) + Buvez un verre d'eau à jeun en conscience + #9Rituel Souriez à la vie ! (p. 348).
Journée
#10Rituel Lâchez prise... (p. 353).
Soir
#13Rituel Bye, soucis du jour... (p. 369) + #14Rituel Pourquoi un pyjama... (p. 373) + #15Rituel Les mercis du jour... (p. 376).

JOUR 5

Citation inspirante : **« Il faut viser la lune, parce qu'au moins si vous échouez, vous finissez dans les étoiles. »** (Oscar Wilde)

Matin
#1Rituel Bonjour moi, bonjour la vie ! (p. 323) + Buvez un verre d'eau à jeun en conscience + #3Rituel Le pouvoir de l'intention... (p. 330).
Journée
#10Rituel Lâchez prise... (p. 353).
Soir
#13Rituel Bye, soucis du jour... (p. 369) + #14Rituel Pourquoi un pyjama... (p. 373) + #15Rituel Les mercis du jour... (p. 376).

JOUR 6

Citation inspirante : **« Il est toujours trop tôt pour abandonner. »** (Norman Vincent Peale)

Matin
#1Rituel Bonjour moi, bonjour la vie ! (p. 323) + Buvez un verre d'eau à jeun en conscience + #8Rituel La douche enchantée... (p. 346) + #7Rituel Réveillez, boostez votre corps... (p. 342) + D'une manière générale, riez, réveillez votre enfant intérieur ! Passez de bons moments avec vos proches !
Journée
#5Rituel Vos priorités (p. 336) + #12Rituel Générosité... (p. 361) + Allez marchez dans la nature, faites du sport, etc.

Soir
#2Rituel Il y a de l'énergie dans l'air ! (p. 327) + #14Rituel Pourquoi un pyjama… (p. 373) + #15Rituel Les mercis du jour… (p. 376).

JOUR 7

Citation inspirante : **« Si vous pouvez le rêver, vous pouvez le faire. »** (Walt Disney)

Matin
#2Rituel Il y a de l'énergie dans l'air ! (p. 327) + Buvez un verre d'eau citronnée tiède à jeun en conscience + #8Rituel La douche enchantée… (p. 346) + #7Rituel Réveillez, boostez votre corps… (p. 342).

Journée
Allez vous promener dans la nature ! + #12Rituel Générosité… (p. 361) + #5Rituel Vos priorités (p. 336) + #18Rituel Hors du temps (p. 390).

Soir
Prenez une douche (#8Rituel La douche enchantée…) ou un bain + #14Rituel Pourquoi un pyjama… (p. 373) + #15Rituel Les mercis du jour… (p. 376) + #16Rituel Rejoignez les bras de Morphée… (voir p. 380).

> Bilan semaine 1 :

Remplissez à nouveau le questionnaire de suivi de la page 402.

Buvez de l'eau !

SEMAINE 2 : INSTALLATION

JOUR 8

Citation inspirante **« Tous les jours, à tout point de vue, je vais de mieux en mieux. »** (Émile Coué)

Matin
#2Rituel Il y a de l'énergie dans l'air ! (p. 327) + Buvez un verre d'eau citronnée tiède à jeun en conscience + #8Rituel La douche enchantée… (p. 346) + #7Rituel Réveillez, boostez votre corps… (p. 342).
Journée
#10Rituel Lâchez prise… (p. 353) + #12Rituel Générosité… (p. 361).
Soir
#13Rituel Bye, soucis du jour… (p. 369) + #8Rituel La douche enchantée… (p. 346) + #14Rituel Pourquoi un pyjama… (p. 373) + #15Rituel Les mercis du jour… (p. 376) + #16Rituel Rejoignez les bras de Morphée… (voir p. 380).

LES RITUELS DU SOIR D'ARNAUD RIOU

« Il y a déjà une préparation au rituel du soir. Ce qui plombe la nuit, c'est d'être trop lourd au moment de se coucher, d'être trop fatigué ou d'avoir trop surfé sur Internet. Je m'en rends bien compte quand je pars à la campagne. C'est là que je passe les meilleures nuits et que je fais des rêves incroyables, parce que justement je n'ai pas d'ordinateur, que je mange plus tôt et que l'activité y est plus physique, « terrestre », moins cérébrale.

Ensuite, quand je me rapproche de la nuit, j'aère la chambre afin de permettre à l'énergie de circuler, et je fais brûler de la sauge pour nettoyer cet espace au maximum. Puis, de la même manière, j'aime bien prendre une douche pour me nettoyer physiquement et énergétiquement et entrer dans mon lit lavé et « vierge » de tout ce qui s'est passé pendant la journée. On remarque d'ailleurs que lorsque l'on dort dans des draps propres, on bénéficie d'une autre vibration. On est en mesure d'être un corps réceptacle pouvant accueillir la nuit, surtout si on s'appuie aussi sur le cycle de notre respiration. J'inspire, je reviens en arrière dans le passé pour revisiter les moments sympas de la journée… J'expire en allant vers le futur et en imaginant les prochaines nuits étoilées de ma vie… »

JOUR 9

Citation inspirante : **« Les gagnants trouvent des moyens, les perdants des excuses. »** (Franklin Roosevelt)

Matin

#2Rituel Il y a de l'énergie dans l'air ! (p. 327) + #8Rituel La douche enchantée… (p. 346) + #7Rituel Réveillez, boostez votre corps… (p. 342) + Buvez un verre d'eau citronnée tiède à jeun en conscience + #9Rituel Souriez à la vie ! (p. 348) + #4Rituel Vos images et vos citations… (p. 333).

Journée
#10Rituel Lâchez prise… (p. 353) + #12Rituel Générosité… (p. 361).
Soir
Couchez-vous 1 heure ou ½ heure plus tôt.
#13Rituel Bye, soucis du jour… (p. 369) + #14Rituel Pourquoi un pyjama… (p. 373) + #15Rituel Les mercis du jour… (p. 376) + #16Rituel Rejoignez les bras de Morphée… (voir p. 380).

JOUR 10

Citation inspirante : **« Ils le peuvent, parce qu'ils pensent qu'ils le peuvent. »** (Virgile)

Matin
#2Rituel Il y a de l'énergie dans l'air ! (p. 327) + #8Rituel La douche enchantée… (p. 346) + #7Rituel Réveillez, boostez votre corps… (p. 342) + Buvez un verre d'eau citronnée tiède à jeun en conscience + #9Rituel Souriez à la vie ! (p. 348) + #4Rituel Vos images et vos citations… (p. 333).
Journée
#10Rituel Lâchez prise… (p. 353) + #12Rituel Générosité… (p. 361).
Soir
#13Rituel Bye, soucis du jour… (p. 369) + #14Rituel Pourquoi un pyjama… (p. 373) + #15Rituel Les mercis du jour… (p. 376).

JOUR 11

Citation inspirante : **« Il n'y a qu'une façon d'échouer, c'est d'abandonner avant d'avoir réussi. »** (Georges Clemenceau)

Matin

#2Rituel Il y a de l'énergie dans l'air ! (p. 327) + #8Rituel La douche enchantée… (p. 346) + #7Rituel Réveillez, boostez votre corps… (p. 342) + Buvez un verre d'eau citronnée tiède à jeun en conscience + #9Rituel Souriez à la vie ! (p. 348) + #4Rituel Vos images et vos citations… (p. 333).

Journée

#2Rituel Il y a de l'énergie dans l'air ! (p. 327) + #10Rituel Lâchez prise… (p. 353).

Soir

Couchez-vous 1 heure ou ½ heure plus tôt.
#13Rituel Bye, soucis du jour… (p. 369) + #14Rituel Pourquoi un pyjama… (p. 373) + #16Rituel Rejoignez les bras de Morphée… (voir p. 380) + #15Rituel Les mercis du jour… (p. 376).

JOUR 12

Citation inspirante : **« La perfection n'est pas atteignable. Mais visez la perfection, car, en échouant, vous atteindrez l'excellence. »** (Vince Lombardi)

Matin

#2Rituel Il y a de l'énergie dans l'air ! (p. 327) + #8Rituel La douche enchantée… (p. 346) + #7Rituel Réveillez, boostez votre corps… (p. 342) + Buvez un verre d'eau citronnée tiède à jeun en conscience + #9Rituel Souriez à la vie ! (p. 348) + #4Rituel Vos images et vos citations… (p. 333).

Journée

#10Rituel Lâchez prise… (p. 353) + #12Rituel Générosité… (p. 361).

Soir

#13Rituel Bye, soucis du jour… (p. 369) + #14Rituel Pourquoi un pyjama… (p. 373) + #15Rituel Les mercis du jour… (p. 376) + #16Rituel Rejoignez les bras de Morphée… (voir p. 380).

JOUR 13

Citation inspirante : **« Il faut d'abord savoir ce que l'on veut, il faut ensuite avoir le courage de le dire, il faut enfin l'énergie de le faire. »** (Georges Clemenceau)

Matin

#2Rituel Il y a de l'énergie dans l'air ! (p. 327) + #8Rituel La douche enchantée… (p. 346) + #7Rituel Réveillez, boostez votre corps… (p. 342) + Buvez un verre d'eau citronnée tiède à jeun en conscience + #9Rituel Souriez à la vie ! (p. 348).

Journée

#6Rituel Ouvrez votre cœur… (p. 339) + #5Rituel Vos priorités (p. 336).

Soir

Prenez une douche (#8Rituel La douche enchantée… (p. 346)) ou un bain + #Rituel14 Pourquoi un pyjama… (p. 373) + #Rituel15 Les mercis du jour… (p. 376) + #16Rituel Rejoignez les bras de Morphée… (voir p. 380).

JOUR 14

Citation inspirante : **« Si tu es déprimé, tu vis dans le passé. Si tu es anxieux, tu vis dans le futur. Si tu es en paix, tu vis dans le présent. »** (Lao Tseu)

Matin
#2Rituel Il y a de l'énergie dans l'air ! (p. 327) + #8Rituel La douche enchantée... (p. 346) + #7Rituel Réveillez, boostez votre corps... (p. 342) + Buvez un verre d'eau citronnée tiède à jeun en conscience + #9Rituel Souriez à la vie ! (p. 348) + #4Rituel Vos images et vos citations... (p. 333).
Journée
#6Rituel Ouvrez votre cœur... (p. 339) + #11Rituel Un lieu de refuge... (p. 357) + #18Rituel Hors du temps (p. 390).
Soir
Prenez une douche (#8Rituel La douche enchantée... (p. 346)) ou un bain + #14Rituel Pourquoi un pyjama... (p. 373) + #15Rituel Les mercis du jour... (p. 376) + #16Rituel Rejoignez les bras de Morphée... (p. 380).

> Bilan semaine 2 :
Remplissez à nouveau le questionnaire de suivi de la page 402.

Buvez de l'eau !

SEMAINE 3 : CONSOLIDATION

JOUR 15

Citation inspirante : **« Quand on ne peut revenir en arrière, on ne doit que se préoccuper de la meilleure manière d'aller de l'avant. »** (Paulo Coelho)

Matin
#2Rituel Il y a de l'énergie dans l'air ! (p. 327) + #8Rituel La douche enchantée... (p. 346) + #7Rituel Réveillez, boostez votre corps... (p. 342) + Buvez un verre d'eau au curcuma ou à la chlorophylle* en conscience + #9Rituel Souriez à la vie ! (p. 348) + #6Rituel Ouvrez votre cœur... (p. 339).

Journée
#10Rituel Lâchez prise... (p. 353) + #12Rituel Générosité... (p. 361) + #11Rituel Un lieu de refuge... (p. 357).

Soir
Couchez-vous 1 heure ou ½ heure plus tôt.
#13Rituel Bye, soucis du jour... (p. 369) + #8Rituel La douche enchantée (p. 346) + #14Rituel Pourquoi un pyjama... (p. 373) + #15Rituel Les mercis du jour... (p. 376) + #17Rituel Soleil couchant (p. 384).

* Vous pouvez en acheter dans les boutiques bio sur le web.

LES RITUELS DU SOIR D'HUBERT REEVES

« J'aime beaucoup me promener la nuit, parmi les arbres, sous les constellations. Je trouve toujours ça très beau, très impressionnant. Alors je me couche tard, vers minuit ou une heure du matin, avec cette idée en arrière-plan : « Pourquoi dois-je aller me coucher ? » Il y a tellement de choses que j'ai envie de faire... Mais il faut être raisonnable et ne pas être fatigué le lendemain matin. Alors je vais me coucher sagement ! Mais avant, j'écris. J'écris tous les soirs quelques lignes sur ce qui s'est passé dans la journée. Et je le relis régulièrement. Ça pourrait s'appeler « À la recherche du temps perdu », pour imiter Proust. C'est une façon pour moi de revivre quelque chose, de l'intégrer et de ne pas l'oublier... »

JOUR 16

Citation inspirante : **« L'action n'apporte pas toujours le bonheur, sans doute, mais il n'y a pas de bonheur sans action. »** (Benjamin Disraeli)

Matin

#6Rituel Ouvrez votre cœur... (p. 339) + #8Rituel La douche enchantée... (p. 346) + #7Rituel Réveillez, boostez votre corps... (p. 342) + Buvez un verre d'eau au curcuma ou à la chlorophylle en conscience + #9Rituel Souriez à la vie ! (p. 348).

Journée
#10Rituel Lâchez prise... (p. 353) + #12Rituel Générosité... (p. 361).
Soir
#13Rituel Bye, soucis du jour... (p. 369) + #8Rituel La douche enchantée... (p. 346) + #14Rituel Pourquoi un pyjama... (p. 373) + #15Rituel Les mercis du jour... (p. 376) + #17Rituel Soleil couchant (p. 384).

JOUR 17

Citation inspirante : **« Ce n'est pas parce que les choses sont difficiles que nous n'osons pas, c'est parce que nous n'osons pas qu'elles sont difficiles. »** (Sénèque)

Matin
#6Rituel Ouvrez votre cœur... (p. 339) + #8Rituel La douche enchantée... (p. 346) + #7Rituel Réveillez, boostez votre corps... (p. 342) + Buvez un verre d'eau au curcuma ou à la chlorophylle en conscience + #9Rituel Souriez à la vie ! (p. 348).
Journée
#10Rituel Lâchez prise... (p. 353) + #12Rituel Générosité... (p. 361) + #5Rituel Vos priorités (p. 336).
Soir
Couchez-vous 1 heure ou ½ heure plus tôt.
#13Rituel Bye, soucis du jour... (p. 369) + #8Rituel La douche enchantée... (p. 346) + #14Rituel Pourquoi un pyjama... (p. 373) + #15Rituel Les mercis du jour... (p. 376) + #17Rituel Soleil couchant (p. 384).

JOUR 18

Citation inspirante : **« Les grandes réalisations sont toujours précédées par de grandes pensées. »** (Steve Jobs)

Matin
#6Rituel Ouvrez votre cœur... (p. 339) + #8Rituel La douche enchantée... (p. 346) + #7Rituel Réveillez, boostez votre corps... (p. 342) + Buvez un verre d'eau au curcuma ou à la chlorophylle en conscience + #9Rituel Souriez à la vie ! (p. 348).
Journée
#10Rituel Lâchez prise... (p. 353) + #12Rituel Générosité... (p. 361) + #11Rituel Un lieu de refuge... (p. 357).
Soir
Couchez-vous 1 heure ou ½ heure plus tôt.
#13Rituel Bye, soucis du jour... (p. 369) + #8Rituel La douche enchantée... (p. 346) + #14Rituel Pourquoi un pyjama... (p. 373) + #15Rituel Les mercis du jour... (p. 376) + #17Rituel Soleil couchant (p. 384).

JOUR 19

Citation inspirante : **« La vie, ce n'est pas d'attendre que les orages passent, c'est d'apprendre à danser sous la pluie. »** (Sénèque)

Matin
#6Rituel Ouvrez votre cœur... (p. 339) + #8Rituel La douche enchantée... (p. 346) + #7Rituel Réveillez, boostez votre corps... (p. 342) + Buvez un verre d'eau au curcuma ou à la chlorophylle en conscience + #9Rituel Souriez à la vie ! (p. 348).

Journée
#10Rituel Lâchez prise… (p. 353) + #12Rituel Générosité… (p. 361) + #11Rituel Un lieu de refuge… (p. 357).
Soir
#13Rituel Bye, soucis du jour… (p. 369) + #14Rituel Pourquoi un pyjama… (p. 373) + #15Rituel Les mercis du jour… (p. 376) + #17Rituel Soleil couchant (p. 384).

JOUR 20

Citation inspirante : « **En suivant le chemin qui s'appelle plus tard, nous arrivons sur la place qui s'appelle jamais. »** (Sénèque)

Matin
#6Rituel Ouvrez votre cœur… (p. 339) + #8Rituel La douche enchantée… (p. 346) + #7Rituel Réveillez, boostez votre corps… (p. 342) + Buvez un verre d'eau au curcuma ou à la chlorophylle en conscience + #9Rituel Souriez à la vie ! (p. 348).
Journée
Riez et allez vous promener dans la nature… + #12Rituel Générosité… (p. 361).
Soir
#8Rituel La douche enchantée… (p. 346) + #14Rituel Pourquoi un pyjama… (p. 373) + #15Rituel Les mercis du jour… (p. 376) + #2Rituel Il y a de l'énergie dans l'air ! (p. 327).

JOUR 21

Citation inspirante : **« Il n'est pas de vent favorable pour celui qui ne sait pas où il va. »** (Sénèque)

Matin
#6Rituel Ouvrez votre cœur... (p. 339) + #8Rituel La douche enchantée... (p. 346) + #7Rituel Réveillez, boostez votre corps... (p. 342) + Buvez un verre d'eau au curcuma ou à la chlorophylle en conscience + #9Rituel Souriez à la vie ! (p. 348).
Journée
Riez, riez et riez encore avec votre conjoint, vos enfants, vos amis... Allez vous promener dans la nature et croquez la vie à pleines dents ! + #18Rituel Hors du temps (p. 390).
Soir
#14Rituel Pourquoi un pyjama... (p. 373) + #15Rituel Les mercis du jour... (p. 376) + #16Rituel Rejoignez les bras de Morphée... (p. 380)

> Bilan semaine 3 :
Remplissez à nouveau le questionnaire de suivi de la page 402 et comparez. Mission accomplie ?

Buvez de l'eau !

EN CONCLUSION…
RENDEZ-VOUS AVEC VOTRE ÉTOILE QUI DANSE !

Vous avez le choix entre ces deux boutons : le foncé, bouton du **mode « survie »,** déclenchant anxiété, stress et insomnie, et le clair, bouton du **mode « sécurité »,** déclenchant énergie, enthousiasme et bon sommeil.

Lequel choisissez-vous à partir de maintenant ?

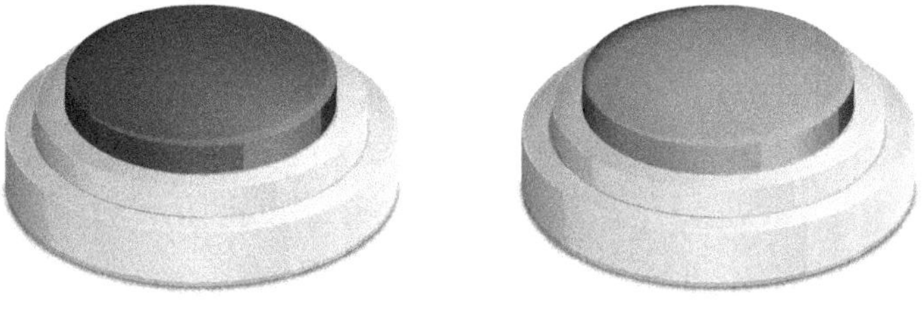

SURVIE **SÉCURITÉ**

Le sentiment de sécurité est la clef pour vivre heureux et dormir en paix. On ne plaisante pas avec la sécurité. C'est un des premiers besoins de la pyramide de Maslow. C'est un besoin réel et objectif qui nous permet de nous sentir bien en général, mais aussi d'encaisser les coups et de nous tenir droit quand le bateau tangue : crise existentielle, annonce d'une séparation, d'une maladie, licenciement, chômage, etc.

Mais le sentiment de sécurité ne concerne pas seulement les éléments extérieurs objectifs. Ce sentiment est aussi un véritable besoin subjectif qui dépend de nos dragons intérieurs, de nos peurs, de nos angoisses, de nos doutes, etc. Et dans l'idée de passer des nuits plus paisibles, il serait intéressant que vous sondiez quelques instants ce sentiment de sécurité (ou d'insécurité) à l'intérieur de votre cœur. Écoutez votre cœur, essayez de voir ce que vous ressentez, faites bien le tri avec vos dragons intérieurs. Votre sentiment de sécurité est-il objectif ou subjectif ? In fine, que vos dragons intérieurs soient rationnels ou non, ce qui fera la différence, ce sera votre façon de savoir les affronter et les neutraliser.

« Quel est le sens de la vie ? C'est une question bien simple ; une question qui tend à nous hanter à mesure que les années passent. La grande révélation ne vient peut-être jamais. Elle est remplacée par de petits miracles quotidiens, des révélations, des allumettes inopinément frottées dans le noir. »

VIRGINIA WOOLF, *La Promenade au phare*

Outre les petites allumettes frottées dans le noir, **ce qui nous donne un véritable sentiment de sécurité, c'est le sens. Le sens de ce que nous faisons, le sens de ce que nous vivons.**

Le sens est cette flèche pointée, qui à la fois nous meut et sert de principe directeur à notre vie. C'est le sens qui peut nous faire nous lever le matin avec bonheur et motivation, et c'est le même sens qui pourrait nous faire nous coucher plus tôt pour donner à notre corps toute l'attention et le soin qu'il mérite, parce que nous le comprenons et que nous avons des « choses » à réaliser qui ont de l'importance à nos yeux et qui nécessitent d'être en forme.

« La vie s'impose à chaque vivant comme une évidence nourricière, la maintenir, la préserver, l'intensifier en soi est porteur de sens. (…) Le fait de relier directement le sens et la vie est une source de clarté et de bien-être. (…) Pour moi, le sens, c'est la vie ! »

JEAN-LOUIS SERVAN-SCHREIBER*

Réapprendre à prendre soin de soi et se coucher plus tôt, agir par raison, par choix et non par obligation, demande de savoir « pourquoi » on fait les choses. Pourquoi prendre soin de soi ?

* *C'est la vie !*, Jean-Louis Servan-Schreiber, Albin Michel.

Est-ce une décision personnelle ? Un devoir ? Au nom de quoi le faisons-nous ? Pour atteindre quel résultat ?

Nous savons tous qu'il est important de dormir et de prendre soin de nos nuits. Mais ce n'est pas suffisant de le savoir puisque nous ne le faisons pas, pas vraiment, ou pas bien. Le plus souvent, nous cédons au plaisir immédiat de nos écrans jusqu'à pas d'heure pour avoir la sensation de « vivre » un peu, d'avoir un moment à nous, du temps pour nous, du temps de loisirs, du temps pour rien, pour être tranquille, chez nous, débrancher, n'avoir plus d'obligations, souffler un peu… Nous se savons plus nous coucher (relativement) tôt, et nous nous anesthésions de fatigue, saccageant d'avance la journée du lendemain. Épuisés, claqués, crevés, vidés, HS !

Nous savons que nous pouvons « dealer » avec le sentiment de fatigue, que nous avons la capacité de tirer sur la corde, tant que notre corps suit à peu près et que le maquillage anticernes tient bon.

Mais « vivre », c'est quoi au juste ? Quelque chose d'autre n'est-il pas plus impérieux ?

Il y a une grande différence entre « être en vie » et se sentir « **vivant !** ».

« Vivre est la chose la plus rare au monde,
la plupart des gens se contentent d'exister. »

Oscar Wilde

Posez-vous cette question fondamentale : **qu'est ce qui vous fait vous sentir « vivant » ?**

Est-ce une activité particulière, un projet, une passion ? Qu'est ce qui vous heureux, transporté, optimiste, glorieux, triomphant... ? Qu'est ce qui vous fait plaisir, vous valorise et vous rend fier ?

Posez-vous la question de ce que vous aimez **faire** jusqu'à en oublier la notion du temps. Aimez-vous transmettre, réparer, donner, partager, soigner, défendre, rendre plus beau, écouter, bâtir... ? Ces verbes parlent de vous. Du plaisir que vous pouvez ressentir à les vivre, et ainsi à **oser** plus encore les mettre au cœur de votre vie.

★

« Il faut du chaos en soi pour accoucher d'une étoile qui danse. »

NIETZSCHE

Peut-être que vos nuits chaotiques sont un appel pour aller plus encore à la recherche de votre étoile qui danse, si vous ne l'avez pas encore trouvée, celle-là même qui vous donne DU sens et LE sens. C'est votre étoile du nord, celle qui peut vous faire sentir vivant.

QUATRE PILIERS À LA RECHERCHE DU SENS

Si la réussite d'une vie pleine et heureuse était le sens qu'on lui donne ? Dans *À la recherche du sens perdu**, Emily Esfahani Smith évoque les « 4 piliers d'une vie profondément satisfaisante ».

L'appartenance : C'est développer le sentiment d'appartenir à un groupe, une famille, un pays, une entreprise, une équipe sportive, etc. Nous avons tous besoin d'être compris, reconnus et réaffirmés par nos proches.

La raison d'être : C'est apporter notre contribution au monde même si nous n'avons pas tous une vocation. C'est essayer de repérer ce qui motive réellement nos comportements, nos valeurs et nos engagements, y voir du sens et prendre appui dessus.

L'art du récit : C'est rendre plus clair ce que l'on se raconte à soi-même sur sa vie afin de regarder nos expériences sous un autre angle, en tirer des leçons, être plus résilient et créer du sens. « Cela revient à tendre la main dans le vide, à se connecter à des gens et à leur faire comprendre qu'ils ne sont pas tout seuls. »

La transcendance : C'est aller « au-delà » ou « escalader », se sentir en lien avec quelque chose de plus grand que soi, transformé par ce contact mystérieux de la création – que ce soit sous les étoiles, devant une magnifique œuvre d'art, durant un rituel religieux ou dans la salle d'accouchement…

* *À la recherche du sens perdu*, Emily Esfahani Smith, Éditions de l'Homme.

Bien identifier ce qui fait sens pour vous, vous aidera à vous remettre en priorité numéro 1, avec cette conscience qu'il n'y a pas de temps à perdre et qu'il est primordial de prendre soin de vous. Le temps est une denrée rare qui ne se stocke pas. Une fois dépensé, il ne se rattrape jamais. Utiliser et consommer un stock de temps précieux à tirer sur la corde en se couchant tard jusqu'à l'épuisement et l'anesthésie, ou bien en attendant que le temps « passe », est un pur gâchis. C'est un temps « vide », fait de rien, à ne pas confondre avec le temps « plein » et plus fertile de la contemplation, de la maturation, de la réflexion...

Le sens, notre « pour quoi», notre étoile qui danse, est la clef pour nous lever de bonheur et dormir en sécurité.

Souvenez-vous : le bon ou le mauvais sommeil est un ressenti. Nous nous sentons moins fatigués quand nous vivons une vie qui nous satisfait et nous remplit malgré ses aléas.

Au-delà du premier niveau de la quête des plaisirs et des bons moments, le sens – le « pour quoi » – est une voie peut-être plus stable et profonde pour une belle vie. Qu'est-ce qui est important à vos yeux ? Qu'est-ce qui vaut la peine que vous vous couchiez plus tôt pour être en forme le lendemain et pouvoir le réaliser ? Donnez-vous une nouvelle perspective, un nouvel horizon, en remettant au goût du jour un projet dormant ou un rêve enfoui, par exemple. Parce que vous le valez bien !

Et si vous vous remettiez à croire en vos rêves ? Ce serait merveilleux ! Le sommeil est le plus bel espace pour vous reconnecter à cette dimension de vous-même...

* * *

Depuis l'aube de l'humanité, les hommes et les femmes ont observé le ciel en s'émerveillant de la beauté et du mystère des étoiles et en espérant y trouver des réponses, un pourquoi, ou un « pour quoi », un sens. Au-delà des points lumineux qui scintillent, ils ont vu des chariots, des ourses et des chasseurs.

Et vous, que voyez-vous quand vous regardez le ciel – VOTRE ciel – ?

La fortune vient en dormant, paraît-il.
Bouton clair, bouton foncé ? Mode « sécurité »,
mode « survie » ? Lequel choisissez-vous ?

La nuit porte conseille. Je crois qu'il est temps pour vous
de faire de beaux rêves...

Je vous souhaite un joli voyage
avec votre étoile qui danse *

RENDEZ-VOUS AVEC LA GRATITUDE

REMERCIEMENTS À...

Mes enfants, Alexis et Anastasia Regen, Pascal Regen, Ursula Saint Léger, Sung Eun Oh, Jiva Kalan.

Ma sœur de cœur Liz Van Gelder.

Mes amazones magnifiques : Soizic Michelot, Annaick Dokhan, Pascale Guerin, Charline Redin, Monica Degli Esposti, Leslie Sawika, Laura Massis, Charlotte de Fouchier, Barbara Martin.

Mes frères de cœur : Christophe Fauré, Maxime Rovere, Nicolas Jammet, Lionel Choukroun, Gonzague de Larocque, Joseph Macé-Scaron, Richard Malka, Ivan Goldstein et Fabien Berger.

Mes anges gardiens : Marc Levy et Jean-Louis Servan-Schreiber.

Mes rencontres étoilées : Hubert Reeves, Arianna Huffington, Dr François Marchand, Arnaud Riou, André Klarsfeld, Dr Nerina Ramlakhan, Dr Michael Breus, Tony Gomez, Armanda Dos Santos, Steves Doupeux, Chico Shigeta.

Mes helpers : Dr Catherine Clément, Odile Chabrillac, Ludovic Hardy, Pomme Larmoyer, Caroline Fait, Françoise Baron.

Ma chère éditrice Liza, ma fée Pascale Senk, et toute la jolie et joyeuse communauté des Hop Hopers de la Magie du Matin.

Charles Pépin, mon si charmant et adorable philosophe préfacier.

Sabchu Rinpoche et Sbarung Rinpoché qui guident mes pas.

Et tous celles et ceux que j'ai croisés, les inconnus du quotidien que j'ai rencontrés, avec lesquels j'ai simplement échangé un regard ou un sourire, qui m'ont ouvert le cœur à un instant t, et ont participé directement ou indirectement à l'élaboration de ce livre.

Vous pouvez me retrouver sur mon site
www.isalouregen.com et sur les réseaux sociaux suivants :

TABLE DES MATIÈRES

Achevé d'imprimer en France
par CPI Bussière
À Saint-Amand-Montrond (18)
Dépôt légal : mars 2018
N° d'impression : 2034796